HERMES

在古希腊神话中,赫耳墨斯是宙斯和迈亚的儿子,奥林波斯神们的信使,道路与边界之神,睡眠与梦想之神,亡灵的引导者,演说者、商人、小偷、旅者和牧人的保护神……

西方传统 经典与解释
Classici et Commentarii

HERMES

政治史学丛编
Library of Political History

刘小枫◎主编

大国更迭与普遍历史
——兰克的政治史学
Leopold von Ranke and the Political History

刘小枫 | 编
郭笑遥 | 译

中国人民大学科学研究基金
"'普遍历史'观念源流研究"项目成果(项目批准号:22XNLG10)

"政治史学丛编"出版说明

古老的文明共同体都有自己的史书，但史书不等于如今的"史学"——无论《史记》《史通》还是《文史通义》，都不是现代意义上的史学。严格来讲，史学是现代学科，即基于现代西方实证知识原则的考据性学科。现代的史学分工很细，甚至人文—社会科学的种种主题都可以形成自己的专门史，所谓的各类通史，实际上也是一种专门史。

不过，现代史学的奠基人兰克并非以考索史实或考订文献为尚，反倒认为，"史学根本不能提供任何人都不会怀疑其真实性的可靠处方"。史学固然需要探究史实、考订史料，但这仅仅是史学的基础。史学的目的是通过探究历史事件的起因和前提、形成过程和演变方向、各种人世力量与事件过程的复杂交织，以及事件的结果和影响，像探究自然界奥秘的自然科学一样，去"寻求生命最深层、最秘密的涌动"。根本而言，兰克的史学观还带有古典色彩，即认为史学是一种政治科学，或者说，政治科学应该基于史学，因为，"没有对过去时代所发生的事情的认知"，政治科学就不可能。亚里士多德已经说过，"涉及人的行为的纪事""对于了解政治事务"有益（《修辞术》1360a36）。正如施特劳斯在谈到古代史书时所说：

> 政治史学的主题是重大的公众性主题。政治史学要求这一重大的公众性主题唤起一种重大的公众性回应。政治史学

属于一种许多人参与其中的政治生活。它属于一种共和式政治生活,属于城邦。(施特劳斯,《修昔底德:政治史的意义》)

兰克开创的现代史学本质上仍然是政治史学,其品质与专门化史学截然不同,后者乃19世纪后期以来受实证主义思想以及人类学、社会学等学科影响而形成。在古代,史书向来与国家的政治生活维系在一起,现代史学主流虽然是实证式的,但政治史学的脉动并未止息,其基本品格是关切人世生活中的各种重大政治问题——无论这些问题出现在古代还是现代。

本丛编聚焦于16世纪以来的西方政治史学传统,译介20世纪以来的研究成果与迻译近代以来的历代原典并重,为我国学界深入认识西方尽绵薄之力。

刘小枫
2017年春
古典文明研究工作坊

目　录

导言　兰克的《世界史》为何没有中国（刘小枫）……………1

兰克的政治史学

德文版编者导言（特奥多·席德）………………99
诸大国 ………………106
论史学与政治学的亲缘与差异 ………………155
政治对话 ………………169

附　录

荷尔斯特·米歇尔　兰克与普遍历史 ………………201
尤斯图斯·哈斯哈根　兰克《世界史》导言 ………………214
特奥多·席德　兰克史学的世界图景 ………………225
卡瑟琳·毛瑞尔　兰克史书中的文学现实主义修辞 …………247
亚历山大·德曼特　盖世大智兰克（温玉伟　译）………268

导言

兰克的《世界史》为何没有中国

刘小枫

黑格尔的《世界史哲学讲演录》与伏尔泰的《论诸民族［国家］的德风和精神》（中译本名为《风俗论》）相隔半个多世纪，风格和品味完全不同。《风俗论》采用编年史式的记叙，从海水消退露出陆地的"地球变迁"开始，一直讲到十八世纪的中国和日本，还提到我国宝岛台湾。① 黑格尔的世界史则相当抽象，其主题是绝对的"自由"理念实现自身的世界历史进程。

实证史学家喜欢轻蔑黑格尔的普遍历史论，认为它只有"观念"，没有多少实实在在的史料。其实，黑格尔提出的"东方世界""希腊世界""罗马世界""日耳曼世界"的世界史划分及其历史演进过程，使得启蒙哲学的进步论史观更为明晰，为好些实证史学研究提供了指路明灯。伏尔泰的《风俗论》已经致力于展示世界文明的历史进步，但进步的历史步伐究竟要走向哪里，并没有下文。与此不同，黑格尔说，世界历史将在"自由理念"完满实现的时刻终结行程。这听起来颇为抽象，若换成我们熟悉的普遍历史论表述就不难理解了，它无非是说人类的进步历史有一个终点或"终极目的"。

---

① 伏尔泰，《风俗论》，梁守锵译，北京：商务印书馆，2013，下册，页 507-521、530。

兰克（1795—1886）比黑格尔小25岁。29岁那年，他因处女作《1494至1514年的罗曼和日耳曼诸民族史》一举成名。① 当时，兰克还是一所高级中学的古典语文教师，而黑格尔已经54岁，刚开讲世界历史哲学课程（1822—1823年冬季学期）。兰克随即被柏林大学聘为副教授，与黑格尔成了大学同事。三年后，兰克又发表了《十六和十七世纪南欧的王侯和诸民族》，学术声誉日隆。②

1828—1829年冬季学期黑格尔继续讲授世界历史哲学时，在课堂上提到兰克，说他的史书属于"反思的史学"。③ 按黑格尔的划分，"反思的史学"有三种类型，他没有说兰克史学具体属于哪类。但我们不难从黑格尔的言辞推知，兰克会被归入"考据史学"，因为，兰克倾慕的史学家尼布尔（1776—1831）被归入此列。黑格尔还说，"在我们这里，所谓高级的史学考据占了上风"——这话明显有所指，而且不乏轻蔑。④ 我们将会看到，黑格尔的如此判断是错的——他若多活十年，自己也会承认这一点。

---

① Leopold von Ranke, *Geschichte der romanischen und germanischen Völker von 1494—1515*, Berlin, 1824.

② Leopold von Ranke, *Fürsten und Völker von Süd-Europa im 16. Und 17. Jahrhundert*, Hamburg, 1827. 关于兰克的生平及著述，详参 Andreas D. Boldt, *The Life and Work of the German Historian Leopold von Ranke (1795—1886). An Assessment of His Achievements*, Lewiston: Mellon Press, 2014。

③ Hegel, *Lectures on the Philosophy of World History*, Volume I: *Manuscripts of Introduction and the Lectures of 1822—1823*, Robert F. Brown / Peter C. Hodgson 编/译, Clarendon, 2011, 页75及注释25。

④ 黑格尔，《世界史哲学讲演录》，刘立群等译，北京：商务印书馆，2014，页19。以下简称《世界史哲学》，随文注页码，凡有改动，依据历史考订版《黑格尔全集》（*Gesammelte Werke*），Band 27，第1分册，Bernadette Gollenberg-Plotnikov 编，Hamburg, 2015。

年轻的兰克同样看不起黑格尔的历史哲学,据说他曾"与一个虽小但很重要的反黑格尔圈子关系密切"。① 兰克轻蔑黑格尔并不意味着他作为史学家看不起哲学家。上大学时,他曾如饥似渴挑灯夜读康德的《纯粹理性批判》,还读了费希特的所有重要著作。即便在抨击启蒙哲学的普遍历史观念时,他仍然承认,自己上大学时的偶像费希特是"这个领域最重要的哲学家"。②

兰克82岁那年(1877)出席了一次学术研讨会,有人当面说他的史学思想本质上与黑格尔接近。兰克老人不客气地回答,"我其实比你所想象的要更具有独创性"——说罢拂袖而去(《秘密》,页137)。

也就是在这一年,退出公共论坛的阿克顿勋爵(1834—1902)打算改行搞史学,去慕尼黑拜望兰克老人。当看到兰克"虚弱不堪,形容枯槁,双眼近乎失明,几乎无法阅读和写作",阿克顿担心自己再听到的兰克消息会是他的噩耗。可他没想到,两年后自己听到的消息是:兰克已着手写作多卷本《世界史》。③

伏尔泰和黑格尔的世界历史尽管有种种差异,以至两者很难相提并论,但它们仍然有一个共同之处:中国这个文明古国在其中都有明确的位置,尽管在黑格尔那里更多是一个逻辑的历史位置(《世界史哲学》,页113-146)。令人费解的是,兰

---

① 费利克斯·吉尔伯特,《历史学:政治还是文化——对兰克和布克哈特的反思》,刘耀春译,北京:北京大学出版社,2012,页14。

② 列奥波德·冯·兰克,《世界历史的秘密:关于历史艺术与历史科学的著作选》,文斯(Rogers Wines)编,易兰译,上海:复旦大学出版社,2012,页49、138(以下简称《秘密》,并随文注页码)。

③ 约翰·阿克顿,《自由与权力》,侯建、范亚峰译,南京:译林出版社,2014,页18。

克有现代史学奠基人的美誉,而他的多卷本《世界史》比伏尔泰的《风俗论》晚出整整一个世纪,我们在其中竟见不到中国的身影。

兰克的《世界史》为什么对中国只字不提?

一　兰克《世界史》的结构和意图

85岁那年(1880),兰克出版了《世界史》第一卷(英译本出版于1884年)。按计划将出版九卷,至1885年已经出版六卷,但兰克口授到第七卷前半部分(十二世纪的奥托一世时期)就去世了(1886)。兰克的两位弟子依据他"在世时出版的大量著述中评述近代历史的那些内容"编辑了后三卷,至1888年出齐(《秘密》,编者"引言",页27)。①

通览一下九卷本《世界史》的目录就会看到,兰克的这部临终之作与"世界史"之名并不相符,实际内容仅仅是现代之前的欧洲史。我们不妨看看兰克如何给他的《世界史》安排篇章结构,同时注意观察其中的线索,即看它是否也包含一种与黑格尔的"世界历史逻辑"相类似的逻辑。

《世界史》各卷概览

第一卷题为"最古老的族群(die älteste Völkergruppe)和希

---

① 利奥波德·冯·兰克,《世界史:从最古老的种族到前现代过渡时期的西方历史》(三册),陈笑天译,长春:吉林出版集团,2017(以下简称《世界史》,随文注页码)。

腊人"。兰克从古埃及人和希伯来人讲起，接下来是以色列十二支派、亚述、波斯帝国，然后讲到古希腊人。这一卷共十二章，对古希腊史的描述（至亚历山大帝国）占了七章（《世界史》上册，页101-320》）。在黑格尔的《世界史哲学》中，"最古老的族群"是中国和印度，而在兰克笔下，远东"最古老的族群"根本不值一提——他仅在讲到亚历山大远征亚洲腹地时附带提到南亚的印度。

第二卷进入了"罗马共和国及其世界统治（Weltherrschaft）"时期，或者说罗马人也被兰克算作"最古老的族群"之一。记叙罗马人的篇幅相当长，要到第四卷"日耳曼民族对罗马帝国西部的彻底占领"才结束（《世界史》中册，页519-566）。在这一部分，讲述罗马共和国向地中海周边扩张用了一卷（第二卷，含6章），讲述共和国晚期的内战到改为帝制也用了一卷，但篇幅相差悬殊（第三卷，含14章）。第四卷篇幅最长（共36章），分别讲第一罗马帝国（15章）、第二罗马帝国（14章）和日耳曼人占领罗马帝国西部并建立王国（7章）。

总起来看，兰克仅用了200多页篇幅讲述古希腊史，而讲述整个罗马史则用了差不多800页篇幅。

第五卷讲述阿拉伯帝国和查理帝国（共4章），将两者如此并置于同一框架，看起来像是要挑明阿拉伯帝国与拉丁基督教帝国同时崛起的历史格局，其实不然。兰克呈现的是阿拉伯帝国与东罗马帝国和查理帝国三足鼎立，篇幅仅60余页，给阿拉伯帝国的篇幅不到10页（《世界史》下册，页17-24）。接下来的第六卷就进入了德意志帝国（das deutsche Reich）或神圣罗马帝国的历史，直到第九卷结束（共600余页）。

据说，兰克打算写到1453年为止（《秘密》，编者"导言"，页 27)。① 这个年份标志着年逾千祀的罗马帝国被来自东方的突厥人征服,而西欧的日耳曼人也从此开始了自己的世界性崛起。第九卷虽然以"土耳其人征服君士坦丁堡"结束,标题却是"向现代世界过渡的时代"(Zeiten des Übergangs zur modernen Welt)。兰克一生中的"大量著述"无不与"现代世界"相关,由此看来,他晚年的这部《世界史》其实是古代世界史,更准确地说,是"世界"走向"现代世界"的前奏。

1935 年,德国正在经历一场政变之时,有两位史学家推出了兰克《世界史》的新编本,足有十四卷之多(七册,每册含两卷),无论"总序"(Allgemeine Einleitung)还是编者"引言"(Einführung),无不带有那个历史时刻的气息。② 原来的九卷本变成了十四卷本,首先因为两位编者将原来的后五卷重新划分结构,编为九卷(第五卷至第十三卷),德意志帝国错综复杂的历史脉络变得更为清晰。

尤其值得注意的是,编者将兰克在 60 岁出头时写下的《瓦伦斯坦传》(Geschichte Wallensteins, 1869)纳入《世界史》并置于末尾,全书收尾不再是"土耳其人征服君士坦丁堡",而

---

① 亦参乔治·古奇,《十九世纪历史学与历史学家》(1913),耿淡如译,北京:商务印书馆,2014,上册,页 209-210。有一个据称来自 1888 年版(Leipzig)的《世界史》材料称,兰克一直讲到十九世纪(详见何兆武主编,《历史理论与史学理论》,刘鑫等译,北京:商务印书馆,1999,页 225-229),这个说法恐怕有误。

② Adolf Meyer/Horst Michael 编, Ranke, *Weltgeschichte*, Hamburg: Hoffmann und Campe Verlag, 1935。据晚近的一种说法,兰克《世界史》共十六卷(参见利奥波德·冯·兰克,《历史上的各个时代》,斯特凡·约尔旦/约尔恩·吕森编,杨培英译,北京:北京大学出版社,2010,"编者导言",页 27,以下简称《各个时代》,并随文注页码),但未注明版本,笔者也未能查索到这个十六卷本。

是十七世纪"德意志三十年战争"中哈布斯堡王朝的杰出军事家华伦斯坦(1583—1634)功败垂成。我们不能说,这两位史学家改变了兰克世界史的意图,毋宁说,他们更好地彰显了其意图。兰克的学生布克哈特说过,"三十年战争"时期,德意志曾有两次绝好的机会实现民族共同体的政治统一,但都失之交臂:1629年的瓦伦斯坦和1631年的古斯塔夫二世(Gustav Ⅱ Adolf,1594—1632)。由于他们机运不佳,德意志的统一推迟了足足240年。① 没谁能够否认,德意志的统一是兰克史学的根本关怀所在。

欧洲与世界

若给兰克的《世界史》扣上"欧洲中心论"的帽子,不会冤枉他。兰克的《世界史》不仅轻慢古老的中国和印度,也轻慢其他古老民族。但我们与其简单地给兰克扣上这顶帽子,不如花点儿心思理解他为什么会这样写"[古代]世界史"。人们固然可以说,兰克写的是具有"民族主义风格"的古代世界史,但问题恰恰并不这么简单。事实上,对任何一位史学家来说,要讲清楚"民族主义"是什么,尤其在历史上是怎么回事,都绝非易事。

兰克史书讲究凭可靠的档案文献来建构历史,可以设想,他并不掌握古代中国的历史文献,因此他不会像黑格尔那样,仅凭

---

① 雅各布·布克哈特,《世界历史沉思录》,金寿福译,北京:北京大学出版社,2009,页254。

传教士的耳闻目睹或道听途说就自信地大谈古代中国政制。① 可是，兰克也并不掌握古埃及和古希腊的档案文献（根本就没有这样的文献），遑论阿拉伯帝国崛起时的档案文献。既然他的《［古代］世界史》能够就古埃及或亚历山大帝国扯上几句，那么，为了符合"世界史"这个概念，他也总该用一个小节对古中国扯上几句。一个世纪之前，伏尔泰的《论普遍历史》已经论及中国，兰克何以竟至于不让古代中国在他的《世界史》中现身一下呢？缺了中国这个对欧洲来说地处远东的文明大国，兰克的《世界史》何以算得上"世界史"？

当我们看到卷九的标题，这个问题似乎就迎刃而解了。这卷的标题直接就是"世界历史"（Weltgeschichte），它表明兰克仅仅把"现代世界"的历史视为"世界历史"。此前的历史唯当与这

---

① 黑格尔关于古代中国的论述主要依据传教士的回忆录，比如辑录十七至十八世纪传教士见闻录的《普遍历史》（*Allgemeine Historie…oder Sammlung aller Reisebeschreibungen*，21 卷，Leipzig，1748—1774），其中的第六卷涉及中国，出版于 1750 年；何德神父（Jean Baptiste du Halde）基于传教士的记叙编写的《中华帝国描述》（*Déscription geographique, historique, chronologique, politique, et physique de l'empire de la Chine et de la Tartarie Chinoise*，4 卷，Paris，1735），附有法国制图家 Bourguignon d'Anville 绘制的一幅中国全图；Joseph de Mailla 编的《中国通史》（*Histoire générale de la Chine*，13 卷，Paris，1777—1785）；传教士编写的《北京传教士关于中国历史、科学、艺术、风俗、习惯录》（*Mémoires concernant l'Histoire, les Sciences, les Arts, les Mœurs, les Usages, etc. des Chinois, par les Missionnaires de Pékin*，16 卷，Paris，1776—1791/1814）；Abbé Grosier 的《论中国》（*De la Chine；ou Déscription générale de cet Empire*，第三版［修订扩充版］，7 卷，Paris，1818—1820）。参见 Hegel，*Lectures on the Philosophy of World History*，Robert F. Brown／Peter C. Hodgson 编／译，前揭，页 212 注释。George T. Stauton 编译的《大清律例》（*Ta Tsing Leu Lee*，London，1810）算得上官方文献，但十八世纪的大清不等于古代中国，何况"律例"也算不上充分的史料。

个"现代世界"有直接或间接关联时,才会被纳入他的"世界史"框架。兰克的《世界史》没有提到中国,乃因为古老的中国与"现代世界"连间接关联也没有。

然而,问题真还不像看起来那样简单。如果"世界"一词具有地域和文明的含义,那么,兰克无论如何都没有理由将中国排除在他的古代世界史之外。现代世界与古代世界相对,而无论"现代"还是"古代"都是时间概念,问题显然在于:何谓兰克所理解的 Welt［世界］?

现代与世界

事实上,"现代世界"与"欧洲的兴起"是同义词。因此,在二十世纪西方史学界的好些史书中,中国的"停滞"几乎成了欧洲在十六世纪迈出"进步"步伐的陪衬或对照物。① 于是,对于我们中国学人来说,这样的史学问题油然而生:中国何时以及如何进入"世界历史"?问题的复杂性在于,兰克并不是启蒙哲学的普遍历史进步论的拥趸。如果他不是从进步论的观念来理解"世界",那他又是如何理解 Welt［世界］的呢?兰克在世时,他与黑格尔的异同已经成为学界话题,在随后的世纪里乃至今

---

① 比较威廉·麦克尼尔,《西方的兴起:人类共同体史》(1963),孙岳等译,北京:中信出版社,2014;道格拉斯·诺斯/罗伯特·托马斯,《西方世界的兴起》(1973),厉以平、蔡磊译,北京:华夏出版社,1999;菲利普·沃尔夫,《欧洲的觉醒》(1985),郑宇健、顾犇译,北京:商务印书馆,2009;伊曼纽尔·华勒斯坦,《现代世界体系》(1992),郭方等译,北京:社科文献出版社,2014。

天，竟然还是个话题。① 对我们来说，这个话题值得关注，与其说是因为中国与世界史的关系问题，不如说是因为应该如何理解Welt［世界］的问题。

兰克与黑格尔对"世界历史"的理解的确有差异，但也有实质性的共同之处。明显的差异在于，黑格尔在其"世界史哲学"中不仅讲到中国，而且讲到"现代世界"时期即十八世纪的中国——比如他说，"俄罗斯人曾经向阿穆尔河下游挺进，但是在1770年被中国人赶走"（《世界史哲学》，页121）。尽管如此，黑格尔仍然把中国排除在"现代世界"之外，根本理由在于政治制度和政治观念"落后"。比如他说，"在财产方面，除了继承权之外，中国没有种姓制度和与生俱来的权利"（《世界史哲学》，页127）。人们知道，个人有"与生俱来的"财产权利，是十七世纪的英国哲学家洛克的观点。黑格尔还说，中国与印度一样，没有"独立个体的那种内在的、主观的自由即良心"（《世界史哲学》，页154），而所谓的个体"良心自由"是十七世纪才流行的新教概念。

兰克不会用这些现代新教的政治观念来衡量世界历史，在他看来，把国家的形成说成社会契约的结果，纯属理论虚构。世界历史表明，任何一个历史上的政治体都体现了某种精神的趋向和道德力量，它既塑造了君主也塑造了人民。因此，历史上的每一个政治体［国家］都是独一无二的，或者说都与上帝有特殊的联系。

但是，兰克仍与黑格尔分享了相同的观点：一个政治体是否

---

① 参见 Ernst Simon, *Ranke und Hegel*, München, 1928; Omar H. Dahbour, *The Origins of Modern Historical Consciousness*, 1822—1848: *Hegel's Philosophy of History and It's Critique by Ranke and Marx*, The University of Chicago, 1987。

进入世界历史,得看它是否与世界上的其他政治体有历史关联。对黑格尔来说,中国一直处于"自我封闭"状态,即便古代印度也与其他国家有一种"外在的、世界史的联系",哪怕是消极的联系(《世界史哲学》,页190)。

> 中国处于世界历史的关联之外,尽管中国是一个重要的、本质性的环节,如同印度是另一个环节那样,它只有一种默默无声的内在关联,不动声色地贯穿于始终。(《世界史哲学》,页202)

兰克笔下的"现代世界",就是黑格尔的世界历史的第三阶段,即"日耳曼世界"或"新的世界"阶段——黑格尔同样用"现代世界"来称呼"欧洲世界"。因此,若有人要说兰克的历史观在实质上与黑格尔相近,不是没有道理。但兰克争辩说自己有独创性也有道理,毕竟,兰克仅仅把世界历史理解为走向"现代世界"的过程本身,或者说"现代世界"才充分展现出 Welt [世界] 的普遍性。通观兰克一生的主要著述,几乎无不关涉这个"现代世界"。反过来看,兰克在讲述"现代世界"的历史故事时,早就经常使用"世界历史"这个语词,并非在80岁高龄的晚年才用。因此,即便我们要给兰克的《世界史》扣上"欧洲中心论"的帽子,也得搞清他的道理所在。

二 欧洲的兴起与兰克史学

兰克有"现代史学之父"的美誉,但这个美誉早就受到史学史业内人士质疑。搞清这桩学术公案,对于我们认识西方现代史学具有重要意义。毕竟，对兰克史学的误解也支配了我国史学界长达近百年之久，而且其痕迹迄今仍留存在我们的教科书中。

兰克之前，西方已经出现大量史书，自十八世纪以来，还出现了种种新的史学理论。既然如此，兰克被称为"现代史学之父"又是什么意思呢？

首先需要区分西方的古代史学和现代史学，所谓西方现代史学指拉丁基督教欧洲在十六世纪兴起以来的史学。史书是人世生活经历的回忆性记叙，它们无不基于具体的政治共同体的生活经历。欧洲的历史起源于公元四世纪时日耳曼族西迁罗马帝国西部地区，欧洲人的主体既不是希腊人，也不是罗马人，而是日耳曼各部族。直到一千年后的十五世纪，欧洲人自己的史书才开始出现，这与各王国形成领土性民族国家几乎同时。①

意大利人的商业城邦史通常被视为最早的欧洲史，然后有西班牙和英格兰王国的成长史。西欧各日耳曼王国和城市共和国作为新政治单位的形成，各国智识人力图寻求新的政治生存法则，由此开始出现现代意义上的"史家"，并直接引发了十七世纪欧洲知识界著名的"古今之争"。在这场论争中，年轻的英国作家斯威夫特（1667—1745）是著名的"崇古派"，在他眼里，十六世纪以来的欧洲史书作家堪称"崇今派"的重装步兵：

> 他们是圭恰迪尼、达维拉、弗吉尔、布坎南、马里亚纳、卡姆登等旗下的雇佣兵。②

---

① 详见拉努姆，《近代欧洲：国家意识、史学和政治文化》，王晨光、刘岑译，上海：华东师范大学出版社，2020。
② 斯威夫特，《图书馆里的古今之战》，李春长译，北京：华夏出版社，2020，页207。

斯威夫特在这里罗列的人物，都是最早撰写日耳曼各王国史或城邦共和国史的"史学家"。除著有《1378—1509年佛罗伦萨史》和《1494—1534年意大利史》（未完成）的圭恰迪尼（1483—1540）外，其中的大多数史家，即便是今天史学界的业内人士也未必熟悉。我们稍微了解一下他们，就能感受到日耳曼各民族政治体崛起初期的历史气息。

恩里柯·达维拉（Enrico Caterino Davila，1576—1631）的祖上是西班牙贵族，祖父是威尼斯共和国属土塞浦路斯王国的治安官。1570年，土耳其人夺取了塞浦路斯，达维拉家族被迫迁往意大利北部的帕多瓦，恩里柯就出生在那里，因此算是意大利人。7岁那年（1583），恩里柯的父亲成为已故法王亨利二世（Henri Ⅱ，1519—1559）的遗孀美第奇的凯瑟琳（Catherine de Médicis，1519—1589）的侍从，他随父亲到了法国，20多岁才回到帕多瓦（1599）。其时正值法国宗教战争（1562—1598）的最后阶段"三亨利之战"（1584—1593）时期，恩里柯在这场战争中长大。①

回到意大利后，恩里柯成了威尼斯共和国的官员，但他用差不多一生的时间，凭靠一手材料写下了《法兰西内战史》（*Historia delle guerre civili di Francia*，6卷），离世前一年（1630）在威尼斯出版。1559年，伊丽莎白一世的英国和菲利普二世的西班牙分别与亨利二世的法国在法国北部城镇卡托—康布雷西（今法国诺尔省的Le Cateau）签订合约，结束长达半个多世纪的第一次欧洲国际性战争——意大利战争（1494—1559）。恩里柯从《卡托—康布雷西和

---

① 爱德华·阿姆斯特朗，《法兰西宗教战争》，金蓓译，北京：华文出版社，2021；亨利·怀特，《圣巴塞洛缪大屠杀：宗教纷争、大国博弈与法兰西王国的衰落》，邵宏译，北京：华文出版社，2021。

约》(Treaty of Cateau-Cambrésis, 1559) 签订时写起，一直写到西班牙与法国签订《韦尔旺和约》(La paix de Vervins, 1598) 结束两国间的新一轮战争状态为止。由此可见，法兰西宗教战争既是一场分裂性内战，同时也是意大利战争的余绪。

《韦尔旺和约》结束了西班牙自 1590 年以来对法国发动的战争，西班牙国王菲利普二世不再按《卡托—康布雷西和约》要求法国放弃自 1552 年以来夺取的大部地区，但西班牙取代法国控制了意大利。① 然而，法兰西差点儿因信仰分歧而分裂为两个国家，这给基督教欧洲带来了新的战争要素。幸运的是，凭靠偶然出现的英明领袖亨利四世，法国最终克制了新教带来的分裂危机。由此可以理解，恩里柯的这部史书多次被翻译成法文。

波利多尔·弗吉尔 (Polydore Virgil, 1470—1555) 出生在意大利北部古城费米尼亚诺 (Fermignano, 今马尔凯大区乌尔比诺省)，是地道的意大利人。他在帕多瓦大学完成学业，32 岁时 (1502) 作为红衣主教阿德里亚诺·卡斯特莱西 (Adriano Castellesi) 的副手前往英格兰，一生大多在那里度过，晚年才返回意大利。基于自己的经历，弗吉尔写了第一部《英格兰史》(Anglica Historia, 1534)，以至于这位意大利人被英国人誉为"英国史之父"。②

苏格兰比英格兰更早有了自己的史学家——乔治·布坎南 (George Buchanan, 1506—1582)，但他首先是宗教—政治人。布

---

① Michael W. Lodwick, *The Enforcement of the Peace of Vervins. French and English Relations with the Spanish World Empire* 1598—1604, New Orleans: Tulane University, 1976.

② Denys Hay, *Polydore Vergil: Renaissance Historian and Man of Letters*, Oxford: Clarendon Press, 1952.

坎南早年丧父，14岁时被叔父送到法国就读巴黎大学，在那里同时接受了文艺复兴和宗教改革的洗礼，既是喜欢用拉丁语写诗的人文主义者又是路德宗教徒。布坎南学成后回到苏格兰传授人文主义学艺，也暗中传扬新教。由于苏格兰国王严厉压制新教徒，布坎南在33岁那年（1539）遭到逮捕，但他有幸逃走，又去了巴黎，后来还成了蒙田的人文学老师。1547年，布坎南与几位法国的人文学者一起前往葡萄牙传授人文学，同时也暗中传播新教。两年后，布坎南和两名葡萄牙人文学者一起被指控信奉路德教，破坏了公共秩序。布坎南被监禁7个月后获释（1552），再次前往法国，在那里他成了秘密的加尔文宗信徒。①

布坎南在1560年回到苏格兰，因其人文学者的声誉，他被聘为年轻的苏格兰女王玛丽·斯图亚特（1542—1587）的家庭教师，每天带女王阅读李维的史书，后来又成为詹姆斯六世（1566—1625）的傅保。布坎南经常殴打詹姆斯，且为了把这位少儿国王培育成接受有限君主制的新教国王，他还写了一部对话体作品《论苏格兰王权的正当性》(*De Jure Regni apud Scotos*)，宣称一切政治权力源于人民，而人民则有抵抗甚至惩罚暴君的合法权利。② 詹姆斯六世成为英格兰国王詹姆斯一世后，并没有接受有限君主制观念，反倒写了《论自由君主制的真正原理》(*The True Law of Free Monarchies*, 1598)，大谈君权神授，但他的确因布坎南的施教而爱上了古典人文学。

---

① Macmillan, *George Buchanan, A Biography*, London: Simpkin, Marshall, & Co. Ltd., 1906; Philip J. Ford, *George Buchanan: Prince of Poets*, Aberdeen: Aberdeen University Press, 1982.

② Duncan H. MacNeill (ed.), *The Art and Science of Government Among the Scots, being George Buchanan's De Jure Regni apud Scotos*, English Translation and Commentary, 1964.

除这篇对话作品外，布坎南最著名的传世之作是去世前不久完成的《苏格兰史》(Rerum Scoticarum Historia，1582 年出版)，尽管他自己亲历的历史占了全书的大半篇幅，而此前部分则主要以历史传说为基础，毕竟算得上是具有如今所谓民族主义色彩的苏格兰史，因此也难免引发争议。对今天的我们来说，此书让我们认识到苏格兰史书的起点是怎样的就足够了。

胡安·马里亚纳（Juan de Mariana，1536—1624）是西班牙人，出生在伊比利亚半岛中部的托莱多王国（Reino de Toledo，1085—1833，马德里以南约 70 公里），上大学修读神学时（17岁）就加入耶稣会。起初，马里亚纳在罗马教授神学（1561），后来又被耶稣会派往巴黎讲授神学（1569），据说他对托马斯·阿奎那的阐释颇受欢迎。由于健康不佳，人到中年的马里亚纳获准返回托莱多的耶稣会（1574），以写作为生。《西班牙通史》(Historiae de rebus Hispaniae，1592，20 卷；1605 年增写了 10 卷）是其传世之作，马里亚纳从图巴人在西班牙定居开始，一直写到费迪南德国王去世，而正是这位君主统一了卡斯蒂利亚和阿拉贡王室——对于西班牙的海外扩张，马里亚纳已经有明确的历史意识：

> 西班牙的名字和勇敢，以前很少人知道，而且仅限于西班牙很窄的圈子里，现在迅速光荣地传播开来，不仅传到了意大利、法国和巴巴里，还传到了世界的尽头。①

该书因颂扬西班牙的伟大而广受智识人欢迎，非常成功，马里亚纳后来又增补了至查理五世登基（1519）的时段（1605），

---

① 拉努姆，《近代欧洲：国家意识、史学和政治文化》，王晨光、刘岑译，上海：华东师范大学出版社，页 218。

并亲自译成西班牙文（1609），晚年（1621）又增写到菲利普四世登基，十七世纪最后一年有了英译本（1699）。马里亚纳还是个反君主制分子，完成《西班牙通史》后，他写了《论国王和王国制度》（*De rege et regis institutione*，1598），在书中大谈推翻暴君是否合法的问题，并给出了肯定的回答，这给耶稣会招来不少憎恨。①

斯威夫特最后提到的威廉·卡姆登（William Camden，1551—1623）算得上是真正意义上的第一位英格兰史学家，他的兴趣在考古，26岁那年（1577）即着手用拉丁文撰写《不列颠尼亚》（*Britannia*），用叙述笔法以郡为单位描述大不列颠和爱尔兰，集景观、地理、古迹和历史于一体，通过描述现在的不列颠追溯过去的痕迹。他还绘制了一幅罗马帝国时期的不列颠图画，目的是"让不列颠恢复其古代面目"。此书在1586年出版，非常受欢迎，之后卡姆登仍不断收集材料，多次修订和扩充，20年间（至1607年）出版了五个不断增补的拉丁文版本，每个版本在内容和插图方面都比前一版本有很大扩充。不仅在英国，而且在整个欧洲，此书都被公认为重要学术著作——史称"前现代英雄般的工作"，此后"再也没有人能写出有价值的大不列颠史"。卡姆登还用英语写了普及本《更伟大作品的残篇，关于不列颠》（*Remaines of a Greater Worke，Concerning Britaine*），也是卡姆登唯一用英文写作的历史作品，被

---

① R. F. F. John de Mariana, *The General History of Spain. From the Peopling of it by Tubal, till the Death of King Ferdinand, who united the Crowns of Castile and Aragon. With a Continuation to the Death of King Philip III*., London: Richard Sare, Francis Saunders and Thomas Bennet, 1699; Georges Cirot, *Etudes sur les Historiographes Espagnols: Mariana, Historien*, Bordeaux: Feret & Fils, 1904; Harald Ernst Braun, *Juan De Mariana and Early Modern Spanish Political Thought*, Ashgate Publishing, 2007.

视为《不列颠尼亚》的通俗版。①

这些史书见证或反映了西欧地区某些既相互分离又相互制约的活跃政治单位的崛起，尽管它们都属于一个共同的宗教体制。自此以后，撰写日耳曼各王国史的史书层出不穷，而且在"古今之争"的历史时期开始形成写作法则——与此相配的是对古希腊罗马史书的"证伪"。

到了十八世纪，随着启蒙运动的兴起，一种进步论的普遍历史观出场了。西欧王国的文人在进一步编织各自的形成史时，自然会热衷于将自己所属的王国纳入进步论的普遍历史叙事——其前提是，这个王国在十六世纪以来的欧洲争霸中取得了优势。伏尔泰的世界史叙事让法兰西王国在其中具有主导地位，与十七世纪以来法国在欧洲取得霸权形成了历史的呼应。

接下来，欧洲人经历了两个大的历史事件。首先，英、法、西三大王国为争夺美洲殖民地而爆发全面战争，英属美洲殖民地在这场历史的冲突中偶然地从欧洲分离出去。这一事件不仅给欧洲学人带来新的世界地缘视野，更重要的是，基督教欧洲的政治单位在欧洲地缘之外落脚生根。第二，法国爆发的大革命引发了长达二十多年的欧洲大战——史称"拿破仑战争"，其结果不仅是已经有近千年历史的神圣罗马帝国寿终正寝，更重要的是，欧洲的地缘政治生态因此而发生了根本变化，给欧洲人带来崭新的欧洲视野。

兰克因处女作获得成功被聘为柏林大学副教授（1825）的第二年，他就开设了"1789至1815年的现代史"课程——在随后

---

① 拉努姆，《近代欧洲：国家意识、史学和政治文化》，前揭，页137-138。详见 Wyman H. Herendeen, *William Camden: A life in Context*, Woodbridge: Boydell & Brewer, 2007; Hugh R. Trevor-Roper, *Queen Elizabeth's First Historian: William Camden and the Beginnings of English "Civil History"*, London, 1971。

几十年里,他一直在讲授这一主题的课程。由此可见,上述第二个历史大事件对兰克的影响远大于第一个历史大事件。原因也许不难解释:兰克所在的政治体属于神圣罗马帝国。

兰克史学出场时,基督教欧洲已经有了差不多四百年的兴起经历,其历史时段相当于中国明代中期至清代晚期。显然,基督教欧洲的这四百年历史与先前的五百多年历史完全不可同日而语:欧洲几个主要政治单位的争霸成了整个世界的搅拌机,兰克所属的神圣罗马帝国完全处于被动状态,节节败退,最终覆亡,唯有普鲁士王国的崛起才给德意志民族带来一丝光亮。

兰克史学的重点是"欧洲世界"的形成——"欧洲世界"等于"现代世界"而非"古老的世界",这意味着欧洲作为一个政治单位出现得很晚。晚到什么时候?晚到我国明代弘治年间(1488—1505)的十六世纪初。兰克有"现代史学之父"的美誉,其原因得到了部分解释。我们必须进一步细看兰克如何记叙"欧洲世界"的形成经历,才能真正理解"现代史学"的具体含义。

罗曼和日耳曼诸民族史

兰克以《1494至1514年的罗曼和日耳曼诸民族史》开始自己的史学生涯,这部政治史学著作聚焦的历史时段虽然仅有短短二十年,但它处理的却是一个重大的欧洲史学问题,即在何种意义上能"把罗曼和日耳曼民族国家(die romanischen und germanischen Nationen)视为一个[政治]单位(eine Einheit)"——直到今天,这仍然是个有争议的问题。①

---

① 比较杰拉德·德朗提,《发明欧洲》,陈子瑜译,杭州:浙江大学出版社,2020,页47-58。

在兰克看来，不能从"一般的基督教"（die allgemeine Christenheit）角度来界定"欧洲单位"，因为，亚美尼亚人也属于"一般的基督教"，却不能说它属于欧洲单位。从地理学角度来界定欧洲单位也不行，因为土耳其人身处欧洲地域，却属于亚洲民族，而俄罗斯帝国一只脚在北亚，另一只脚却在东欧。人们通常会用"西方基督教"或"拉丁基督教"（die lateinische Christenheit）来界定欧洲单位，兰克说这样也不行，因为斯洛伐克人、拉脱维亚人乃至匈牙利人都不属于欧洲单位，却属于拉丁基督教（《秘密》，页77）。

那么，应该如何界定"欧洲单位"呢？兰克说：

> ［本书］作者会围绕那些在纯正日耳曼（rein germanischer）或日耳曼—罗曼血统上种族亲缘相近的民族国家，他们的历史是所有近代历史的核心，至于异族（das Fremde）则仅作为次要的部分，必要时一笔带过。（《秘密》，页77）①

兰克首先强调了欧洲单位的血统和语言，似乎他依据的是如今所谓的"人类学原则"，其实不然，除非人们从政治学的角度应用人类学。② 显而易见，兰克秉持的是政治史学原则，即某个政治单位在世界上所起的支配性作用。在兰克看来，日耳曼民族

---

① 译文据原文（Leopold von Ranke, *Geschichte der romanischen und germanischen Völker von 1494—1515*, Leipzig, 1874）有改动，不再一一注明。中译本（利奥波德·冯·兰克，《拉丁与日耳曼民族史 1494—1514》，付欣、刘佳婷译，桂林：广西师范大学出版社，2015）根据十九世纪的英译本迻译，未见这段导言文字。

② 约翰·格莱德希尔，《权力及其伪装：关于政治的人类学视角》，赵旭东译，北京：商务印书馆，2011。

是世界历史的动力,它的成长史拉开了"现代世界"的帷幕,因此应该作为一个政治单位来看待——他紧接着就说:

> 在本导言中,我将主要以叙述对外功业的方式表明,这些[种族亲缘相近的日耳曼]民族(Völker)如何在一个[政治]单位和相同方式的运动中发展……(《秘密》,页77)

这段表述的首要关键词不是种族亲缘相近的"血统"(Abkunft),而是"政治单位"(Einheit)和"运动"(Bewegung)。所谓"政治单位"的含义是,能把"种族亲缘相近的民族"(die stammverwandte Nationen)聚合在一起。作为世界史例证,兰克本来可以提到、但他却没有提到,自秦汉帝国以来,中华民族就是这样的政治单位。

至于"运动"这个关键词,熟悉修昔底德的读者都知道其来源,但兰克赋予它的确切含义是"对外功业"。在修昔底德笔下,希腊人是"种族亲缘相近的民族",它在近似永恒的"运动"中发展自身,而"运动"的确切含义则庶几等同于政治冲突,其最高形式是战争。于是我们看到兰克接下来说:

> 本书仅涉及这些民族的一小段历史,这段历史可以说是近代历史的开端……一方面,本书包括西班牙君主制的建立、意大利自由的衰亡;另一方面,本书还叙述了一种双重对立的形成,即法国的政治对抗和由于宗教改革而产生的教会对抗的形成。换言之,我们的民族国家分裂为两个敌对阵营,整个近代历史便是基于这一分裂。(《秘密》,页78)

修昔底德记叙的伯罗奔半岛战争同样是一小段历史，但他揭示了历史作为自然的政治"运动"的本质。兰克显得具有同样的抱负，即通过记叙罗曼和日耳曼诸民族的一小段历史，揭示现代历史作为自然的政治"运动"的本质。兰克在这部处女作的"导言"中为自己预设的研究范围，事实上已经延伸到十六世纪以后的欧洲史。兰克在晚年的《世界史》中用了更多篇幅详述罗马史，不外乎因为罗曼—日耳曼诸民族作为一个政治单位产生于罗马帝国这个母体，而他对古埃及以及犹太、亚述、波斯和希腊等古国一笔带过，则是因为它们对现代世界的形成来说无关紧要——中国和印度则连无关紧要都谈不上，所以不值一提。

其实，中国和印度仍然可以作为兰克的世界史例证。他本可以问，为何印度不是一个政治单位的名称，而是一个地理名称或古代文明的符号，那里没有历史"运动"。他更应该问，为何中华帝国作为一个政治单位在自身的历史"运动"中没有出现"一种双重对立"（eine zwiefache Opposition），进而"分裂为两个敌对阵营"，即便"种族亲缘相近的民族"不断进入这个政治单位，甚至成为统治民族。兰克显然不能说，中华帝国作为政治单位没有自己的历史"运动"。

实证史学错认先驱

《1494至1514年的罗曼和日耳曼诸民族史》有一个单独刊行的附录——《近代史家批判》（1824），在史学史上十分著名。该书从史料考据角度抨击意大利、西班牙、德意志和法兰西诸国的近代史家，矛头尤其针对圭恰迪尼的《意大利史》。① 长期以来，人们津津乐道兰克开创了一种所谓实证的（即凭靠档案的）史学方法，依据的正是这部著作。如果"现代史学"指收集、发掘、考据史料的实证史学，那么，兰克拥有"现代史学之父"的美誉就无异于张冠李戴。

这个美誉应该给予十八世纪中期德意志哥廷根大学的一批古典学家，他们率先在大学开设了古代和近代以来的通史、"十七和十八世纪欧洲各国的历史，以及德意志某个邦国的专门史"——尤其是发展出"地理学、年代学、古文书学、纹章学和钱币学"之类的实证性"辅助学科"。② 一旦这些"辅助学科"逐渐成为史学的主导学科，实证史学就成了"现代史学"的代名词，而兰克史学与此毫不相干。

圭恰迪尼的《意大利史》"怀着悲伤的心情描述了外国对意大利的统治逐步形成的过程"，对意大利的王公贵族"目光短浅"耿耿于怀。③ 兰克攻击圭恰迪尼表面看来是揪史料问题，其实是因为他更钦佩圭恰尔迪尼的朋友兼论敌马基雅维利的政治观点。因为，在"狂热地抨击圭恰迪尼"的同时，他又"极力捍卫马基雅维利"，而后者的《佛罗伦萨史》绝对算不上基于档案的史书，圭恰

---

① 利奥波德·冯·兰克，《近代史家批判》，孙立新译，北京：北京大学出版社，2016，页3-84；关于圭恰迪尼的《意大利史》，参见威廉姆·康奈尔，"意大利文艺复兴时期的历史叙事"，何塞·拉巴萨、佐藤正幸等主编，《牛津历史著作史》，陈新、李娟等译，上海：上海三联书店，2021，页 427-428；Sydney Alexander, *Introduction to Francesco Guicciardini: The History of Italy*, Princeton：1969。

② 费利克斯·吉尔伯特，《历史学：政治还是文化》，前揭，页24-25。

③ 拉努姆编，《近代欧洲——国家意识、史学和政治文化》，前揭，页29；比较弗朗西斯科·圭恰迪尼，《政治与经世备忘录》，王忆停译，杭州：浙江大学出版社，2021，页6、86-87、137。

迪尼反倒"被视为与事件共时、清理事件以及公正的叙述者"。①事实上,兰克在《近代史家批判》中打击罗曼和日耳曼诸民族的近代史家,与其说是为了推荐一种史学方法,不如说是为了提出一个重大的政治史学问题:现代欧洲作为政治单位的形成究竟应该以意大利兴起城市共和国为标志,还是以西班牙王国崛起为标志。

如今的历史社会学家从制度经济学视角看待世界史,因此有理由强调意大利城邦政体的作用:基于个人主义而非"基于血缘关系"的经济和政治上自治的社团,是现代欧洲国家形成的决定性制度要素,正是这种商业化社团制度"孕育了西方兴起的萌芽"。② 兰克史学明显还属于老派的古典史学,他以修昔底德为楷模,从政治史学传统来看待具有世界史意义的历史时刻。通过记叙1494年至1514年这二十年间的历史事件,兰克不仅仅要人们看到:意大利如何分裂,法国和西班牙如何入侵意大利,城市国家如何丧失自由,宗教迫害如何导致殖民美洲新大陆,西班牙如何在意大利、德意志和尼德兰取得宗主统治,以及欧洲反教宗的历史如何为宗教分裂铺平道路等等。因此,"这段历史可以说是近代历史的开端",应该把"这些以及[随后的]其他历史事件看成罗曼和日耳曼民族国家作为一个单位的相关历史事件"(《秘密》,页78-79)。

从今天的历史视角来看,毋宁说,兰克的记叙揭示了"西方兴起"的政治史性质:新的"欧洲单位"如何给这场历史运动所

---

① 费利克斯·吉尔伯特,《历史学:政治还是文化》,前揭,页18-19;比较 Felix Gilbert, *Machiavelli and Guicciardini: Politics and History in Sixteenth-Century Florence*, Princeton:1985。

② 阿夫纳·格雷夫,《大裂变:中世纪贸易制度比较和西方的兴起》,郑江淮等译,北京:中信出版社,2008,页286-294。

波及的政治体带来分裂,如何入侵其他政治单位以及这些单位如何丧失自由,如何在全球取得宗主统治。我国史学界习惯依据该书的英译本书名(*History of the Latin and Teutonic Nations*,1494—1514)将中译书名译作《拉丁与条顿民族史(1494—1514)》。与德文书名稍有字面差异无关紧要(译作《罗马与日耳曼民族史》则是错译),但如果删掉"1494—1514"的年代限定简写成《拉丁与条顿民族史》,就删掉了兰克的用心。兰克在十年后发表的《十六和十七世纪的罗马教宗及其教会和国家》同样如此,此书可以说是《1494至1514年的罗曼和日耳曼诸民族史》的姊妹篇。兰克写的不是从教宗制创制以来的教宗通史,而是关注教宗制在宗教改革后的历史处境。①

欧洲帝国之梦

现代欧洲诞生于西班牙王国的崛起,而非意大利城市国家的兴起。这一观点与黑格尔不谋而合。在黑格尔所讲述的世界历史故事中,"日耳曼世界"的形成经历了三个历史时期:首先是查理大帝打造法兰克人和德意志人的整个帝国,第二个时期则以"查理五世庞大的西班牙君主国"的兴起为开端(《世界史哲

---

① 我国史学界通常简称《教皇史》,显然不妥(参见朗克,《朗克〈教皇史〉选》,施子愉译,北京:商务印书馆,1962),正如不能把兰克的《十六和十七世纪法国史》以及《十六和十七世纪英国史》分别简写成《法国史》和《英国史》。事实上,《十六和十七世纪的罗马教宗及其教会和国家》仅用了六页篇幅讲基督教和教宗制的诞生,同样仅用了不到6页篇幅讲教宗制与查理帝国的关系(参见 *Die römische Päpste, ihre Kirche und ihr Staat im 16. Und 17. Jahrhundert*, Hoffmann und Campe Verlag / Hamburg, 1935, S. 7 - 13, 13-18)。

学》,页385)。

关于西班牙王国的崛起与罗曼人和日耳曼人形成一个政治单位的历史关系,年鉴派史学第二代的代表人物布罗代尔(1902—1985)的说法既简洁又准确:因为查理五世(1500—1558)的头脑中有 idée impériale [帝国观念]。

> 在谋求欧洲霸权的诸多不幸的候选人中,查理五世也许最不令人仇恨、最可亲。他的梦想是这样的:征服基督教世界,用他的威势保护基督教国家,反对伊斯兰异教徒和新教徒。①

查理五世梦想重新统一欧洲,让查理大帝打造的欧洲帝国在分裂为碎片六百年之后再度成为统一的政治单位,并非白日梦。②查理五世既是西班牙国王,又是神圣罗马帝国皇帝,这意味着神圣罗马帝国在地缘上已经对法兰西王国形成包围态势。

查理五世获得如此双重权位,靠的是他祖父奥地利大公马克西米利安一世(Maximilian Ⅰ,1459—1519)先后当选德意志王(1486)和神圣罗马帝国皇帝(1493)),随后又精心安排了一场政治婚姻,让自己的儿子英俊王菲利普(Philip the Handsome,1478—1506)与西班牙国王斐迪南(Ferdinand)的女儿胡安娜(Joanna the Mad,1479—1555)联姻,借此将西班牙王国纳入神

---

① 费尔南·布罗代尔,《文明史:人类五千年文明的传承与交流》,常绍民等译,北京:中信出版社,2014,页434。布罗代尔追认了黑格尔和兰克的观点:他的菲利普二世时代研究显得是兰克处女作的扩展。参见费尔南·布罗代尔,《菲利普二世时代的地中海和地中海世界》,卷二,吴模信译,北京:商务印书馆,1996,页18-32。

② 详见苏珊·鲍尔,《世界史的故事·从三国鼎立到诺曼征服》,徐彬、宋爽译,北京:中信出版社,2019。

圣罗马帝国建制（1496）。

通过联姻获取政治利益是欧洲国际政治关系中的常见手法，马克西米利安一世当年（1477）就通过迎娶勃艮地公国的公主玛丽为妻，趁机获取了作为嫁妆的勃艮地公国属地尼德兰和法兰斯—孔德（Franche-Comté，今法国西部），将两处领地变成奥地利公国属地。马克西米利安一世颇有政治抱负，他强化帝国中央机构，建立常备军，改革帝国议会使之成为常设性议事机构，让帝国名副其实，明显有意走向中央集权制。1495年，帝国议会在德意志西南部名城沃尔姆召开，史称欧洲从中世纪过渡到新时代的标志，马克西米利安一世也因此成为"历史的界碑"。

1500至1512年间，马克西米利安一世将帝国领地整合为十个大区，初步建立起帝国行政区划制度——人们会说，这一举措会让人想到秦始皇统一华夏时设立郡县制。然而，德意志诸侯始终竭力抵制帝国的中央集权化改革。帝国的两大法院——帝国宫廷法院（Reichshofrat）和帝国议会法院（Reichskammergericht）分别由帝国皇帝和德意志诸侯掌控，马克西米利安一世推行帝国中央集权化困难重重。

1519年，马克西米利安一世病逝，而他的儿子菲利普在十三年前已经早逝（1506）。作为马克西米利安一世的孙子，查理五世不仅继承了神圣罗马帝国的帝位以及家族所拥有的奥地利和阿尔萨斯，还继承了外祖父费迪南二世（1516年病逝）的西班牙王位。查理五世同样有帝国抱负，他继承祖父遗志，坚持推进中央集权化的帝国立法。然而，查理五世时运不佳，东南面奥斯曼帝国的进逼，以及西面法兰西王国的强硬挑战，都是早就存在的难题，算不上什么，突然爆发的宗教分裂（所谓"宗教改革"）才真正让罗曼和日耳曼诸民族成为统一政治单位的梦想化为泡影

(《秘密》,页 250-304)。①

西方基督教的分裂

由此看来,兰克的处女作所关注的史学问题其实是日耳曼帝国复兴查理帝国的再次失败。所谓西班牙王国的兴起,实际意味着神圣罗马帝国曾一度有望实现欧洲帝国(即日耳曼帝国)的统一梦想。法国的政治对抗,尤其是宗教分裂带来的新旧教对抗,让罗曼—日耳曼民族彻底分裂为民族国家之间的对抗,才使得马克西米利安一世及其孙子查理五世的梦想彻底破碎。

兰克是新教信徒,但在探究这一历史的"运动"时,他对新教信仰持超然态度,这并不容易。兰克心里清楚,正是由于新教运动,德意志才再次与统一帝国之梦失之交臂。《1494 至 1514 年的罗曼和日耳曼诸民族史》问世三年后(1827),兰克出版了他的第二本书——《十六和十七世纪南欧的诸侯和人民》(*Fürsten und Volker*),仅从书名就可以看出两书的相干性,即如何界定欧洲民族。接下来是 1834 年出版的《十六和十七世纪的罗马教宗及其教会和国家》,这"通常被视为兰克的第一部史学杰作",因为它"讲了一个扣人心弦的故事",即符合兰克自己心目中的史学观:修史是一门写作艺术,而非堆砌史料。②

序言开篇这样写道:

---

① 比较彼得·威尔逊,《神圣罗马帝国:1495—1806》,殷宏译,北京:北京大学出版社,2013,页 29-41、71-81;詹姆斯·布赖斯,《神圣罗马帝国》,孙秉莹等译,北京:商务印书馆,1998,页 302-317。

② 费利克斯·吉尔伯特,《历史学:政治还是文化》,前揭,页 15-16、44。

> 经历了十六世纪上半叶的衰败后，罗马再一次成为南欧罗曼语诸民族的信仰和思想中心。不仅如此，罗马教廷还做出了一系列大胆而幸运的尝试，并成功征服了北方各族。①

如果说前两部史书从帝国视角考察现代欧洲的形成，那么，这部史书便是从罗马教宗国的角度看待同一问题。罗马教廷没有被仅仅看作维系基督教欧洲的精神力量，事实上，它也是试图统一罗曼—日耳曼欧洲人的政治力量——因此书中描述了大大小小的战役。

作为三卷本罗马教宗史《十五至十八世纪的罗马教宗制及其教会和国家》的第一卷，兰克在前言中介绍了自己如何收集"原始史料"。首先是维也纳的帝国皇家图书馆和皇家档案馆中的历史文献，后者尤其"保存了德意志以及欧洲各国最为重要和可靠的档案卷宗"；然后是威尼斯总督为撰写《意大利编年史》收集的材料，萨伏伊的欧根亲王（Prince Eugene of Savoy，1663—1736）"遗留下来的大量历史和政治手稿"，以及意大利贵族的注册薄、编年史和日记。兰克提到维也纳的史料时说，"维也纳的收藏还具有欧洲元素"，"呈现出包罗万象的特定，这要归因于其国家的政治和世界地位"。在罗马和威尼斯收集的"原始史料"带有同样的性质，尽管大多出自威尼斯的名门望族为了"提醒后代不忘祖上的荣耀"而保存的家族性文物。兰克说，这些史料不仅对研究威尼斯史不可或缺，"甚至对于撰写欧洲关系史也意义重大"，即便好些文献"建立在个人观察基础上"（《教宗史前言》，页15–17）。

---

① 兰克，《教宗史：十五至十八世纪的罗马教宗》（前言），何珊译，见《北大德国研究》第六卷，北京：北京大学出版社，2017，页15（以下简称《教宗史前言》，随文注页码）。

如何看待这些材料，显然因人而异，重要的是不带个人情感、宗教信仰和政治偏见。兰克认为，他作为新教徒恰好符合这个条件。因为，作为"新教徒和北德人"，他"对教宗的权力要中立得多"，"不会那么热情洋溢地阐述教宗的权力——不管这种热情是源于对教宗的偏爱还是憎恶"。由于"对教会或教规的细节毕竟缺乏真切的参与感"，兰克相信自己能够得出"更为纯粹的历史观点"——这个观点可以简扼表述如下：

> 教宗的权力并不像大家所认为的那样不可改变。如果撇开教宗权力赖以存在的基本原则——如果脱离了这些原则，它将必定衰落——我们就会发现，与其他统治权一样，教宗的权力也受欧洲人的命运左右，而且这种影响是深入本质的。世俗世界命运的变迁、民族的兴衰、大众生活的变化，这一切都会对教宗的权力产生根本的影响，教宗制度的准则、目标和需要也都会随之产生根本的改变，而变化最大的则是其影响力。(《教宗史前言》，页19)

兰克还认为，"从中似乎可以看到世界通史发展的一部分，不仅在罗马教廷占绝对统治地位的时期如此，也许在教宗制度的支持派与反对派之间冲突最为激烈的时期尤其如此"(《教宗史前言》，页20)。为什么这个时期的教宗史对理解"世界通史"具有重要意义？因为，罗曼—日耳曼蛮族因罗马教会而成为精神上的共同体，随后又因为自然的政治争分而导致精神上的分裂。

> 世俗权力和宗教权力的冲突在十六世纪初到十七世纪中期的150年达到顶峰和危机关头，最终以无数独立国家的建立而告终，其中每个国家对其政治与宗教制度的关系都采取了不同形式。"再也无法想象某种认信（confession）会被提

升为普遍准则。重要的是，所有民族，所有国家，皆可在其政治—宗教信念的基础上发展各自的力量。那是未来世界的基础。(吉尔伯特，前揭，页50)

如果要说这是欧洲"未来世界的基础"，也许并不为过，但若要说这是整个"未来世界的基础"，则言过其实。拉丁基督教欧洲共同体的分裂导致"无数独立国家的建立"，其结果是长达数百年的分离性战争。从今天的视角来看，这一历史事件的世界史意义在于：随着欧洲人的海外扩张和获取殖民地，欧洲人把民族国家观念以及拉丁基督教的宗教冲突带给了全世界。如汤因比所说，

> 最近五百年来世界的西方化乃是西方一系列分立而竞争的地区性国家的产物。它们之间的竞争乃是西方扩张的主要动力；政治上的分裂乃是西方化进程给全球政治地图造成的主要特点之一。[1]

如今有人可能会设想，假若没有欧洲人的海外扩张，他们的内在纷争也好、宗教分裂也罢，便都会是区域性的，不会成为全球性的——史学家会回答说：这就是现代世界史，而历史没有"假若"。

德意志帝国与欧洲均势

完成三卷本教宗史后，兰克随即着手写作六卷本《宗教改革

---

[1] 阿诺德·汤因比，《历史研究》，刘北成、郭小凌译，上海：上海人民出版社，2005，页287。

时代的德意志史》（*Deutsche Geschichte im Zeitalter der Reformation*，1839—1847），历时八年才杀青。从历史的连续性来看，此书与处女作连成一线，即从1550年写到1618年，而处女作原本打算写到1545年，也就是包括查理五世的事功，由于材料有限才不得不止于马克西米利安一世。① 事实上，兰克的处女作仍然以收集史料为主，而且因条件限制，自第二部史著起，兰克才幸运地获得让他感到满意的原始档案。

六卷本《宗教改革时代的德意志史》与三卷本教宗史堪称合璧，两书共同呈现了现代欧洲政治成长史上的头等大事件：拉丁基督教的分裂。兰克在"导言"中同样提到这段历史与"世界"的关系：

> 如果对宗教改革时期的德意志史不感兴趣，没有被这段历史所吸引，而又要想处理好这样源自如此紧张的精神力量、并对世界命运产生如此深远影响的事件，那几乎是不可能的。(《秘密》，页93-94)

显然，兰克眼中的"世界命运"指欧洲的命运。与《教宗史》"前言"一样，兰克详细记叙了自己如何有幸获得大量原始档案，这为他探究"历史的真实"提供了条件。兰克如此强调原始档案，让人以为他是搜寻史料的实证史学工匠，事实上，他在"导言"开篇就已经表明，他的史学旨趣是政治史学式的，即关切与自己所属的共同体生活紧密相关的重大政治问题。

对兰克来说，头等重大的问题就是德意志的统一。从十五世

---

① 乔治·古奇，《十九世纪历史学与历史学家》，前揭，页177。

纪最初的十年到三十年战争爆发之前，德意志实际上处于帝国式的宪政状态："定期召开的帝国会议以及帝国会议上所制定的政策"决定了"德意志的宪法"及其政治生活，而非"像此后时期那样，只是由帝国选帝侯们掌控"，帝国会议享有的权利"甚至就等同于主权国家那无所不能的绝对权力"。

> 德意志民族的这一统一体通过帝国会议得以体现。换言之，帝国会议代表着整个德意志民族。在帝国广阔的疆域内，没有什么重要事情是不能在帝国会议上商议的；在没有得到帝国会议最终的决议与执行令之前，一切照旧，任何新的状况都不会出现。(《秘密》，页91)

二十年后（1869），兰克出版了小书《德意志史：从宗教和平到三十年战争》(*Zur deutschen Geschichte. Vom Religionsfrieden bis zum dreisigjährigen Krieg*)。从历史时段上看，此书显得像是六卷本《宗教改革时代的德意志史》的缩写本。但人们不难设想，时隔二十年之后，德意志政治状态的变化不可能不影响到写作意图。必须意识到：兰克的处女作成书于维也纳和会（1815）结束十年之际，它显得是对黑格尔赞美的拿破仑精神的史学反应。这意味着，在何种意义上能"把罗曼和日耳曼民族国家视为一个［政治］单位"仍然是一个现实问题。毕竟，法国大革命"不仅仅是法国的，也是全欧洲的运动"，共和主义的普遍理念给罗曼—日耳曼人的欧洲带来了一种新的政治形式和地缘边界：

> 始于1793年的革命战争，导致了西欧与东欧的重大冲突。拿破仑的欧洲是以莱茵河作为东部边界的罗马欧洲。没有比拿破仑在1806年废除神圣罗马帝国这件事更能明白表现这点了。取而代之的莱茵邦联，是西方与东方间的缓冲地

带，有着自己的东方边界，也就是古老的日耳曼—斯拉夫边界。①

拿破仑以法兰西帝国之名塑造拉丁基督教欧洲的尝试失败了，神圣同盟企图重建旧秩序，但它使用"欧洲理念"的方式却破坏了罗曼和日耳曼诸民族的政治单位的历史纯粹性，"因为神圣同盟将俄罗斯、普鲁士与奥地利合并成以东方为基础，且以莱茵河作为西部边界的权力集团"（同上）。在这样的历史时刻，兰克提醒人们，"欧洲单位"是"纯正日耳曼或日耳曼—罗曼血统上种族亲缘相近的民族国家"的统一体，其政治秩序原则应该是"均势"而非"霸权"——正如修昔底德在其战争志中对泛希腊世界所期待的那样。吉尔伯特这样归纳兰克处女作的政治观：

> 欧洲虽然是一个整体，但不应被"大一统"（centrally controlled）。在《罗曼和日耳曼诸民族史》中，有一段话经典地体现了兰克对大一统欧洲观的排斥。当写到马克西米利安一世建立"凌驾于所有日耳曼—罗曼民族的普遍君主制"的计划失败时，兰克写道："上帝不希望这样的事发生。"均势的观念对抵制这一危险提供了某种保障。它包含两个要素：首先，它意味着一些国家具有大致相当的实力，这样就没有哪个国家能够征服所有其他国家。但它也意味着，一旦某个国家成功地获得了压倒性力量，其他国家就会联合起来遏制这个"膨胀的"强权的企图。（吉尔伯特，《历史学》，页34）

---

① 杰拉德·德朗提，《发明欧洲》，前揭，页89（以下简称《发明欧洲》，随文注页码）；比较 Leopold von Ranke, *Ursprung und Beginn der Revolutionskriege 1791 und 1792*, Berlin, 1875。

排斥大一统的欧洲不等于排斥大一统的德意志。撰写《德意志史：从宗教和平到三十年战争》之际，俾斯麦（1815—1898）已经促使德意志邦联军队进击丹麦（1864），接下来又攻击奥地利（1866）。在普鲁士王国的带领下，维也纳和会确立的北德意志邦联正急切地走向统一的政治单位。兰克在书中一开始就写道，十六世纪后期，新教在所有德意志地区已经成为主流，"人民富裕勤劳，军事实力强于任何其他民族"，而"德意志的精神在独特的文学和艺术中"也得到发展。然而，接下来的新教分裂导致查理五世的帝国梦彻底破灭——作为史学家，兰克竟然写道：

> 让我们进一步假设，查理五世治下所发生之一切皆为必然。所有的一切是为了祖国统一而发生的吗？又或者在当时宗教改革已完成但尚未遍及整个德意志，那德意志又是在多大程度上可被视为统一呢？而统一尚未遍及德意志所有地区的主要原因又是什么呢？①

兰克不可能不懂得历史没有"假设"，为何他还要让人们"进一步假设"？可以说，所谓"假设"仅仅表达了兰克的某种个人意愿。在兰克看来，德意志的分裂不是因为新教与天主教的分裂，而是因为新教自身的分裂——"新教内部逐渐发生了激烈争吵，每个派别都提出了极端的观点，并把与自己意见不合的人当作敌人"，封建贵族之间陈年的利益纠葛趁机掺和进来。

> 人们荒废了最重要的大事；帝国宪法没有能够修改；这

---

① 利奥波德·冯·兰克，《德国史稿：1555—1618》，王顺君译，长春：吉林出版集团股份有限公司，2016，页2。

个民族的精神运动朝着无法团结起来做成任何一件大事的方向前进；睿智有力的首领，因无休止的争吵而变得胸无大志，无法踏实地实行计划。(《德国史稿》，页89)

不难看出，兰克仍然没有忘怀德意志的帝国观念，而他写作《德意志史：从宗教和平到三十年战争》不过是要表达自己的担心：这一次的统一别又因为德意志新教内部的不和而夭折。毕竟，"日耳曼语系诸族中因教派不同造成发展各异、帝国的衰落和瓦解——所有这些分裂之缘起确实是宗教改革"。兰克明确说，他撰写这部史书是为了"让人想起我们民族今天的状态和需要"，进而反思这样的历史问题："宗教改革不可避免，但难道其后果也不可以避免吗？"宗教改革固然给德意志人带来"解放"和"自由"，但它最终"导致我们的不和与分裂"，而这究竟是一种历史的必然，抑或不过是"一系列偶然事态和可以避免的错误导致的结局"？兰克给出了回答：宗教改革的结果并非必然是进一步的信仰分裂，完全有"可能达成信仰的统一"（《德国史纲》，页2）。兰克显然期望，德意志民族形成统一政治单位的大业再也不能因宗教分裂导致的结局而被耽误。

三十年战争肢解了德意志的帝国式主权，它体现了全新的欧洲政治状态，并在随后的历史中成了世界的政治状态。《宗教改革时代的德意志史》与三卷本教宗史一样让当时乃至今天的人们看到，兰克首次运用文献档案撰写史书，仅仅表明欧洲人正在形成自己的国家形态。

兰克获得"现代史学之父"的美誉，的确因为他是欧洲民族国家兴起的史学之父——更确切地说，因为他是德意志兴起的史学之父。事实上，英格兰、法兰西、意大利乃至西班牙，都有自己的史学之父，无论就基于档案撰写史书而言，还是就基于世界史视野撰写国史而言，兰克在欧洲都算不上先驱人物。倘若如此，我们还得重新探究兰克获得"现代史学之父"美誉的原因。

三 "现代世界"的历史趋势：大国更替

在兰克笔下，所谓"现代世界"是一个充满纷争和冲突的世界，这是因为神圣罗马帝国文明彻底分崩离析——"正如《教宗史》一样"，《宗教改革时代的德意志史》"刻画了众多精于政治阴谋与纷争的人物，揭示了他们如何决定德国宗教改革的最终命运"（《秘密》，编者导言，页24）。难道兰克没有以修史预示此后三百多年的世界历史？

事实上，兰克对1494年以来欧洲的"晚近"历史（die neuere Geschichte）的认识，已经带有"世界历史"的视野，其政治史学的核心问题是：德意志民族的特殊历史与世界历史的关联究竟是怎样的。在罗马教宗史和随后的《宗教改革时代的德意志史》中，这一问题体现于基督教在欧洲的特殊命运。①

在动笔写作罗马教宗史之前一年，兰克在他主编的《史学—政治杂志》上发表了长文《诸大国》（1833）。② 在这篇传世名作中，兰克以史学大师的笔法勾勒了"现代世界"的"最近时

---

① Leonard Krieger, *Ranke: The Meaning of History*, The University of Chicago Press, 1977, p. 162-163.

② 中译见兰克，《世界历史的秘密》，前揭，页160-202。原题 Die Größen Mächte，中译篇名多作"论列强"。由于"列强"在中文语境中带贬义，而兰克的用法并没有这个色彩，姑且译作"诸大国"。译文凡有改动，依据 Leopold von Ranke, *Die Größen Mächte / Politisches Gespräch*, Göttingen, 1955。

代"(die neueste Zeit,相当于黑格尔笔下的"日耳曼世界"的第三阶段)的基本特征,明确表达了他的"世界历史"视野。在同一时期,他还写下了《政治对话》和《论普遍历史》(讲纲),这三个文献共同标志着兰克对世界历史的政治理解已经趋于成熟,并早于他成熟的史书作品《教宗史》。①

现代历史的主要趋势

在今天,《诸大国》也是国际政治学的经典文献,这足以说明兰克的政治史学品质。用兰克自己的说法,他要"在世界历史中"考察晚近一个半世纪(十七世纪末至十九世纪中期)欧洲历史的"世界性时刻"(den Weltmoment),展示欧洲国家之间相互冲突的最新"趋势",以此澄清"普遍流布的"关于"现代世界形成过程"的若干误识(《秘密》,页161)。《诸大国》让我们清楚看到,兰克史学具有修昔底德式的政治史学品质。兰克相信,历史的"普遍性"就是人类政治生活的普遍性,这种普遍性体现于历史的特殊性或世界历史中的一些特殊时刻(Moment):

> 世界历史中似乎总会出现这样的情况:一到紧要关头,那些影响着人一举一动的动机就与平常控制着人的生活和行为的原则、观念完全相反。(《秘密》,页229)

如果要认识世界历史的普遍性,就得从世界历史中的特殊时刻入手。那么,通过考察"现代世界"晚近的历史性"时刻",兰克想要人们获得对怎样的历史"普遍性"的认识呢?如果《诸

---

① Leonard Krieger, *Ranke: The Meaning of History*,前揭,p. 130。

《大国》也涉及一个民族国家如何进入"现代世界"——这等于进入"世界历史",那么,我们是否也能够借助理解兰克的观点来澄清我们自己关于中国如何进入"世界历史"的若干误识呢?

《诸大国》的历史考察始于十六世纪"欧洲的自由"(die Freiheit von Europa),终于拿破仑战争之后欧洲秩序的"重建"。通过概述这段历史,兰克试图揭示历史运动本身的基本性质。既然这段历史就是如今人们所说的"现代性兴起"的历史,兰克力图揭示的就是"现代性"的基本性质。

按当时的流行看法,所谓"现代世界"的"现代",其含义是"终结(ein Ende mache)自中世纪遗留下来的具有约束力的统一制度","民主观念及民主制度的发展势不可挡",迫使"所有国家更新其[宗教和法律]原则"(das Prinzip aller Staaten),使得所有国家都焕发出新的活力(《秘密》,页198)。兰克并不否认这一点,但在他看来,"现代世界"的真正性质还不止于此。

与民主观念及民主制度的普遍意识相比,更重要的"普遍意识"(das allgemeine Bewußtsein)是"民族国家品质"的意识。这意味着,一个政治体要成为现代国家就必须意识到,"只有当国家所占有的一切即军队力量、巨额财富以及在普遍文化(an der allgemeinen Kultur)中的特定分量对国家有价值时,才有所谓的国家原则"。因此,"现代世界"的形成意味着,任何国家都只有"从这种民族国家原则"才能获得"新生"(neues Leben aus dem nationalen Prinzip,《秘密》,页199)。

如果法国大革命之前一百年的大事(das Ereignis)是诸大国的兴起,以捍卫欧洲的独立,那么,自此以来流逝的历史时期的大事就是诸民族国家的品质青春勃发、精神焕发和全新发展。民族国家的品质进入到国家意识之中,没有这些

品质，国家就不能够存在。(《秘密》，页 197)

这里最值得注意的是，兰克用"民族国家品质"(Nationalität)来重新界定"国家"(Staat)。在古希腊罗马时代，地中海沿岸就已经存在过国家，古希腊罗马时代的先贤也对何谓"国家"有过明确的说法。罗曼—日耳曼诸蛮族进入西罗马帝国的部分领地后，法兰克王国首先坐大，并向欧洲半岛中部拓展，在查理大帝手中形成帝国。然而不到半个世纪，这个帝国就不仅一分为三，而且碎片化为封建状态，直到十四至十五世纪，英格兰、法兰西、西班牙逐渐克服封建状态走向王权国家。

问题来了：古希腊有所谓"城邦国家"，古罗马有帝国式的国家，为什么这两种类型的政治单位不能叫作"民族国家"？这个问题与后来韦伯对古代中国所下的定义一样，曾让我们深感困惑——他说，直到十九世纪末期，中国都还不是一个"民族国家"。

从今天人们所拥有的世界政治史知识来看，古希腊的城邦国家不是民族国家，乃因为这些政治单位正在致力于形成中央集权式的统一帝国，罗马帝国不是民族国家，乃因为它是一个包含多个民族体的帝国。与这两种情形相反，欧洲民族国家的诞生源于神圣罗马帝国秩序的瓦解。

兰克让人们看到，十六世纪初期，哈布斯堡王朝曾一度有重建欧洲帝国的可能。由于法兰西王国的抵制，尤其由于宗教改革给整个欧洲带来的致命性分裂，在十六至十七世纪的两百年里，作为文明统一体的罗曼—日耳曼诸民族非但没有走向复兴帝国之路，反而陷入前所未有的残酷的战争状态——不仅王国内部因宗教分裂而爆发内战，王国之间或其他封建单位之间也爆发大规模的"国际性"宗教战争。在这样的生存处境中，罗曼—日耳曼诸民族的基督教欧洲面临一个非常棘手的问题：如何重建欧洲秩序。

由此便产生出建立 jus publicum Europaeum［欧洲公法］的问题，而这个问题的解决依赖于如何界定"国家"。由此可以理解，在这个时候，国家学说成了显论。用施米特的话说，可怕得令人绝望的欧洲内战，催生出了从博丹到霍布斯的主权式国家学说：内政和外交上独立的国家是欧洲公法秩序的基础。① 兰克用"民族国家品质"来界定"国家"，不过是对这种主权式国家的另一种表述。因此他说，"国家"如今必须具有"民族国家品质"才能生存，或者说"民族国家品质"只有"在国家身上表达出来"（in dem Staate ausgesprochenen Nationalität），才会成为实实在在的存在（《秘密》，页201）。

一个国家有了"民族国家意识"（Nationalbewußtsein），就必然要求在"世界舞台"上获得一个恰当的地位。正是由于各个国家出于"民族国家伟大的自由意识的献身情怀"（eine große freisinnige Hingebung der Nation）而彼此拼命厮杀、争斗，世界历史才真正拉开帷幕。由此我们看到了兰克笔下"世界"一词的含义，而其中所包含的"自由意识"具有特别重要的意义——它既带有古希腊城邦政治的意味，又带有新教意味。

由此来看，古希腊的古典时期已经具有"现代世界"的意味，哥林多、斯巴达、雅典、忒拜属于同一文明体，其政治状态不外乎霸权与均势的交替——这就是历史的普遍性。所谓"现代世界"的含义，首先指这种普遍性因基督教欧洲的历史特殊性而彰显无遗，其次指它所涵盖的地表范围越来越大——至十八世纪

---

① 参见施米特，《合法性与正当性》，刘小枫编，朱雁冰等译，上海：上海人民出版社，2015，页31-38。

已经覆盖全球。兰克在《诸大国》中没有对欧洲大国在北美的争夺给予足够关注，不等于他没有看到这一点。①

现在我们能够理解，韦伯为何会说，直到十九世纪末期，中国都还不是"民族国家"。因为，只有当一个政治体进入霸权与均势交替的历史普遍性，它才称得上是"民族国家"。兰克和黑格尔——实际上几乎所有西方思想家——都认为，中华帝国虽然古老而又具有伟大的延续性，但它与世界历史缺乏直接关联，其理由就在于此。

均势与霸权

"自由的[世界]秩序"是诸大国之间的"对立和均势"秩序，而非"霸权"秩序。《诸大国》从十六世纪的"自由秩序"起笔，这一秩序基于西班牙与法兰西两个强势王国之间的"对立和均势"（in dem Gegensatz und dem Gleichgewichte）。黑格尔在他的"世界史哲学"讲座中说到西班牙君主国的崛起时，也提到 die Vorstellung des Gleichgewichts [均势观念]（《世界史哲学》，页385）。但是，在黑格尔的世界史哲学中，"均势"观念实际上并没有地位。黑格尔看重的是普遍的"自由"理念在世界历史中的普遍进程，因此，承载"自由"理念的民族国家理所当然应该拥有政治优势。反之，由于兰克强调"均势"才是"自由的秩序"，他自然反对黑格尔式普遍历史哲学的普世价值（"自由"理念）。兰克之所以服膺修昔底德的政治史学，根本原因即在于它揭示了霸权与均势交替的历史普遍性。二十世纪

---

① 比较时殷弘，《兰克〈论列强〉回顾与相关的"中国含义"》，载于《世界经济与政治》，2010年第6期，页55-59。

的德裔美籍国际政治学家汉斯·摩根索（1904—1980）以张扬均势秩序论著称，他同样拒斥自由主义的普遍哲学，而且以修昔底德式的政治历史为基础，为兰克的历史普遍性论点追加了理论证明。①

兰克在《诸大国》中首先论析法国，这是出于当时的"现代世界"的特殊历史状态。路易十四（1661—1715）执政后，积极强化法兰西王国的军事实力，四处用兵，对不能用兵的大国，则采用种种"策略和联盟"以削弱之。通过 1667 至 1668 争夺西属尼德兰的"遗产战争"（The War of Devolution），法兰西击败西班牙，在欧洲取得"宗主统治"（Oberherrschaft）地位，从而打破了欧洲的均势。

为了切断西班牙与奥地利的关系，路易十四的外交家们散布谣言，败坏奥地利家族在西班牙的名声；为了防止英国介入，路易十四利用英王与议会之间的矛盾，拉拢举足轻重的议会成员，挖空心思让英王与议会在国家决策问题上争执不休（《秘密》，页 162-165）。兰克没有从道德上谴责路易十四为了在欧洲取得"最高治权"（Supremat）而不择手段，而是仅仅指出这种治权"并不符合正当原则"，因为它必然破坏结束三十年战争的《威斯特伐利亚和约》（1648）所建立的欧洲均势秩序。

兰克很看重《威斯特伐利亚和约》的历史意义，因为它表明欧洲虽然在宗教分裂之后出现了"世界运动"（die Weltbewegungen），

---

① 参见汉斯·摩根索，《国际纵横策论》（1948，又译《国家间的政治》），卢明华等译，上海：上海译文出版社，1995，页 48-62。摩根索作为世界史学家，参见 Norman A. Graebner, "Morgenthau as Historian", in Kenneth Thompson / Robert J. Myers (eds.), *Truth and Tragedy*, New Brunswick, 1984, pp. 66-76。

原有的基督教秩序彻底瓦解，毕竟重建了基于一种"权利体系"（das System des Rechtes）的自由秩序。今天的我们必须注意，这里所谓的"自由"，指基督教欧洲的封建政治单位享有独立自主的"主权"。因此，所谓"欧洲的自由"既是一个现代概念——因为它基于基督教欧洲自1494年以来的政治状态，又是一个属于罗曼—日耳曼诸民族共同体的文明概念——因为它源于查理大帝的欧洲帝国自公元九世纪分裂以来的封建状态。①

兰克强调，"欧洲的自由"秩序的关键在于"欧洲的均势概念"，即"任何来自一方趋势的压力总是受到另一方趋势的抵制"（《秘密》，页168）。欧洲的秩序原则应该是维护"普遍的自由和独特性"，不允许出现"任何单边的强大趋势的统治"。既然法兰西凭靠自己的强大军事力量和"内在实力"获得了"最高治权"和"政治优势"（das politische Übergewicht）——用今天的话说取得了世界霸权，其他大国就应该形成"内在统一体"（innerer Einheit），联手打破这种霸权（《秘密》，页169-170）。

接下来，兰克简扼论析了一个半世纪里对法国形成制衡的三个大国的历史状况——英国、奥地利（哈布斯堡王朝）和俄国。早在法国取得"政治优势"之前，英国就已经"感觉到自己的实力"。十七世纪的英国不仅获得了军事和经济优势，还创造了文化优势，加上与欧洲中北部的小侯国汉诺威结盟，因而一直是法国的头号劲敌。英格兰与法兰西这两个王国若能携手，整个西欧就有可能形成均势秩序。然而，英国与法国的百年宿怨使得这种均势秩序即便形成也难以持久。

---

① 二十世纪的史学大师布罗代尔还重申了这一"欧洲的自由"秩序的含义，参见费尔南·布罗代尔，《文明史：人类五千年文明的传承和交流》，前揭，页336-339。

奥地利的哈布斯堡王朝虽然是神圣罗马帝国的继承者，但自十六世纪以来迅速衰败，如今仅能勉力支撑自己的奥地利公国，靠再度征服匈牙利才恢复了部分实力。英国的发展前景远比奥地利好，绝非因为英国经"光荣革命"的政制变革而增强了实力，毋宁说，英国因有海峡作为自然屏障不容易受到攻击罢了。奥地利身处欧洲半岛腹地，不仅受法兰西和奥斯曼帝国夹击，还要面对侧背迅速崛起的俄罗斯，生存处境之险恶无以复加。

就历史渊源而言，法兰西王国与神圣罗马帝国称得上胞兄，但法国并没有因为与奥地利同属"罗曼—日耳曼民族"就帮助奥地利对付奥斯曼帝国和俄罗斯，反倒利用土耳其削弱自己的胞兄。兰克知道，在修昔底德笔下，泛希腊城邦之间相互厮杀时，也会不惜与异族波斯联手对付同族——这就是世界历史的本相。

何谓登上历史的"世界舞台"

希罗多德的《原史》开篇（1.5.4）就提到，大国可能沦为小国，小国可能崛起为大国——这是世界历史"运动"的基本现象。兰克在《诸大国》中提到的第二个大国是俄国：十七世纪末以来，"一个伟大的民族［国家］"（eine große Nation）开始卷入欧洲的发展——俄国进入了兰克意义上的"世界历史"。

俄国要崛起为大国，不可避免会与既存大国展开较量。北欧的瑞典在三十年战争后成为大国，俄罗斯崛起首先面临瑞典的遏制。俄罗斯并不是兰克眼中的"欧洲民族"，但兰克相当赞赏彼得大帝带领俄罗斯"以孜孜不倦如饥似渴的学习天性的全部激情"吸纳西方的"种种进步"要素，然后与"欧洲民族"殊死较量。彼得大帝明白要带领自己的国家走向何处，瑞典国王查理十二却不清楚"自己国家的真正利益在哪里"，结果在与俄国的拼搏中遭受重挫，从大国地位上"被拉了下来"，沦为无足轻重的小国（《秘密》，页176）。两国争雄其实是代表民族国家品格的君主之间的个人拼搏：瑞典在争雄中败北，根本原因是没遇到好君王。

黑格尔在"世界历史哲学讲座"中说，俄国虽然已经变得与欧洲文化相似，生活方式也比较接近欧洲，政治上甚至"表现为一种强大的力量"，但仍然"没有介入欧洲文化的进程"（《世界史哲学》，页436）。显然，黑格尔是用启蒙理性的眼光看待俄国的崛起——所谓"文化进程"即指启蒙文化。

与此不同，兰克把瑞典与俄国的较量视为"原生的日耳曼民族国家品格与原生的斯拉夫民族国家品格"之间的较量。在他看来，虽然俄国采用了"欧洲的［政体］形式"与欧洲争雄，但它所代表的"希腊—斯拉夫原则"不仅没有在拼搏中被削弱，反而变得更为强势（《秘密》，页187）。换言之，无论俄罗斯通过改革使自身变得何等欧化，一旦俄罗斯成为大国，就最终表明"希腊—斯拉夫原则"登上了"世界舞台"。

《诸大国》对十八世纪欧洲历史的描绘虽然相当简扼，但看起来颇像如今的地缘政治学分析，以至于我们可以说，兰克史学是一种地缘政治史学。事实上，地缘政治是政治史学的题中之意，即便就一个政治体而言，情形同样如此。[①] 然而，《诸大国》中论述普鲁士崛起的专门章节，让我们又不得不改变这种印象。在这里，兰克谈论的重点是乾隆皇帝的同时代人——普鲁士国王弗里德里希二世（Friedrich Ⅱ von Preußen，1712—1786，旧译

---

① 比较杨奎松，《"中间地带"的革命：国际大背景下看中共成功之道》，太原：山西人民出版社，2010；王志刚，《地缘政治视野中的中国革命》，成都：四川人民出版社，2018。

"腓特烈二世")。这提醒我们应该注意到,《诸大国》最为关注君王,或者说兰克史学最为关注历史中的政治伟人。这是兰克史学的基本特征,"他的叙述,关于人民的少,关于君主的多,关于情况的少,关于行动的多"(古奇,页176)。用我们的话来说,兰克史观是英雄史观,如梅尼克在纪念兰克的演讲中所言:

> 兰克总是倾向于把某种高贵的因素归于政治人物的行动,尤其是处于决定性时刻的政治人物的行动,倾向于把这些行动从崇高的动机中推衍出来,而不是从像道德化的实用主义所醉心于其中的琐碎的个人动机中推衍出来。这些崇高的动机产生于一个国家内在的生命原则,与所有内部的和外部的事务交织在一起,并始终在一个世界性的规模上与整个动机的联合体交融在一起。①

《诸大国》结束对法国的论析时提到,如果欧洲的自由秩序要抗衡法国的"政治优势",还得靠某个国家出面挑头联合其他国家,而这又依赖于该国是否碰巧出现"天才人物"(《秘密》,页169)。对兰克来说,在十八世纪,这样的天才人物非弗里德里希二世莫属。"德意志人的祖国"处于危难之际,正是弗里德里希二世让普鲁士在法兰西和奥地利的夹缝之间获得立足之地,德意志人的"民族国家情感"从此有了具体的政治载体,并为自己取得了"世界地位"(Weltstellung)。为了抗衡约瑟夫二世(1741—1790)的哈布斯堡王朝,弗里德里希二世在1785年曾组织德意志诸小邦建立"日耳曼诸侯同盟"——差不多一个世纪后(1872),为迎接德意志第二帝国的诞生,已经年届八十高龄的兰克出版了两卷本史书《德

---

① 弗里德里希·梅尼克,《历史主义的兴起》,陆月宏译,南京:译林出版社,2009,页544。

意志诸大国与诸侯同盟》。四年后，兰克又专门为弗里德里希二世写了一篇传记（1878），可见这位盖世天才在兰克心目中享有何等伟大的历史地位。①

弗里德里希二世年轻时喜欢哲学和艺术，28岁写下《驳马基雅维利》（Anti-Macchiavell，1740），同年登基。② 人们起初以为，这位还不满30岁的年轻国王不过是个法国启蒙文化的"粉丝"，没想到他很快展露出自己的政治天才。兰克笔下的弗里德里希二世难免让今天的我们想到自己的共和国之父，因为他懂得"真正的政治"（die wahre Politik）必须靠"伟大的民族国家的实存"来承负。兰克充满感情地写道：这位德意志天才的"思想独特性"扎根于"自己的土地和自己的祖国"，而他的历史事功则是，让生存在列强夹缝中的普鲁士王国独立自主地成为大国，给德意志人带来自信，德意志从此登上了历史的"世界舞台"（《秘密》，页187）。③

弗里德里希二世的诗才显然没法与毛泽东相提并论，但他的诗作同样产生于与国家的敌人殊死较量的危难处境，从中人们可以看到

---

① Leopold von Ranke, *Die deutschen Mächte und der Fürstenbund*, 1874; Leopold von Ranke, *Friedrich der Große. Friedrich Wilhelm Ⅳ. Zwei Biographien*, 1878.

② 弗里德里希二世，《驳马基雅维利》，温玉伟译，北京：华夏出版社，2022。

③ 比较麦考莱，《腓特烈大王》，傅勤家译，上海：商务印书馆，1938；玛丽·基特里奇，《腓特烈大帝》，蔡朝旭译，北京：工人出版社，2010；丹尼斯·肖沃尔特，《腓特烈大帝》，无形大象译，南京：江苏凤凰文艺出版社，2021；蒂莫西·布莱宁，《弗里德里希大王：开明专制君主与普鲁士强国之路》，栗河冰、成昱臻译，北京：民主与建设出版社，2021；哈罗德·坦珀利，《腓特烈大帝与约瑟夫二世》，李芳泽译，北京：华文出版社，2020。

"一个男子气概的灵魂运动"(die Bewegungen einer männlichen Seele)。如兰克所说,越是生死存亡关头,这种伟大的灵魂越显出自己的道德力量。在"七年战争"中,弗里德里希二世"伟大的个人品格"体现得最为充分,尽管他知道打赢这场战争的把握极小,道德上"坚忍不拔"的品格仍让他义无反顾直面危难:自己所属的"土地"被敌人围困,国家的"荣誉"被剥夺,祖国孤立无援,除了拼死一战,还能靠什么让自己的国家摆脱危难呢(《秘密》,页181-183)。凭靠这场险胜的"七年战争",弗里德里希二世让普鲁士成为大国——凭靠极为艰难的朝鲜半岛战争,毛泽东让中国登上了历史的"世界舞台"。

兰克赞美弗里德里希二世并非没有困难,因为弗里德里希二世天生喜欢哲学,自称是伏尔泰的学生,而伏尔泰则称他是活生生的"哲人王"。黑格尔也夸赞弗里德里希二世是具有启蒙精神的"哲人王",尤其强调他热爱形而上学(《世界史哲学》,页446)。兰克并不否认弗里德里希二世热爱启蒙哲学,但在兰克看来,他的可贵之处恰恰在于没有中启蒙哲学的魔邪:他非但从没想过要"依据法国启蒙哲人的理论来建构自己的国家",而且明智地拒绝把启蒙哲人的理论付诸实践——弗里德里希二世给伏尔泰的信中的一句话已经成为历史警句:

> 我们先把橙子的汁挤出来,然后把皮扔掉。①

在弗里德里希二世治下,尽管大多普鲁士智识人乃至他自己都深受启蒙哲学吸引,但普鲁士并没有成为"闹革命的国家"(《秘密》,页200)。兰克说得不无道理:"真正的天才"不会受

---

① 转引自戴维·威廉姆斯编,《伏尔泰政治著作选》,李竞、李媚译,北京:中国政法大学出版社,2014,年表(1751,9月)。

错误说教毒害，因为天才自己就是"自己独有的规则"。天才的生活基于自己把握到的真理，他明确意识到自己要为此献身，要"干一番伟大事业"（Anstrengung einer großen Unternehmung），即让自己的"国家品格"在世界历史中获得自由——正是这样的使命感让他具有了"坚忍不拔"精神品格（《秘密》，页182）。

兰克特别指出，弗里德里希二世反复阅读的哲学著作其实是卢克莱修《物性论》的第三卷，他从中获得了这样的教诲：人世间的"不幸不可避免"，不可能有任何"疗药"。正是"从这种坚硬的、充满绝望的学说中"，弗里德里希二世的心志得到提炼，使他最终独立自主地赢得了"七年战争"，法兰西再难以插手德意志地区的事务（《秘密》，页182-183）。

并非偶然的是，恰恰在论述普鲁士王国的这一节，兰克对何谓"大国"下了定义：大国意味着"一种自立、无需结盟、全然凭靠自己的力量""拧成一股绳，能够顶得住所有其他大国"的压力（《秘密》，页184）。只有首先获得这种"政治上的自立"（politische Unabhängigkeit），一个政治体才能获得"精神上的自立"——这才是真正的民族国家品格。只有当"民族国家精神"猛然觉醒并走向"成熟"时，一个政治体才会产生出自己具有"世界眼光"的哲学、文学和史学，即便这种"世界眼光"还"带有某些内在冲突"（《秘密》，页186）。

"真正的政治"（die wahre Politik）仅仅靠"伟大的民族［国家］的实存"（von einem großen nationalen Dasein）来承负。凭靠自己的力量成为大国，是一个政治体进入"世界舞台"的前提条件，弗里德里希二世将普鲁士王国打造成了这样的"实存"，给德意志人带来"自我感"（Selbstgefühl），使得德意志进入了"世界舞台"（《秘密》，页187）。

法国大革命与世界历史的新趋势

《诸大国》最后谈到法国大革命以及拿破仑战争给世界历史带来的"普遍颠覆"。直到今天,史学家们仍然主要从启蒙精神角度来解释法国大革命的起因。与此不同,在兰克看来,欧洲其他大国的崛起剥夺了法国百年来享有的霸权——法国丢掉"欧洲世界的中心"地位,导致王权名誉扫地、失去民心,以致引发内乱,才是法国大革命的真正起因。革命爆发之前,英国和法国在北美洲的争夺战两败俱伤,国库空虚,但英国很快恢复,法国财政却始终没有起色。为了稳定政局,法国王室起初试图与体现民主思想力量的第三等级联手,共同对付贵族阶层。当发现一旦放任第三等级便难以驾驭,王室又将之抛弃,试图重新依靠贵族阶层,未料激起第三等级强烈反弹,最终引发革命。这场"动荡"起初具有内部"改革特征",但很快转变为一场革命,而革命的趋势一开始就具有针对"外国"(das Ausland)的性质,因此,法国大革命自始至终都与法国丧失在欧洲秩序中的"宗主统治"相关(《秘密》,页190-194)。

由此可以理解,为何如此大动乱没有让法国内政走向崩溃,彻底丧失国际地位,反而使国家力量以另一种方式迅速强化。经过与国际性反法同盟多次较量,走向"军事专制"的法国反败为胜,赢回了失去的"政治优势"。拿破仑不仅夺取了奥地利在德意志地区和意大利半岛的传统领地,彻底终结了神圣罗马帝国的历史,还成功将英国势力挤出欧洲大陆。事实上,拿破仑离路易十四想要建立却未能建立的"普遍君主制"(Universalmonarchie)仅一步之遥,几乎就要实现重新统一查理大帝的欧洲帝国的梦想

(《秘密》，页195-196）。①

兰克并不否认，拿破仑战争夹带着启蒙主义的普遍哲学，使"民主观念和制度"的趋势引发了世界历史性的"普遍运动"（eine allgemeine Bewegung）。尽管如此，兰克仍然认为，是"民族国家品质"而非民主政治观念更新了"所有国家的原则"。古老的王国只有从"民族国家原则"而非民主政治原则再出发，才能获得新生，即便必须重新组织人民（《秘密》，页197-199）。②

兰克对法国大革命的理解最为突出的特征在于：拒绝对这场革命做出启蒙意识形态的解释。对黑格尔来说，十八世纪以来的欧洲历史表明，"绝对自由"理念的历史脚步在世界历史中迈进得越来越快。而在兰克看来，这段历史不过表明赫拉克利特的自然原则仍然有效：对立力量的冲撞才带来最具决定性意义的历史发展。在世界历史的冲突中，法兰西能够最终保持"超级大国"（Übermacht）地位，乃是因为自身的"民族国家的共同情感"（das Gemeingefühl der Nation）始终保持着旺盛活力。

拿破仑战争彻底唤醒了整个欧洲范围内所有国家的"民族国家精神"（Geister der Nationen）——这才是法国大革命带给世界历史的现代转变。"现代世界"让人们看到的并不仅仅是国家之间偶然的相互冲撞、相轧和更替，也不仅仅是"促进文化"和商业技术文明的传播。人们更应该看到，不同德性的国家及其代表性个人品格

---

① 按照布罗代尔的概括，曾梦想重新统一查理大帝的欧洲帝国的历史人物依次是：查理五世、路易十四、拿破仑、希特勒。参见费尔南·布罗代尔，《文明史：人类五千年文明的传承和交流》，前揭，页434-436。

② "民族国家"这个概念并非兰克的发明，同样来自启蒙运动时期的思想家。在梅尼克看来，对于兰克来说，民族国家的品质就是世界历史的普遍性。参见弗里德里希·梅尼克，《世界主义与民族国家》，孟钟捷译，上海：上海三联书店，2012，页18-26、214-219。

的"精神力量"或"道德能量",以及它们如何在相互"争斗、限制和征服"中展现自己的生命——这些生命的相互作用和兴衰,才是"世界历史的秘密"(das Geheimnis der Weltgeschichte)所在(《秘密》,页201)。

二十世纪的第二次世界大战结束后仅仅三年,德国史学家德约(1888—1963)发表了《均势抑或霸权:对近代诸国史基本问题的观察》。德语学者的书名往往过于学究化,英译本书名《脆弱的平衡:欧洲四个世纪的权势斗争》不仅让该书主题一目了然,而且副标题让人马上想到兰克的《诸大国》。① 事实上,德约在导言一开始就对兰克表达了崇敬之情:兰克的史学视野有其"独特的恢弘和深邃"以及"宽广的框架"。②

> 从大迁徙时代直至我们当今,西方世界形成了一种政治和文化统一。在兰克之前,没有谁如此清晰并从这么多角度看到了这种统一;当然,它的本质——在自由自在之中和谐地得到调整的要素多样性——以前从未那么彻底地受到像拿破仑那样的挑战。(《脆弱的平衡》,页4)

但德约紧接着就指出了《诸大国》的致命弱点:兰克仅仅将拿破仑的失败视为欧洲各国的民族起义的结果。他未能强调一个事实,即为这些起义创造条件的是英国和俄国——欧洲两大侧翼强国,以及它们对诸海外领土和欧亚大陆各地区的影响。相比于

---

① Ludwig Dehio, *Gleichgewicht oder Hegemonie. Betrachtungen über ein Grundproblem der neueren Staatengeschichte*, Krefeld, 1948;英译本:*The Precarious Balance: Four Centuries of the European Power Struggle*, 1962。
② 路德维希·德约,《脆弱的平衡:欧洲四个世纪的权势斗争》,时殷弘译,北京:人民出版社,2016,页2(以下简称《脆弱的平衡》,随文注页码)。

对东方侧翼强国的了解,兰克更熟悉英国。即便如此,他对英国的海洋扩张的理解也远远不够,"对盎格鲁—撒克逊生活方式的海外扩散全无活生生的认识"。他的注意力仅局限于欧洲国际体系一向面对的危险,即个别欧洲王国争霸欧洲的努力,从未认真看待北美新领土对西方旧大陆的种种威胁。因此,他对法国大革命的评价相当短视,没有看到这是"一场世界危机"的表征、"一个新时代的开端"、"一场撼动千年来铺垫的基础的剧变"(《脆弱的平衡》,页5)。

兰克的史学在德意志建立统一帝国(1871)之后遭遇了奇特的命运。一方面,"他的同胞们将这可敬的大师推到一边,不是因为他眼界太有限,而是因为对他们的心态狭窄的民族主义激情来说,他显得全然太普世了"。另一方面,兰克的"诸大国"竞争观念成了德意志"民族主义冀求的一个锚地",在此基础上,德意志的民族主义者们相信,"德国由于其军事和经济效率,在强有力的领导之下,将有资格进入全球性强国行列,恰如十八世纪小小的普鲁士曾有资格进入欧洲列强圈"(《脆弱的平衡》,页6-7)。正是在这一意义上,德约把兰克与德意志帝国主义联系起来。[1]

德约的反思针对的是德国在两次世界大战中的失败,这让他决定重新撰写四百年来的欧洲史,既"返回兰克的国际体系观念",又"扩展兰克的欧洲图景,使之适应一种全球框架"(《脆弱的平衡》,页6-7)。[2]

---

[1] Ludwig Dehio, *Germany and World Politics in the Twentieth Century*, 1959, p. 。

[2] Ernst Schulin, "Weltkriegserfahrung und Historikerreaktion", in: Wolfgang Küttler/Jörn Rüsen / Ernst Schulin (hrsg.), *Geschichtsdiskurs. Band 4: Krisenbewußtsein, Katastrophenerfahrungen und Innovationen 1880—1945*, Frankfurt am Main: Fischer-Taschenbuch-Verlag, 1997, S. 165-188。

肯尼迪在 1988 年出版的《大国的兴衰》自觉继承兰克的政治史学，把"大国兴衰"史从 1500 年一直写到了二十世纪末。今天的事实证明，这种"大国兴衰"的世界史不仅可以继续写下去，而且会更为波澜壮阔。相反，福山按照黑格尔的历史主义思路写了《历史的终结》，这样的世界史显然难以为继。

四　兰克对史学的政治理解

《诸大国》发表三年之后，兰克受聘为正式的柏林大学史学教授（1836）。在题为《论史学与政治学的关联及其区别》的就职演讲一开始，兰克对尚未统一的德意志精神状况发表了一番激愤的针砭之言。① 初看起来，这番言论与黑格尔在《法哲学原理》"序言"中的针砭之言颇为相似，其实，两者的激愤有着政治品质上的差异。

史学与政治学的关联

兰克说，眼下德意志的精神状况是热切追求新政体，因为，如今经过启蒙的智识人不仅普遍相信一种"最佳的国家形式"，而且相信这种人为的最佳政制会把世人"引向智慧和美德"，因而他们厌恶祖传的政治制度（《秘密》，页 144-145）。

兰克强调，并非"无知的坏人才渴慕新奇的东西"，一些

---

① Leopold Ranke, *De historiae et politicae cognatione atque discrimine / Über die Verwandtschaft und den Unterschied der Historie und der Politik*，中译见《世界历史的秘密》，前揭，页 142-155（引文据德文有改动不再注明）。

"热爱祖国、有名望的人"也如此。在兰克看来,这是康德、费希特、黑格尔等德意志观念论哲学家所导致的精神恶果。他们各显神通,凭靠自己发明出来的一套哲学观念,致力于探究能把人们普遍地"引向智慧和美德"的最佳政体。康德的《关于一种世界公民观点的普遍历史的理念》,黑格尔的《法哲学原理》以及《世界史哲学讲演录》甚至致力为这种"人为的"最佳政体提供普遍历史的证明。黑格尔在《法哲学原理》"序言"中对人们放弃探究"人为的"最佳政体的努力感到愤慨,兰克却对从康德到黑格尔的这种探究"热情"(Eifer)感到愤慨。

在兰克看来,这种改变政治秩序现状的热情固然值得称赞,毕竟,德意志现有的政治形式不如人意,甚至腐败、堕落,但问题在于,这种热情难免变成对"良法"的普遍抗拒,把德意志人推向"全然的盲目和犯罪","甚至导致公众骚乱以及砸烂和颠覆一切的疯狂和暴怒"(Wut und Raserei, alles umzustürzen und umzukehren),乃至使整个民族丧失最为基本的辨识何为"有益"、何为"有害"的能力。盲目追求所谓个体自由和个体权利,得到的只会是"愚蠢、可怕的民众统治"(die Herrschaft eines törichten und grausamen Volkshaufens)。任何一个有教养的人都明白,这种统治恰恰是最坏的奴役状态。一个民族的精神状态如果一味追求"人为的"最佳政制,必然使政治体因陷入"[政治]意见和党派的漩涡而动荡、撕裂",给国家带来巨大的灾难。无论什么时候,一个国家只要在何谓"最佳政制"的问题上陷入"性情分裂"(Zwiespalt der Gemüter),国民必遭毒害,国家已经克服的混乱也难免卷土重来(《秘密》,页145)。

兰克的激愤之言针对的是1830年七月法兰西王国爆发的一场革命,它引发了欧洲秩序的内在动荡:比利时和波兰出现了反政府起义,意大利和德意志的城市也出现了同样的情况,"这些起义运动加大了大国间的外交压力,考验着欧洲各国议会的应对能力"。① 如今的欧洲人会觉得,兰克所描绘的状况与人们所看到的诸多事件别无二致。兰克接下来说,史学应该有助于让国人冷静下来——即便要改良政体,也应该以史为鉴。针对康德和黑格尔用普遍历史哲学来为观念化的最佳政制提供世界史证明的做法,兰克提出了自己的史学主张:用冷静的历史研究来代替追求普遍最佳政体的必要性和可能性,因为"史学根本不能提供任何人都不会怀疑其真实性的可靠处方"。史学研究应该冷静地复述历史事件,而不是通过历史叙述挑起"党派[争纷]撕裂国家"。如果史学让政治共同体的传统道德和习俗以及受到崇敬的伟人陷入争议,就不是在"改善"而是在"败坏"国家的政治生活(《秘密》,页146)。

史学研究当然不应仅仅搜集史实然后加以编排,而应致力于"观察事件的起因和前提","事件的结果和影响",辨识"人的[行为]意图",搞清为什么有些人失败而有些人成功,国家为何要么强盛要么消亡。就像探究自然界奥秘的自然科学一样,历史科学应该"寻求生命最为深层、最为隐秘的涌动"(《秘密》,页147-148)。在"现代世界"的政治处境中,史学尤其应该研究民族国家的形成,考察一个又一个民族"如何赢得[国家]力量,这种力量又如何增长和兴盛"(《秘密》,页149)。

就此而言,史学与政治科学有相同的基础,或者说史学与国家的政治生活紧密相关。政治科学应该基于史学,"没有对过去时代所发生的事情的认知",政治科学就没有根基(《秘密》,页151)。如果说黑格尔把政治科学(法哲学)建立在普遍理性的基

---

① 查尔斯·布鲁尼格、马修·莱温格,《现代欧洲史·卷四:革命的年代(1789—1850)》,王皓、冯勇译,北京:中信出版社,2016,页326。

础上,兰克则要让政治科学回到历史,这也意味着回到民族国家自身的生活方式本身。对于兰克来说,任何国家的政体都有自己的存在理由,就像每一种生物都有自己的生命样式。兰克引用西塞罗来支撑自己的看法:任何统治形式即国家政体都属于某个政治共同体人民的创造,不能把一种凭纯粹智性构造出来的最佳政制观念当作普遍理想,以此抹平民族国家的差异。

因此,史学的任务是"从一系列过去所给予的东西中得出对国家本质的认知,并引导我们对国家本质的理解"。由于政治科学的任务是关注当下的国家状态,因此,史学与政治科学应该结成伴侣,毕竟,"不熟悉现在,对过去的认识就不完满;没有对过去的认识,就不会有对现在的理解"(《秘密》,页152)。当然,史学比政治科学更重要,因为政治科学从抽象的原则出发,而史学却从实践智慧出发。正是在这个意义上,兰克说"就其性质而言,史学是普遍的"(die Geschichte ist ihrer Natur nach universell,《秘密》,页153)。

可见,尽管都谈论普遍历史,但兰克所理解的"普遍性"与黑格尔所理解的判若云泥。兰克凭自己的史学感觉看到,企图寻找一种可以用来治理所有国家的"普遍性学说",不过是"晚近这个世纪哲学家们"的偏好,而且是错误的偏好。这些哲学家们的用心也许是好的,他们想要找到一种"人为的"最佳政体,一劳永逸地根除政治生活中历史地一再出现的衰败。可是,启蒙哲学家们的良苦用心恰恰导致更坏的政治结果,因为他们并不理解政治生活本身,还"侈谈"(sich überredeten)"建构最佳国家形式的方案"(Entwurf eines Bildes der besten Staatsform),要让"全然不同的民族采纳同一个法律和一种共同的国家形式"。这样一来,为了追求"一个共同体的幸福开端和返回一个黄金时代",启蒙哲学家们必然"动摇、砸烂、消灭自古以来经受过考验的制度"。凭靠史学思考的兰克却懂得，不能人为地去折腾人类生活中的一些基本要素，否则整个社会就会受到惩罚。各个民族国家有自己本己的特殊性格，一旦人为地破坏这些性格，"那些极恶之人的统治欲"就会大行其道（《秘密》，页154）。

兰克对近代历史的观察

除了晚年的多卷本《世界史》，兰克还有一部篇幅短小的口授世界史——当然是兰克意义上的"世界史"。1854年，应巴伐利亚国王之邀，即将年届六旬的兰克为国王上了十九次世界历史课。兰克去世后的1888年，讲课笔录被整理成书，以《论近代的各个时代》（*Über die Epochen der neueren Geschichte*）为题出版。① 中译本将书名译作《历史上的各个时代》看起来是误译，因为原文是"近代历史"而非"历史"（英译本译作 *The Epochs of Modern History*），但从内容上看，它的确可以充当多卷本《世界史》的一个简明概要。事实上，黑格尔在论述"日耳曼的世界王国"时，同样用了"历史的各个时期"（die Epochen der Geschichte）的表述法。

给国王授课时，兰克首先抨击"普遍的进步观念"：所谓"有一个普遍的引导意志（ein allgemein leitender Wille）促使人类从一点向另一点发展"的说法，或者人类历史之中有"一种精神本质的行进"在推动世界"必然地向某个目的发展"的说法，在

---

① 参见 Günter J. Henz, "Rankes fälschlich so benannte Vorträge Über die Epochen der neueren Geschichte. Eine Untersuchung zu Schein und Sein der Überlieferung", In: *Deutsche Vierteljahrsschrift für Literaturwissenschaft und Geistesgeschichte*, 83, 2009, S. 408-451。

哲学上都站不住脚。① 因为前一种说恰恰取消了"人的自由"，而后一种说法则让人"要么是上帝，要么什么都不是"。何况，从历史上看，这种普遍的"进步"观念也得不到证实。毕竟，到目前为止，"人类绝大部分"仍处于"原始状态"，或者说置身于世界历史的"开端"，谈不上有什么普遍进步（《1854年序言》，页191）。

兰克并不否认"伟大的历史发展进程中"有某种进步，但这些"因素"仅仅在"罗曼和日耳曼民族"的历史即现代历史中才得以"固定下来"。甚至可以说，的确有"一种逐级发展的精神力量"，而且"在整个历史中"，这种"精神力量"同样具有一种"历史力量"（historische Macht）。可是，在整个人类中，"只有某个系统的人群"具有这种"相当于人的精神的历史力量"，并"参与了这场普遍的历史运动"，人类中其他系统的人群无不被"排除在外"。

可见，兰克并不否认有黑格尔所说的"普遍的"（im allgemeinen）进步历史，只不过这种进步仅仅见于"罗曼和日耳曼民族"。在处女作《1494至1514年的罗曼和日耳曼诸民族史》的"导言"中，兰克已经表达过这种观点。三十年后，兰克更为明确地以亚洲为例对巴伐利亚国王说：虽然亚洲曾产生过"文化"，也经历过"很多文化时期"，但从"［历史的］整体来看"，人类的普遍"历史运动"在那里"更多是一种倒退式"运动。亚洲文化"最古老

---

① 《论近代的各个时代》的简短"导言"（页5-9）因谈及普遍历史观念而非常著名，中译错漏颇多。这里采用谷裕教授的译文《〈历史上的各个时代〉（1854）序言》（见特洛尔奇等，《克服历史主义》，刘小枫编，陈湛、郭笑遥等译，北京：华夏出版社，2021，页190-197），简称《1854年序言》，并随文注页码。

的时代"的确"最灿烂",但到了人类历史的"第二个、第三时代"即希腊和罗马的文明要素占支配地位的时代"就已经逊色,及至蛮族即蒙古人入侵,亚洲文化就彻底结束了"(《1854年序言》,页191–192)。

读到这样的说法,我们会觉得,兰克的普遍历史观显得与黑格尔没什么实质差异。可是,兰克随后却点名抨击"黑格尔派"哲学家的历史观念,说这种学说按一种所谓辩证的"逻辑进程"来设想"人类历史",无异于让实际的"生命本身"在"经院哲学中"消失了,"只有理念才具有独立的生命力"。兰克还说,黑格尔式的历史哲学宣称,"世界精神"为了实现自己的目的可以搞"欺骗",可以"利用人的激情来达到自己的目的",其结果不过是营造出一种"泛神论"式的普遍历史,人类成了"借助蕴于天性中的精神进程生出了自己的上帝"(《1854年序言》,页194)。

由此看来,兰克与黑格尔的确分享了相同的普遍历史框架,但他拒绝了黑格尔塞进这个框架中的"自由精神哲学"。抨击黑格尔式的普遍历史观之后,兰克向国王阐述了自己关于普遍历史的政治史学式理解。他对国王说,史学家的首要任务是关注特定历史阶段中的人"如何思想和生活",因为,

> 除了某些不可改变的永恒的主要理念,如道理理念,每个[历史]时期都有自己特殊的趋势、特有的理想。既然每个时期自在且自为(an und für sich)地有存在的权利(Berechtigung)和价值,我们也就断乎不得忽视从其中发展出来的东西。其次,史学家还必须意识到各个时期之间的不同,从而考察相继发生的历史事件的内在必然性。
>
> 在此可以看到某种进步。但我不想因此认为这种进步是一种直线运动,我认为,它更像一个以自己的方式为自身开

辟道路的潮流。神——恕我直言，我认为它在人类总体历史中俯瞰整个历史上的人类——在他看来，各个时期都是等值的，因为在他面前没有时间［区别］。人类教育的理念或许本身有真理可寻，然而在上帝面前，人类每一代都有平等权利，史学家必须这样看待问题。（《1854年序言》，页193）

这段话非常著名，在后世的思想史家眼里，它是历史相对主义的经典表述。但我们不应该忽视，兰克说的是"在上帝面前，人类每一代都有平等权利"（gleichberechtigt），而真正的历史相对主义则是人类的每一代都成了"借助蕴于天性中的精神进程生出了自己的上帝"。兰克所理解的"平等权利"似乎仅仅是历史时期的"特殊趋势、特有的理想"——用我们的古话来讲，庶几相当于所谓的"势"。因此他承认，在"物质利益方面"，人类确实有一种"无条件的进步、最大程度绝对的上升"，因为，人类在"支配自然"的认识方面确实谈得上进步。但是，人类"在道德领域却没有这样的进步"，即便人类"在道德理念方面可以有量上的进步"（《1854年序言》，页193-194）。

这种说法看起来有些自相矛盾，其实，兰克的意思是，即便人类在道德观念方面取得了"量上的进步"，也没有个体的道德进步这回事。这就否定了启蒙式普遍历史哲学的要核：每个人都能通过教育成为有道德的人。我们在黑格尔的《法哲学原理》和《世界史哲学讲演录》中看到，个体的权利是现代欧洲文明的核心价值观。个体成为道德的人意味着成为有权利意识的人，这就是公民社会的含义，因此公民社会被视为一种道德进步，欧洲世界正是凭靠这种进步宣称自己拥有"世界领导权"或世界统治的正当性。兰克以"在上帝面前，人类每一代都有平等权利"的宣称断然且彻底地否定了这种启蒙式的道德进步观念，在今天看来仍然不乏其历史意义。

兰克给国王授课时起头和结尾的对话都涉及个体的道德问题。国王问,"整个人类的进步"是否包括"个人的内在进步"。兰克的回答是,"个体"固然可以不断追求更高的道德水准,但每一代人在"道德上的伟大"其实是一样的,后一代人未必有比前一代人"更高的道德潜能",比如,今人根本无法超越古代世界在道德上的伟大：

> 今天比以前有更多受众欣赏文学艺术中的伟大作品。但是,如果想成为一个比荷马更伟大的史诗诗人,或者想成为一个比索福克勒斯更伟大的悲剧作家,那就贻笑大方了。(《1854年序言》,页194)

古人在道德上的伟大不仅无法超越,甚至还常常出现颠倒关系：今天的文学在道德上不如古典文学伟大——"柏拉图之后不可能再有柏拉图"。谢林搞哲学能够掌握更多的思想材料,不等于"他就超过了柏拉图"(《1854年序言》,页195)。兰克的意思是,道德上的伟大始终属于"个人品格",不可能设想整个人类普遍的道德进步。如今"人民"(Volk)酗酒和打架的都少了,却不能因此认为,"每一后续世纪"会比前一个世纪出现更多"伦理上德性能力更高的人"或"更有才智之人"。毕竟,"个人品格"是自然而且偶然的产物,科学和商业的历史进步并不能改变这样的自然事实(《各个时代》,页169)。

兰克的史学观摒弃了启蒙的普遍历史哲学,但并没有摒弃"普遍历史"观念本身。引人兴味的是,兰克对普遍历史的理解看起来有些接近我们中国古代的史观：天不变,道亦不变,而人世沧桑总在变。只不过对兰克来说,"天"是基督教的上帝,"道"是耶稣基督之道,而人世沧桑总在变则指各个时代都有"支配性的趋势"(herrschende Tendenzen)。史学家的任务是描述这些"趋势",而非"在终审裁决中"把趋势"汇总成一个概念"(《各个时代》,页9)。

兰克依据官方史料修史的史学方法,就是我国传统史学的方法之一。他主张"完全不必理会那些依据与原始资料相距甚远的材料而写成的著作"(《秘密》,页97),中国的史学家并不需要请教兰克就知道这种方法。我国史学界如果仅仅热衷议论引进兰克史学方法的意义,或争议傅斯年与陈寅恪谁更像兰克之类的问题,难免奇怪。问题在于,既然兰克肯定了"道德领域"的绝对静止,"道德观念"之类的主要理念"恒久不变"——我们所谓的"天不变",而且认为历史就是国家的政治生活事件,那么,他的《世界史》排除古代中国就没有道理。毕竟,中国作为历史悠久的文明国家有自己极为丰富的政治生活事件。

五 兰克与普遍历史哲学

1848年二月,巴黎再度爆发共和主义革命,随即在整个欧洲引发连锁反应:

> 在不同国家,最初的"革命"呈现出不同的形式。在法国,人们通过暴力推翻了君主制度,在伦巴第—威尼斯,则是武力驱逐外国统治者,或者如匈牙利般采取立宪方式,而在德意志联盟各国、奥地利和波希米亚,则达成协议,寻求在宪法上做出妥协。更复杂的是,那些刚刚夺取政权或者正在寻求与前政权和解的团体,实际上是多个派系的联合体。

无论是在政治中心还是在其他众多地方，它们都由目标各异甚至相互冲突的人士组成。①

共和革命给君主带来极大压力，巴伐利亚国王也不例外。兰克给国王授课的开场白以关于君主制的历史正当性问题收尾，显然是时势使然。兰克告诉马克西米利安二世（Maximilian Ⅱ），普遍的道德进步观基于启蒙哲人的"世界公民论假说"，用这样的假说来"证实"有一种"世界历史的支配性进程"，会被世界历史本身驳倒。启蒙哲学构造出一种普遍的人性理念，然后让它历史地体现在伟大的欧洲民族身上，并宣称这样的人性理念会随着历史进程的推移渐渐涵盖整个人类，由此推导出民主政治的普遍正当性——以兰克的世界史眼光看来，完全站不住脚（《各个时代》，页164-165）。

> 古人已以最大的可靠性给出政治的普遍原则，以后的时代拥有的不过是更为丰富的经验、更为丰富的政治尝试而已。我们现在的政治当然建立在已有的历史状态上，比如，立宪君主制或长期君主制的问题从我们今日的立场来看不言而喻，但它们离不开既有的历史状态。（《1854年序言》，页196）

兰克的这番话表明，他本人认同君主制的理由是，古人确立的政治原则更为可靠，尽管如此，共和制或立宪君主制如今是历史趋势，君主只能顺应。同时，他告诉马克西米利安二世，"人民主权或王侯主权（die Souveränität des Fürsten）的问题并不能通

---

① 参见罗杰·普赖斯，《1848年欧洲革命》，郭侃俊译，北京：北京大学出版社，2014，页50。

过科学来解决,而是需要以历史途径通过党派建构来解决"(《1854年序言》,页196)。言下之意,作为史学家,他不可能提出更具体的政治建言。

兰克史学观的历史语境

兰克在讲述世界史之前,为何要先对巴伐利亚国王谈"历史进步"论这个话题?正如我们从对话中看到的,原因很可能是国王的头脑已经被启蒙。在兰克的时代,启蒙哲学的普遍历史观念颇为流行,兰克如果不首先对此臧否一番,他就无法讲述自己所理解的世界历史。[1]

兰克所处时代的精神状况与今天欧美的情形有些相似,左派与右派之争相当激烈。在担任《史学—政治杂志》主编期间(1832—1836),兰克曾身不由己地陷入过政治歧见纷争。[2] 在出任杂志主编前一年,即1830年七月法国的共和革命引发欧洲动荡的第二年(1831)夏天,兰克做了一场讲座,为即将在柏林大学开设的大课(1831—1832年冬季学期)做准备,题为"论普遍历史的观念"(Idee der Universalhistorie,通常简称"论普遍历史")。[3]

---

[1] 比较 Leonard Krieger, *An Essay on the Theory of Enlightened Despotism*, University of Chicago Press, 1975。

[2] 参见格奥尔格·伊格尔斯,《德国的历史观:从赫尔德到当代历史思想的民族传统》,彭刚、顾杭译,南京:译林出版社,2014,页88-95;乔治·古奇,《十九世纪历史学与历史学家》,前揭,页184-187。

[3] 讲稿仅存残稿,经 Eberhard Kessel 整理,刊于 *Historische Zeitschrift*,178卷第二期(1954),页290-302。中译文参兰克,《论普遍历史》(王师译),见刘小枫编,《从普遍历史到历史主义》,谭立铸、王师等译,北京:华夏出版社,2017,页179-195(以下随文注页码)。

兰克一生史著甚丰,却从未就史学理论发表论著。迷恋历史的人很少同时沉迷于思辨性问题,兰克对史学理论本身以及通过探史来发扬某种哲学论说完全没有兴趣。但是,自十八世纪中期以来,德意志知识界已经出现一股历史哲学思潮,从赫尔德到黑格尔,观念论的思辨历史哲学已成气候,初出茅庐的兰克显然得面对这样的智识处境。兰克的处女作《1494 至 1514 年的罗曼和日尔曼诸民族史》的导言结尾让人们看到,他也不得不面对史学对象的"特殊性"与人世生活的"一般性"或"普遍性"的关系问题。兰克援引观念论哲学家、小说家雅各比(F. H. Jacobi,1743—1819)的话为"导言"结尾:

> 修史确实有这么一个崇高理想:领悟那些可理解的、一致性的、多样性的史实。我知道我离这一目标的实现还有多么遥远的距离。有人尝试过了、有人努力过了,或许最终还是没有取得成功。即便如此,我们也不能因此而对这一崇高目标丧失信心!最重要的是,就像雅各比所说的那样,我们要永远探索人性的本来面目——无论它可解释还是不可解释。(《秘密》,页 80)

这话表明,兰克相信历史进程具有某种命定的秘密,史书是否能探知此种秘密,他并没有把握。1831 年,兰克出版了《论针对威尼斯的阴谋:1618》(*Über die Verschwörung gegen Venedig, im Jahre* 1618),而此书的写作,仅仅因为他偶然获得了一批当年的文献。此时的兰克对发现具有历史特殊性的档案着迷,人们在他同一年发表的"论普遍历史"讲演中若是听到反对"普遍历史"的论调,也就不足为奇了。

史学与政治共同体意识

讲演伊始,兰克首先就史学与哲学和文学的关系表达了看法:史学既是科学又是艺术,"以科学观之,史学近于哲学;以艺术观之,其或与诗相类"。这话已经表明,在传统的学科建制中并没有史学,而如今纪事正在成为一门"科学"。兰克肯定知道亚里士多德的著名说法,即"诗作比纪事更为热爱智慧、更为严肃,因为,诗作更多言述普遍的东西,纪事则言述个别的东西"(《诗术》1451b5)。这话意味着,纪事比不上诗作[文学],遑论哲学,因为它离"普遍的东西"更远。在兰克看来,纪事[史学]既近似诗又近似哲学,或者说,纪事虽言述个别的东西,却也能呈现"普遍的东西"。如今的史学史家喜欢强调兰克与尼布尔的关系,实际上,兰克心目中的纪事楷模是修昔底德和李维。兰克在22岁那年(1817)完成的博士论文以修希底德为题(散佚不存),在同年的一则笔记中,他盛赞李维的史笔堪称古代史书的典范,不仅文笔优美,而且"运思极谨,疑决并存,又皆以理覆之"。①

兰克接下来便强调纪事[史学]胜过哲学和诗的优长:哲学和诗都离不开观念,纪事则离不开具体的事件——"言述个别的东西"成了优长。让纪事与诗和哲学区别开来的东西首先是"受经验既有条件限制"的材料——史料,但辨析和理解史料需要哲学,表达史料需要诗艺,所以,史学是哲学和文学"二者精神力之统一"(《论普遍历史》,页178-179)。

---

① 转引自柯瑟尔,《兰克的普遍历史观念》,见刘小枫编,《从普遍历史到历史主义》,前揭,页307(以下随文注页码)。

纪事优于诗和哲学的地方更在于，它是为政治共同体服务的，政治共同体是"史学独特生命力所从中发源的那个基础"，而哲学和诗的动力更多来自个体志趣。兰克由此推论，从世界范围来看，并不是所有民族都有纪事，印度民族只有哲学和诗，这与是否有强烈的共同体意识相关。我们可以理解，兰克的史学意识与德意志正在形成统一的民族国家的政治冲动相关。

历史哲学与历史主义

兰克已经意识到，作为一种思潮的德意志观念哲学的普遍历史论实际上正是德意志形成民族国家冲动的表达，但在他看来，观念论的历史哲学"从其假定的概念之统一性中推导出经验中的可能现象"，"全然无需经验"，用一种"统一生活全体的观念"来解释一切时代，不同政治共同体的具体历史需要不见了。历史哲学致力于把握整个人类，"不满足于仅仅根据历史事件的真相去探究其概念的真伪"，让史学失去了"自主性"——这意味着让史学失去了具体的政治共同体的整体要求。兰克把观念论的历史哲学看作一种史学类型：

> 这种史学既无意加深世人对过往之事的理解，又不愿深入考察各时代之人的生活和思想的细节；它唯一的旨趣只是寻求存活于人类历史的种种现象之中的概念之全体性。（《论普遍历史》，页181）

说到底，历史哲学毕竟是哲学，它仅仅关注"普遍的东西"，而非"言述个别的东西"，从而不过是旧"神学思维的遗留物"：

> 神学家曾试图通过某种虚假无疑的理解把握整个人类历

史，在他们看来，原罪、救赎、千年帝国周期或者丹尼尔所预言的四个王国［的更替］，便足以涵盖整个历史；而历史上种种现象背后的理智，则更是仅凭几句话便可参透。(《论普遍历史》，页181-182)

在场听讲演的人不难听出，这话带有的嘲讽意味指向黑格尔的世界史哲学：黑格尔的世界历史四阶段说，不就是黑格尔这个"神"在预言四个王国的更替吗？这样的历史哲学抹去了历史上各共同体生活的具体性和独特性，尤其抹去了基督教欧洲兴起的历史具体性。事实上，随着基督教欧洲各政治单位的形成，已经出现了大量纪事作品。在兰克看来，这些纪事意味着史学对哲学"展开了全力反击"，而且"愈发表现出自身那个内在原则的独特性"。这话道出了后世所谓"历史主义"的关键要点，它与马基雅维利所揭示的精神一脉相承：真理直接来自生存经验。

> 哲学总是令人想起最高蹈的思想；而史学则始终与生存之条件相联。前者总是涉及普遍的东西，后者则离不开日常生活的具体兴趣；前者视进步为本质：就此而言，一切个别物无非是整体可有可无的部分……(《论普遍历史》，页182)

兰克凭此对哲学施行断头术：哲学并非"无条件的"（unbedingt）认知，并不具有绝对的有效性，因为哲学认识本身置身于具体的历史时间之中。哲学家与其说是在致力于发现"绝对真理"，不如说是在认识时代的真理——现代哲学充分表明，"真正的哲学就寓于哲学史之中"：

> 这意味着：各个时代依次登场的哲学理论，尽管不无相互抵牾，却都蕴含着可为人类所认识的绝对真理；非但如

此,在史学看来,哲学——尤其是其独断的行事风格——体现的无非只是那体现于语言中的、具有民族[国家]性质的认知而已;史学并不承认这种知识的绝对有效性,并且始终将其和其他现象等量齐观。就此而言,史学也有了哲学的意涵:它往往也将所有过往的体系都视作一个阶段,即某种有条件的现象,所谓的绝对有效性,则只在其自身体系内部才能成立。(《论普遍历史》,页183)

这段话堪称历史主义的经典表述,它清楚表达了史学应该取代哲学的理由。既然任何哲学学说都"无非只是那体现于语言中的、具有民族[国家]性质的认知"(nationale Erkenntnis),那么,哲学宣称把握到的普遍真理其实无不具有民族[国家]性质——比如,今天的我们可以说,形而上学之争不是什么热爱智慧者的个体心智和志趣之争,而是民族国家或文明传统之争。正因为如此,"史学并不承认这种知识的绝对有效性"——不仅如此,由于史学展示了"民族生活的历史阶段",它"也就有了哲学的意涵"。由于史学更为贴近民族共同体的生活经历,它就比哲学更具生命力,并"永不停歇地表述自身"(《论普遍历史》,页183)。

这些说法否定了哲学探究的超越性质:哲学与文学一样,无不隶属于某个"民族国家"的政治意识,哪怕哲学家或文学家谈论或表达的是普遍的东西。兰克看到,在欧洲的列国竞争时代,如果某个国家成为大国的"民族国家意识"足够强烈,这个国家就会出现哲学和文学的繁荣。毕竟,现代世界的根本特征是"诸大国(große Staaten)凭靠本己的力量崛起","新的民族国家的自立性凭着原初的力量登上世界舞台",形成了"一种人为地发展起来的政治制度"。因此,"弗里德里希二世为民族国家的解放劳作时，德意志文学与他一起劳作"（《秘密》，页187）。① 现代的哲学和文学的基本特征乃是与民族国家同呼吸共命运，即便是今天的我们也不难理解，中国古代文学不是、但中国现代文学是民族国家式的，因为，现代中国才处于国际性列国竞争的处境下。

由此可以看到，历史主义的出场是启蒙哲学的逻辑结果。兰克在讲演中明确说，启蒙哲人"在自身的领域中思考史学"，他们"一门心思在所谓进步、发展和整体性中寻求无限"。对此兰克有理由说，他所理解的政治史学才能"从每个具体的存在中认识到无限者"，并把这种认识视为自己的"生存原则"。由于"每个具体的存在"指政治共同体的生活，史学的"生存原则"就是具体的政治共同体的生活。"与那不断抛弃旧说的哲学相比，史学在某种程度上可谓永恒之知"，因此，史学知识才是真正的哲学知识（《论普遍历史》，页183）。

拒绝黑格尔

按照传统的说法，哲学追求"永恒之知"，现在兰克说，史学才追求"永恒之知"，它凭靠对政治共同体生活的认知接近对上帝的认识，毕竟，"万有的存在无不仰赖上帝"。兰克的说法看似矛盾：一方面说史学摆脱了"神学的束缚"，另一方面又说"史家治史旨趣背后有宗教式的理由"。但如果我们懂得，所谓摆脱"神学的束缚"针对的是黑格尔的世界历史哲学，那么，

---

① 《诸大国》在论述法国、英国和普鲁士王国崛起的同时，论述了法国、英国、德意志哲学和文学之间此消彼长的关系，参见《秘密》，前揭，页168、172、185-187。

他的意思不过是说,史学必须反对这样一种说法,"史学研究所寻求的,无非是更高原则在现象中的体现"(《论普遍历史》,页184)。

从今天的思想视角来看,兰克凭靠史学否定追求普遍性的哲学,实际上开启了历史主义的思想。但我们必须理解,兰克的批评矛头具体针对从霍布斯到黑格尔的一系列现代"欧洲世界"的哲学家,并宣称要用自己的史学来抵制无论"左"的还是"右"的普遍哲学。他提出了这样的区分:史学基于对过去时代所发生事情的理解来指导当前的政治生活,启蒙哲学的政治科学则以普遍的理想观念来指导实际政治(《秘密》,页151)。如果说黑格尔对世界历史的理解是思辨哲学式的,那么,兰克的理解就是实际政治式的。从某种意义上讲,"历史的"眼光与"实际政治的"眼光是一回事——这是修昔底德式的政治史学眼光。

史学史家迄今认为,黑格尔和兰克的历史哲学堪称"德国古典哲学中史学思想"的双峰并峙。[①] 这个说法未必恰当,因为,人们很难说兰克有一种"历史哲学"。毋宁说,黑格尔和兰克的历史思想堪称"双峰并峙",首要原因在于他们都被视为德意志式的欧洲精神的代言人。[②] 既然如此,我们就需要进一步理解:兰克凭什么理由仅仅把"现代世界"的历史理解为"世界历史"。因为,黑格尔同样仅仅把作为"现代世界"的"欧洲世界"的历史理解为真正的或普遍的"世界历史",并把此前的东方历史视

[①] 贝特霍尔德,《黑格尔与兰克的世界历史观念比较》(王海松译),见《世界历史研究动态》,1992年第9期,页38。

[②] 参见 Oscar Daniel Brauer, *Dialektik der Zeit: Untersuchungen zu Hegels Metaphysik der Welgeschichte*, Stuttgart, 1982; John Walter, *History, Spirit and Experience: Hegels Conception of the Historical Task of Philosophy in his Age*, Frankfurt, 1995。

为片面、抽象的"世界历史"。

黑格尔给出的理由相当明晰：在"日耳曼人的世界"中，思辨性的"自由"理念才具体地实现了自我意识——既然思辨性的"自由"理念是宇宙性的，当然也就罩住了中国。只不过在黑格尔看来，思辨性的"自由"理念在世界历史的中国阶段还谈不上有自我意识。

在兰克写于差不多同一时期的"论普遍历史讲义"的残稿中，人们可以看到一段直接指名道姓指向黑格尔的文字让人感兴趣的是，兰克在这里将黑格尔的普遍历史哲学观的来源上溯到柏拉图——他写道：

> 这些在近代形成的观点，主张理性是世界的主宰，其进一步解释了精神世界的规定性，而且认为，促成精神对自身之自由及其真实性的意识，乃是整个实在世界的最终目标。这种观点首先追求精神本性的抽象规定性，然后讨论那为了实现其理念所需的手段。（《论普遍历史》，页193-194）

显然，这里描述的是黑格尔的世界历史哲学中的观点——兰克紧接着就写道：

> 柏拉图曾指责阿那克萨戈拉，说他虽坚持理智（nous）的主宰，却只看到外部的原因，为了避免重蹈这个错误，该观点试图直接通过具体事物证明抽象原则。其每一步进路都清晰明确，在其中，精神的发展得以完善自身：既沉潜在自然性中，又部分摆脱了它，并得以提升到一种纯粹的普遍性。换言之，就像逻辑范畴一般，精神正是在其对具体物的应用中被进一步把握。世界精神的演进经由某种必要的发展得以完善，在其发展过程中，世界精神放弃了个别物并进行

了自我牺牲。正如黑格尔所言，世界精神乃是一种针对历史人物的狡计，世界精神让历史人物以激情和愤怒达成各自的目标，并藉此自我成形。(《论普遍历史》，页194)

很清楚，在兰克看来，黑格尔式的世界历史哲学的理智原则来源于柏拉图，为了表示敬重，他承认这种智识努力包含着"某种伟大的东西，值得在历史上留下浓墨重彩"。问题在于，这些哲学式的历史观念并不能成为史学研究的前提，至多仅是对世界历史中"可以知晓的事实的思索"。不仅如此，这种思索得出的也不过是虚而不实的"普遍意识"的真理——据说：

> 唯有世界精神才是本真的生活，也唯有它才是真正的行动者，即便那些最伟岸的历史人物，也无非是世界精神手中的工具，他们并不领会自身所完成的事业，而只是对其有所欲求。在这个意义上，历史其实是变动着的上帝的历史；我的主，我在此相信过去、此时以及未来的事，相信每个人身上那本质上不死的本性，也相信那活着的神以及活着的世人。(《论普遍历史》，页194)

兰克在这里对黑格尔的世界历史哲学要点的复述已经带有嘲讽口吻，与此同时，他宣称史学拥有的是"个别意识之真理"，它绝不能认可虚假的"普遍意识"。

史学与普遍的真理

兰克把古希腊人哈利卡纳苏斯的狄奥尼修斯（公元前54—公元7）视为西方史学的真正创始人（《论普遍历史》，页195）。我们知道，这位狄奥尼修斯是修昔底德的拥趸。兰克这样讲，很可能是因为，严格来讲，狄奥尼修斯是罗马帝国初期的史学家。兰克说，史学源于古希腊人，其首要原则是"对真理的纯粹之爱"。熟悉古典的人都知道，这其实是苏格拉底对哲学的界定。奇妙的是，至少从表面看来，兰克对史学的这一首要原则的表述颇像苏格拉底对政治哲学的表述：

> 当我们要在事件、情境与人物中认识更高的原则之时，我们需面对那些正在发生、成为过去以及呈现着的东西进行思考。认识它们，是我们的首要目标……这并不意味着，我们就应当永远停留在"时间""地点"以及"事件如何发生"……这些具体现象的层面。因为通过这些要素，我们只能外在地把握事物，而史学的真正原则，则只能在内部有所呈现。（《论普遍历史》，页184）

据此，兰克给真正的史学下的第二个界定是对历史中的政治现象的实证性研究，他用哲学术语称之为"某种精神统觉"（Apperception）。这种精神能力不是随便什么人都有的，天才人物才有。人们会想到苏格拉底的说法，即热爱智慧是一种罕见的禀赋。然而，兰克说，政治共同体是天才赖以诞生的土壤，从而他至少说的不是自然哲人，而是政治哲人：

> 一切天才的出现，无不以个体与群类的统一为基础。此种创造性之原则建立了个体的结构，造物的自然进入个体，后者藉此认识自然，并以其为参照，令自身得以被厘清和把握——这种天赋是可能的，只是拥有它的程度往往高下不一。（《论普遍历史》，页185）

兰克由此把史学认知的旨趣界定为"普遍的志趣"，并称之为真正史学的第三个界定——"客观性"。兰克在此对刚刚出现的史学的分化表达了不满,无论是专门研究公民建制或宪法,还是搞经济史、艺术史或军事史,都是片面的认知。真正的史学应该对人世生活的"不同领域的隶属给予同等关注",因为"史学的各个方向已然无法各自为政,它们相辅相成、结成整体"。为了实现这一"普遍的志趣",史学思考就需要探索人世生活的因果关联,这就引出了真正的史学的第四个界定即"探索因果之网",以此与凭靠"假设"的哲学区别开来:

> 治史的原初目标,亦无非是要探明,不同的事件在多大程度上仅仅是时间的前后相继——只是它们之间存在着整体脉络。同时发生之物彼此接触、相互作用;而发生在前的事件则成为发生在后的事件之条件;原因与结果之间有着内在联系……(《论普遍历史》,页185-186)

兰克马上意识到自己遇到了麻烦,因为,欧洲崛起以来的"新史学"就是一种"由因推果的史学思考",它以时间或年代上的前后关系为基础,尤其基于这样一种考察行动领域的认识原则,即把"自利心和支配欲"视为"历史事件的主要驱动力",个人的行动无不是"出于这种或那种激情和考虑"——兰克称之为"实用主义式"(positivistische)的史学。兰克虽然认同这种史学思维意在遏制哲学思辨要素,但他认为,凭靠心理原则探究事件背后的真正动因仍然是"诉诸假设和推测"。真正的史学应致力于通过描述事件来发现事件背后的动因,因为只有描述才能做到"精确和贴近事实",从而接近"直接而不容否认的真理"(《论普遍历史》,页186)。

兰克据此提出,史学家应具有"不偏不倚的态度",与此相对的是"主观"的哲学立场。兰克的说法表明,他提出"客观性"

概念是针对启蒙哲人的进步论普遍历史的主观性：史学涉及的是人世的"演进"（Fortgang）原理，而非"进步"（Fortschritt）原理，因为史学"不会错误地认为任何既有之物中都有进步的要素"。历史的普遍进步论显然是一种现代式的政治信念，它必然引发政治论争：

> 如今之人的利益与前人大不相同，故我们难免以今人的眼光评价前人。此种倾向，如今正愈演愈烈，因为有些历史观点对大众意见的影响远甚于此前的时代，并由此造成激烈的争论。（《论普遍历史》，页187）

史学领域成了不同政治观念角逐的场合，对此兰克明确反对史学成为表达具体政治诉求的工具，因为史学的使命是"从前人的错误中寻求真理"。政治史学显然不可能不涉及过去的政治斗争和对抗过程，即便如此，兰克要求史学必须"对对立双方都作设身处地的考虑，并从双方各自的内部状况出发加以考量"——由此人们可以理解，为什么兰克随后既撰写教宗史又撰写德意志宗教改革史。兰克说，在激烈的政治观念的纷争之中，史学家不是要判断意见和观点的对错，而是要"将意见和观点与实存的事物相对照，而后者往往在政治与宗教等论争中具有决定性的影响"。史学家紧贴事实，而事实决定意见和观点，而非相反，因为，事件与政治或宗教观点的关系，不过是"不同生活形式的作用与反作用"（《论普遍历史》，页187-188）。

为了强调史学家的"不偏不倚"，兰克花费了更多笔墨，并提到当时的政治论争中的口头禅——"运动"和"反动"，这显然是由1830年革命后的欧洲语境所致。法国大革命给欧洲带来巨大的精神分裂：拥护大革命是"进步"，否则就是"反动"。在兰克看来，这种态度会严重损害史学的客观性。尽管如此，兰克也没有做到让自己的史学观不带政治取向，因为他的如下说法难免会被视为保守主义：

> 任何秩序，即便再不合理，亦都是理性所可把握之物，因此任何结论都是可能的。同样，不能无视具体历史的局部性与利益的个别性，从而将前人视作早已死去的无用之物。（《论普遍历史》，页188）

兰克甚至为自己的保守主义立场提供了政治哲学辩护：政治冲突是人类生活的本相，而从过去的历史中的政治冲突衍生出来的新政治理论会"一再破坏和改变"人类生活的原貌，"这是一种内在的破坏"。因此，真正的史学应该从过去的政治纷争中摆脱出来，"将演化而非革命视作发展运动的原则"，冷静地认识对抗双方所遵循的原则。显然，兰克希望史学成为正在发生的这场革命的镇静剂，他相信"只有当对抗双方都免遭那剧烈的冲突吞噬之时，人类才能繁荣滋长"，否则，"巨大的危机定然是免不了的"（《论普遍历史》，页188）。

兰克最后提到的史学原则是"对整体性的把握"，即通过历史叙述让"相互联系的个别物构成整体"。这不仅意味着个别与个别的关系，而且意味着"整体不是静止的，而是变动不居、真实有效而自我完善的"。兰克所说的"整体"指民族共同体：一个民族的整体性是"这个民族的一切事迹、建制、文学乃至其发展的整个过程所给出的"。探究这种整体性必须凭靠"准确的研究、循序渐进的理解以及从实证入手的方法"，而非以给民族的未来指引方向的方式来谈论整体性（《论普遍历史》，页188）。听到这样的说法，在场听讲演的人们会想起兰克在处女作"导

言"结尾时的那段话:

> 我更喜欢翔实地描述那些在历史舞台上非常活跃或是居于最重要地位的民族、国家以及个人。它们是如此之重要,以至一再为人所论及。只有更详尽地描述它们,我们才能够更好地把握历史发展的主要脉络、发展方向以及决定历史发展动机的那些思想观念。(《秘密》,页79)

1861年,兰克发表了《法国史,尤其十六和十七世纪》。他在"导言"中把法兰西视为伟大的民族,因为这个民族在形成国家的历史努力中展现出了自己的伟大。历史上总有"伟大的人民和民族",正如在一个社会中,总有些个人是伟大的,而非所有个人都伟大。伟大的民族在历史进程中形成了自己的人性特征,激发了超越国界的好奇心,世界史应该研究这类民族的历史(参见《秘密》,页332)。

三年后(1869),兰克又发表了《英国史,尤其十六和十七世纪》,他在"导言"把英国视为具有世界历史意义的民族:这类民族在地球上有如"崇山峻岭",其"内在力量"来自"强有力的原生质"(den wirksamen Urstoffen),"支配着供人居住的低地"。兰克相信,"在诸民族的历史中",总会有一些"基本力量"导致"诸国家和帝国"之间相互对抗,突然挑起国家之间的相互争斗,"搅起动荡的波涛",由此形成新的国家,并给随后的时代打下烙印。十六和十七世纪的英国历史不但直接触及"普遍的事情",也迎合了"自己的内在冲动",从而为史学提供了"支配世界的历史领域"(eine weltbeherrschende historische Region)的样式(《秘密》,页333)。①

---

① 译文据德文版(Berlin,1862年第二版)有改动。

与同时代的自由主义共和派史学家基佐的英国史不同，兰克对英国近代史的考察并没有卷入关于宪政的意识形态论辩，既不责难也不赞美英国宪政，他"只想认清那些正在起作用的力量及其结果"（《秘密》，页333）。① 兰克相信，唯有通过考察在民族国家的冲突中涌现出来的那些最重要的民族国家，才能探知"人类的普遍生活"。

片段化的世界史

兰克虽然在晚年才着手写作《世界史》，但在他的脑子里，Weltgeschichte［世界史］这个观念早在写作处女作时就已萦绕脑际，毕竟，同样是修读神学出身的施洛瑟（F. C. Schlosser，1776—1861），毕业后转而撰写史书，1815年开始陆续出版《连贯叙述的世界史》（*Weltgeschichte in zusammenhängender Erzählung*），"是当时最受欢迎和被阅读得最多"的历史读物，施洛瑟也因此受聘为海德堡大学史学教授（吉尔伯特，《历史学》，页40）。这样的时风，兰克不可能没感觉：文史家在兰克遗稿中发现了两篇论及"世界史"的文献，时值1825至1827年之间，也就是他刚到柏林大学任教时不久。②

如今的世界史书往往名为"世界通史"，似乎人类的经历是一种前后相继的历史现象。在兰克看来，其实，人类对历史经历的记载并不具有连续性，世界史固然应该"涵盖人类生活中的全

---

① 比较基佐，《1640年英国革命史》，伍光建译，上海：上海三联书店，2011。

② Ernst Schulin, *Die weltgeschichtliche Erfassung des Orients bei Hegel und Ranke*, Berlin: Vandenhoeck & Ruprecht, 1958, S. 310-318.

部决定性时刻",但许多这样的时刻实际上"已经湮灭无闻",许多应该被提起却"从未被提起过"事件和人物不胜枚举(《论普遍历史》,页190)。事实上,从古至今,哪些事件或人物"应当加以描述"不过是政治建构的结果:

> 历史流传物是不确定的,过往事件的数量又是如此浩繁不可估测,令人觉得毫无厘清的希望。我们在历史中一再看到的,无非是强者征服弱者,而后又被更强的力量摧毁;这种暴力过程非但持续到我们的时代,甚至在未来也将如此。(《论普遍历史》,页193)。

按照史学的实证性原则,史学必须基于可实证的材料,因此只能考察历史上有记载的事情,也就是"那些尚存蛛丝马迹的史事"。至于"连痕迹也不存在的东西",只得从史学剔除出去。除了过去的史书,只有实际政治斗争过程中遗留下来的档案算得上实证材料。兰克不认为古老的神话传说具有"史学要素",它至多"凝结着民族的主体及其思想",或"反映了一个民族对自身及其与世界的关系的意识"。无论如何,神话传说仅仅表明这个政治体还是处于"某种自然状态的民族"——即便中国有"悠久的编年史",它也"更接近自然史"(《论普遍历史》,页191)。

有编年史不等于一个政治共同体没有脱离"自然状态",这样的世界史观让今天我们的史学家很难理解,遑论接受。但我们必须理解,与"自然史"概念相对的是"文明史"概念,在兰克看来,唯有欧洲世界才进入了文明状态,而兰克并没有意识到,所谓"文明状态"恰恰是地道的启蒙哲学理念:

> 在我们看来,世界史的整个界域充满了精神内容:它们蕴含着内在的真理、必然性与能量,世界史本身就是由一系

列不可估测的进步所构成，而我们也正处于其中。

　　这与任何民族的欲求与意愿无关。事物由出现到消亡，自然服从造物者的律法，但那在建设与努力中生发出来的精神内容，却属于永不消亡的理念之域。一旦它们进入了那个更具毁灭性的、不断扩展着的精神生活的洪流之中，其所产生的效果也就永远不会消失。(《论普遍历史》，页192)

这段说法表明，兰克并没有完全摆脱启蒙哲学的普遍历史观。他所理解的世界历史带有启蒙哲学所说的那种精神发展痕印，或者说"包含着某种理想化的内容"。兰克甚至承认，在他所身处的时代，这种精神化的发展"正以更加特别的方式在我们眼前发生"——这指的是法国大革命和美国革命(《论普遍历史》，页193)。

兰克反对启蒙哲学的普遍史学，但不反对普遍史学本身，并提出了他所理解的普遍史学，即"冀求把握各处事件之间的因果关联，并藉此默默地探究整体性的本质"。尽管如此，兰克并不认为这是普遍史学的根本目的，因为它"无法完全实现"，"普遍历史唯有上帝才能知晓"，而人的历史认知"却是矛盾重重"。这无异于承认，史学不可能实现对人类生活之普遍性的认识——"总有一天，即使是最确凿的史学考订成果"，也难免会遭到后人反驳(《论普遍历史》，页194)。兰克曾禁不住感叹：

　　史学给我们留下的只有那对于一切事物的虚无之感，以及对那玷污人类的恶行的抗拒之心。人们非但看不到所有这些事件与人物何以会出现的所以然；甚至连其内在的语境也被扭曲了。(《论普遍历史》，页193)

正因为对历史中的毁灭看得太多，兰克对启蒙哲学或德意志观念论的历史哲学所表现出来的那种"奔放自由"表示了轻蔑。在兰克的学生布克哈特的史学中，这种历史的无奈感以及对历史哲学的反感显得更为强烈。

六 在世界历史的"运动"中经受考验

尽管兰克最终对史学是否能获得普遍性的认识持怀疑态度，但他毫不怀疑史学具有政治作用，即让人"在内心深处激起对祖国的皈依之情"，在他看来，这是古希腊纪事家就有的基本信念：

> 我们与他们有着相同的关于自然的理念，不同之处无非在于我们所论的是德意志人，而古人所论的是希腊人及后来的罗马人。（转引自柯瑟尔，页308）

兰克通过对欧洲兴起的四百年历史（十五至十八世纪）的片段式描述要揭示的历史真理是什么呢？

作为"运动"的世界历史

兰克所理解的人世间的基本"运动"指各政治体之间的冲突。兰克相信：

> 各个民族之间并非和平共处，而会为了争夺土地和统治权而彼此拼命厮杀、争斗。这种斗争使得它们彼此联系在一起，也影响到各个国家的文明发展，并导致了历史上诸大国的形成。在这种不间断的争斗过程中，各个国家的独特性质也随着世界趋势而发生着变化。（《秘密》，页335）

兰克理解的"世界历史"是民族国家相互斗争的历史，或者说，正是各个不同民族国家之间的相互争斗，才形成了世界历史。世界历史不是自然史，而是政治史——相互争斗才使得民族国家走出自然状态，形成自我意识（《秘密》，页335）。

早在公元前后的数个世纪里，两河流域和地中海地区就出现了大国间的激烈博弈：犹太人的王国与埃及王国、亚述王国及巴比伦王国的冲突，波斯人与犹太人在一神教信仰上相近，才使犹太人逃脱了亡国的命运。随后，希腊人的崛起引发了与波斯人的冲突，希腊人成功抵御波斯人的入侵之后，内部又演化出城邦之间无法弥合的冲突。刚刚被亚历山大大帝整个统一起来的近东，很快又一分为三。罗马虽然迅速崛起，帝国的统治范围扩张到马其顿、叙利亚和埃及，却又无法维持帝国内部的统一，以致整个帝国西部被入侵的蛮族瓜分（《各个时代》，页13-14）。

兰克的学生布克哈特持有相同观点。[1] 甚至英国的著名政治地理学家麦金德也认为，唯有地中海地区和欧洲种族的历史才算得上历史，"因为，使希腊和罗马的继承者统治整个世界的那些观念来自这些种族之间"。[2]

相比之下，古代的亚洲从来没有出现过如此错综复杂的大国冲突，直到现代欧洲人把亚洲国家拉进自身相互冲突的漩涡。由此看来，兰克把中国排除在"世界历史"之外的根本理由是：只有在古代西方才出现了"世界历史"的运动。

---

[1] 参见雅各布·布克哈特，《历史讲稿》，刘北成、刘研译，北京：三联书店，2009，页2。
[2] 哈·麦金德，《历史的地理枢纽》，林尔蔚、陈江译，北京：商务印书馆，2007/2010，页51。

世界历史的"运动"方向

《世界史》的"结语"言简意赅,从中我们可以看到兰克政治史学的基本观念及其内在矛盾:

> 作为一种存在的形式(Daseinsform),一种历史必须是真实的对象,否则历史不配被称为知识。人类种族的每一段命运都体现了生命内部的无法肢解的联系。每一段历史情节都不是开天辟地从无到有,而仅构成了过去、现在和未来中的一个片段,因此也传达了某种不朽的价值。(《世界史》下册,页677–679)

这无异于说,历史就是"片段",但紧接着,一条世界历史的演进之线就出现在读者眼前。

> 自中世纪终结以来的东西方体系的最大差别也在此得以体现。东方为文明世界做出了不可估量的奠基性贡献,然而,教化(Bildung)终于未能在亚洲成为主流。不但远东故步自封地发展着自己的宗教和伦理,从中亚到非洲的近东,自蒙古—奥斯曼时代以来,也赶不上世界史的步伐了。

人们有理由说,这种说法与黑格尔的观念论世界史哲学的"进步之线"并没有实质性差别。

> 现在,整个文明世界仅限于遥远的西方一隅,即罗曼和日耳曼,因此不能充分参与整个世界的斗争进程。曾经作为一个整体的西方世界也不复存在,我们触碰过的每一个历史主体,几乎都面临着无穷无尽的内部纷争以及与其他主体的

摩擦冲突。然而，这只是文明新陈代谢的一个必要过程。为增强其内部活力，国家按照不同原则组织起来。人们探索新的形态；自由和文明组建同盟。每个民族都涌现了富于创造力的政治领袖。如前所述，在催生现代君主制的道路上，英法虽遵循各自不同原则，却展现出同等活力。

这显然指十五至十七世纪的欧洲，也就是兰克一生致力于描述的欧洲。接下来，他对这个历史片段的世界史含义做了如下归纳：

> 诸民族就这样翻开了新的历史篇章，他们即将统治世界，他们将在无穷无尽的洪荒之力中实现新的联合。在洪水猛兽面前，他们小心翼翼地保存着世界历史的传统——这才是他们不断奋进的生命之源。与教宗对峙的改革成为操控这一生命力的神经网络，它也建构了通往经历大分裂而幸存的原初的普遍宗教精神彼岸的桥梁。争相投入这场信仰之争的诸国的民族意识也因此觉醒。原本地方性的公民抗议已经演变为燎原的革命之火。然而，国家的传统法制秩序并未因此崩坏。这便是世界历史进程的基本侧幸：它是多样的，也在不断向前迈进，但从未完全背弃传统。

我们已经看到，兰克对"世界历史"的理解立足于他置身其中的现代欧洲的"历史运动"，而他的确仅在古代地中海世界才见到过类似的"历史运动"。因此他说，历史中的"普遍联系"不过是"世界性的国际关系"——欧洲各王国之间的关系（《秘密》，页328）。既然如此，兰克把古代中国排除在他的《世界史》之外就并不是没有道理。虽然兰克拒绝黑格尔把"世界历史"视为"世界法庭"的观点，但他的"世界历史"观仍然带有"世界法庭"的意味。对兰克来说,"世界史"研究不是"搜罗汇总各个国家的历史",而是要探究"人类事务的普遍联系",这种联系往往体现于历史上的那些"伟大事件"。古代中国对于探究"世界历史的内在运动""毫无意义",从而"不是世界历史研究的对象",乃因为东方民族在发展出"被视为人类所有文明发展之源"的政制之后,就"静止不变"了(《秘密》,页334-335)。

史学研究的目的是搞清人世间的基本"运动",既然东方国家的历史没有呈现出这种基本"运动",它就不是世界史的研究对象。我们知道,探究人世间的基本"运动",是修昔底德提出的纪事原则。兰克的抱负是像修昔底德那样,"以一种不带偏见的眼光来看待世界历史的进程,并以这种公正、无偏见的精神来写出完美而高贵的史书"(《秘密》,页348)。

现代欧洲"历史运动"的"实质"是"民族国家"的兴起,对我们来说,"民族国家"是个现代概念,对生活在地中海北岸的现代西方人来说则是古代概念。用这个概念来看待地球远东地区的历史毫无意义,乃因为在远东的古代并没有出现类似的"民族国家"冲突,长期存在的仅仅是定居的文明政治体与逐草而居的游牧政治体之间的冲突。二十世纪的史学大师布罗代尔在为中学生写的世界史教科书中这样写道:

> 远东那些伟大的文明,尤其是印度文明和中国文明,如果遇到的麻烦来自其疆域内蒙昧原始的地区,来自那里吞噬森林的贫困农民,那么它们会平安地存在下去。堪与圣经时代的埃及瘟疫相比拟的天罚,来自广袤的沙漠和大草原(对中国来说在其西部和北部,对印度来说则在其北部和西部)……在这些环境恶劣的地区生活着各游牧民族:土耳其人、吉尔

吉斯人、蒙古人……从他们在历史上刚一出现，直到其辉煌历史终结，也就是十七世纪中叶时，他们留给人们的就是这种印象：凶猛、残酷、富有亡命徒精神、骑着大马的暴徒。

事实上，只是到了十七世纪，在火炮的帮助下，定居民族才真正击败了这些野蛮的游牧民族……现在，无论两个蒙古（中国的内蒙和苏联控制下的外蒙古）还是中国的新疆地区和苏联的突厥斯坦，都不是世界棋局中的关键国家和地区。真正引起人们兴趣的是那里的空间和飞机场，而不是其财产。

这些游牧民族对我们现在的文明研究到底有什么重要意义呢？他们让今人难以置信的劫掠，无疑延迟了与他们毗邻的那些大型文明的发展。①

兰克把中国排除在他的《世界史》之外，并非不可理解。布罗代尔的世界文明史把中国纳入视野，不过因为他比兰克晚生一百年。

世界历史的竞技场

历史生活是人类精神理念的"竞技场"，"人们凭借这理念的武器在竞技场上彼此对立，并说出他们所为之奋斗的东西"（《论普遍历史》，页193）。这话与黑格尔的世界历史哲学的差别在于：兰克强调理念的均势，黑格尔则强调理念的霸权。对我们中国人来说，如果接受黑格尔的挑战，就意味着要么接受"自由理念"

---

① 费尔南·布罗代尔，《文明史：人类五千年文明的传承与交流》，前揭，页201-202。

的绝对性,要么提出自己的普遍性理念。一种新的问题来了:中国的政治成长难道没有带出某种"理念"吗?中国文明难道不能凭靠自己的"理念"进入世界历史的"竞技场"与欧洲或美国竞争吗?一旦如此,世界历史就进入了兰克所说的"均势"状态——德约说:

> 欧洲的老火山依然那么高耸,以致一场释放其巨大的被压抑能量的喷发必定以猛烈的岩浆流威胁世界远方;远东的松散框架中,没有任何权势转移必定产生任何类似的直接效应。(德约,《脆弱的平衡》,页182)

兰克在世时,中国已经被欧洲民族拉进他们的历史运动中去经受考验,且不幸没有经受得住。在接下来的历史运动中,中国品尝到自己因"欧洲民族"相互争夺霸权而丧权辱国。① 如今中国已经成为大国,可是,中国智识人未必真的明白,中国已经承受且还将经受的究竟是怎样的世界历史考验。对黑格尔来说,远东文明古国得经受能否接受普遍的"绝对自由"理念的考验,对兰克来说,我们得经受能否在现代世界的历史运动中成为大国的考验。黑格尔的所有要著早就有了中译本,而兰克的要著直到近些年才开始有中译本,这兴许表明,我们迄今仍然不清楚,中国百年来所经受且仍将经受的是兰克意义上的历史运动考验。

余　绪

晚清时期,兰克的大名就经日本学界进入了我国学人的视野

---

① A. J. P. 泰勒,《争夺欧洲霸权的斗争:1848—1918》,沈苏儒译,北京:商务印书馆,1987,页418-450。

(亦译作"兰该""兰楷")。然而,1949年前,兰克文字被译成中文的仅有一篇《政治对话》;新中国成立后,直到1990年代末以前,兰克文字被译成中文的仅有《教宗史》极小篇幅的节译(共61页)。① 实际上,自1920年代以来,我国的新史者们"言必称兰克,却不读兰克著作":

> 中国史家的兰克论述,绝大部分只是从外国流行的西洋史教科书、史学理论与史学史之类著作转述而来,甚至是经过多重转引,引述者未必清晰了解兰克的思想脉络,人云亦云、寻章摘句是较为普遍的现象。不论在民国时期还是新中国,不论推崇还是批判,中国史家直接阅读兰克原著者寥寥无几,哪怕号称"中国兰克"的傅斯年和把兰克挂在嘴边的姚从吾也不例外,没有证据表明他们曾研读过兰克著作。②

傅斯年(1896—1950)在德国柏林大学留学三年,主修比较语言学,要说他未曾研读兰克,完全可以理解。姚从吾(1894—1970)则不同,1922年夏,他由北京大学选派赴德国柏林大学留学,完成学业后(1929),受聘担任波恩大学东方研究所讲师,两年后(1931)转任柏林大学汉学研究所讲师,直到1934年夏天才回国——要说他未曾研读过兰克,似乎不可思议。但若考虑到姚从吾在德国专攻的是历史方法论、匈奴史、蒙古史及中西交通史,他未曾研读过兰克,又自在情理之中。问题仅在于,业界

---

① 兰克,《政治问答》,陆飞译,(台北)《建国月刊》,1948年第1卷第5期、第2卷第3期;朗克,《教皇史(选)》,施子愉译,北京:商务印书馆,1962。参见李孝迁、胡昌智,《史学旅行:兰克遗产与中国近代史学》,上海:上海人民出版社,2021,页249。

② 李孝迁、胡昌智,《史学旅行:兰克遗产与中国近代史学》,前揭,页260-261。

人士为何会把傅斯年捧为"中国兰克",而前者却不予拒绝,似乎受之无愧——至于姚从吾为何未曾研读过兰克却把后者挂在嘴边,的确不好理解。

无论如何,"中国史家普遍推崇兰克,时常援引兰克",但鲜有直接援引兰克原著,"绝大多数为转述二手乃至三手、四手论述",而兰克的著作却长期没有中译本,这一现象确实令人费解。据史学学者考察,原因首先在于,我国的新史学学者最渴望从西方史学界获得的是史学方法论,而兰克恰恰没有这方面的著作。此外,兰克的史学作品"所处理的议题大多集中在十五至十七世纪的欧洲历史,一般中国史家对此相对陌生",以至缺乏阅读兴趣。这些推测不无道理,但若说我国的新史学家因"兰克的史学理论带有神秘主义的宗教色彩"而不感兴趣(同上,页179-180),那就言过其实了。既然我们的新史学家们从未研读过兰克的史学作品,他们也就没可能知道其中是否"带有神秘主义的宗教色彩"——更不用说直到今天,我们的新史学家也未必了解何谓"神秘主义宗教"。

事实上,兰克史学是政治史学,而非带有"神秘主义的宗教色彩"的史学。德国的史学史家一致同意,兰克的史学观最为鲜明地体现在三个短篇文献之中:1833年的《诸大国》、1836年的《政治对话》以及《论史学与政治学的亲缘与差异》。后者是兰克受聘为柏林大学教授时的就职演说稿,它与前两篇文献"一起共同体现了兰克史学思想的基本内容"(《秘密》,页143)。《诸大国》和《政治对话》最为重要,后世的德国学人多次将两者合刊为单行本,足以证明这一点。收在本书中的译文即依据1962年出版的单行本迻译,德文版编者所加的文献注颇有参考价值——为便于读者更好地把握原文,译者和中译编者酌情加了若干涉及历史背景的注释。

兰克离世后，德意志第二帝国竭力想要成为世界大国，后兰克学派应运而生。然而，德国在接下来的"新三十年战争"中两次遭遇失败，这给后兰克学派解释德国的现代化成长带来持续性挑战，由此产生了不少生猛的史著——如何解释德国的两次战败，就是显著例子。① 与此相应，随着德国在世界政治中的位置变化，德国史学界对兰克作品的态度也在变化。

1941年或者说德意志第三帝国向苏维埃俄国发起闪电突击的那年，德国史学家推出了特别版的兰克《世界史》，荷尔斯特·米歇尔（1901—1981）和尤斯图斯·哈斯哈根（1877—1961）分别撰写了兰克导言和《世界史》导言。两篇导言虽然篇幅不长，但人们仍不难从中看出，当时的德国史学家对德国主导世界的前景充满期待。

荷尔斯特·米歇尔专攻十九世纪德国和欧洲政治史，成名作是《俾斯麦、英格兰与欧洲（尤其1866至1870年）：俾斯麦传与帝国的奠立》——这一论题明显延续了兰克的政治史学关切。1941年，他与四位政治地理学家合作，编写了《1939—1940年战争地图集》，用英文在美国出版。②

尤斯图斯·哈斯哈根的辈分更老，第一次世界大战期间曾任职德国外交部，战后参与战争责任问题研究，作为史学家发表了试图证明德国不应对战争爆发负责的论著。尽管他在政治上持有德国民族主义立场，但在纳粹政权上台后，他反对纳粹政权的反

---

① 路德维希·德约，《兰克与德意志帝国主义》，见氏著，《德意志与二十世纪世界政治》，章利钦等译，北京：中国社会科学出版社，2025。

② Horst Michael, *Bismarck, England und Europa (vorwiegend von 1866—1870)：Eine Studie zur Geschichte Bismarcks und der Reichsgründung*, München：Münchener Drucke, 1930; Horst Michael et al (eds.), *The War in Maps*, 1939/40, New York：German Library of Information, 1941.

犹举措，并因此而在 1935 年被迫退休。"二战"结束后，哈斯哈根转向欧洲中世纪研究——成书《中世纪文化史：导论》（1950）和《欧洲中世纪史》（1951）。

"二战"结束后，冥府中的兰克几乎被要求为德国的失败承担历史责任。特奥多·席德（1908—1984）的《兰克史学的世界图景》写于 1960 年代初，从中不难看出，作者力图在新的政治语境中为兰克史学辩护。纳粹上台初期，席德尚能与之保持距离，同时又以其保守的帝国理念抵制英国学人提出的中欧和东欧"新秩序"观。但在战争爆发后，席德积极参与了纳粹当局主导的人口政策研究。他强调德意志民族的优越性，并警告德国人与其他民族混合的"危险"，这使得他在战后颇费了一番劲才洗清"纳粹嫌疑"。1948 年，席德受聘科隆大学教授，在那里任教直到 1976 年退休（1962 至 1964 年出任校长）。1951 年，席德受邀参与盟军管制下的德意志联邦政府筹建议会制及政党史委员会的工作，随后（1952 年）又主持联邦政府的"驱逐德国人"（Vertreibung der Deutschen）研究委员会，编纂了"二战"后的三年间（1945—1948）东欧和中欧的德国人遭到驱逐的《文献资料》。这套文献展示了生活在波兰和捷克的德国人以及波兰边界西移后被驱逐的德国人颠沛流离的苦难，迄今仍是"德国人受害叙事"的学术基础。席德在战后的西德任教近三十年，培养了多位著名史学家，1957 年出任德国史学界权威学刊《历史杂志》（*Historische Zeitschrift*）主编，1967 年当选德国史学家协会主席（至 1972 年），凡此足以表明，他是西德最有影响力的史学家之一。

战后德国被战胜国一分为二，西德被美国驯服，西德史学界对兰克的认识也随之进入后现代的学术话语体系。出生于 1970 年代中期的卡瑟琳·毛瑞尔（Kathrin Maurer）的论文《兰克史书中的文学现实主义修辞》让我们对这一现象有所了解。在她看来，尽管兰克强调历史的客观性和实证性，但他的写作手法采用了文学化的叙述策略，例如名目化的细节描写和营造视觉化的场景，增强了史书叙述的生动性和感染力——兰克史学所关注的重大历史问题不再是史学学者的关注对象。

当然，东德与西德实现合并后（1990），情形又开始有所变化。柏林自由大学古代史教授亚历山大·德曼特（1937—）是当今德国史学界的权威学者之一，1995年12月，他在柏林洪堡大学和图宾根大学分别作了纪念兰克的讲演。仅从讲演文的标题来看，兰克在德国史学史上的历史地位已经不可撼动——感谢德曼特教授授权中译。

德曼特是"二战"前出生的学者，1970年代以后出生的德国史学学者是否还能有他那样的思想视野和理解力，殊难预料。毕竟，真正的思想力量来自承负，或者说基于历史的经验和回忆。兰克史学致力于理解德意志的过去，而非预言德意志的未来，若像德约那样批评他没有预见到美国的崛起，未免求全责备。当然，兰克在九泉之下目睹德国在他离世后的经历，也难免黯然无语。

兰克的政治史学

德文版编者导言

特奥多·席德

兰克的《诸大国》和《政治对话》不仅都首次发表在这位史学家于1832至1836年间编辑、并自己撰写了其三分之二内容的《史学—政治杂志》上。从更深的意义上讲，这两个新作品同属兰克的纲领性著作，兰克在其中探讨的主题正是他毕生所追求。最后，从一个更广泛的意义上讲，它们完美地表达了德国历史学派在全面完善地发展后所体现的精神。从威廉·洪堡（Wilhelm von Humboldt）的"史学家的任务"（1820/1821年）（"Aufgabe des Geschichtss-chreibers"）到这些标志着下一个人类世代伟大史学创造的顶峰，德国历史学派一直在陡峭地上升与进步，直到新的历史深渊在雅各布·布克哈特的"历史研究导论"、他后来所谓的"世界史研究"以及尼采关于"史学对人生的利弊"的卡桑德拉之呐喊中得到了揭示。

但是，即使在历史主义开始丧失坚定自信的时候，《史学—政治杂志》的这两块瑰宝也没有被人遗忘，许多新版本与其主题到近代的延续与发展都证明了这一点。其中一些基本思想对德国的历史政治思想产生了近乎不可思议的影响：外交政策至上的思想（兰克只是没有找到由威廉·狄尔泰首次提出的这一名称）；国家作为"精神实体"的思想（即代表和捍卫不仅仅是外在力量而更是内在原则的个体思想力量）；以及对欧洲政治国家历史之基本规律的直观看法（即一个强国占主导地位后总是遭到所有其他强国的抵抗,从而拯救"普遍的自由和分离",这就是最近被概括为霸权与平衡相抗衡的公式)。

在这一点上,我们将不去探讨这一历史思维所产生的精神力量的根源,以及在兰克身上路德宗历史神学、理想主义认同一致思想和当代现实主义如何交织在一起。这些问题尚未得到妥善解决。笔者想提请读者注意的是,此处所阐发的兰克的基本思想中,没有一个在今天是无可争议的,所有这些思想都或多或少受到了批评:有时是激烈批判,有些甚至被解释为德国精神背离欧洲思想约束性原则的标志。外交政策至上论是后革命复辟时代的纲领,旨在打破以国家内部秩序为中心的思想主导;但在世界范围的内战形势下,国家内部与外部的界限开始模糊,这一理论似乎正在失去立足之地;在极权国家以残暴手段攫取和伸张权力的世纪里,国家精神个体性的理论被根本性动摇;兰克本人所称的民族主权国家对"欧洲共同体"的破坏,似乎也从中得到了现实的辩护依据;最后,正如路德维希·德约(Ludwig Dehio)最近指出的那样,欧洲国家体系总是在不断建立和维系自己的平衡,这使战前时期的德国史学在判断世界政治和德国在其中的作用时陷入了致命的谬误。

如果我们能够采纳格奥尔格·卢卡奇的观点,即不存在有"无辜的"世界观,那么兰克的《诸大国》及其《政治对话》将必然接受严厉的裁决,从而证明他对我们时代的世界灾难同样负有罪责。但是,我们与兰克的时代和兰克本人相距甚远!他不属于那些在十九世纪三四十年代在法国、德国和俄国开始产生,后来摧毁了整个欧洲社会和政治秩序的炸药的颠覆性精神的圈子;在推动十九世纪潜在革命的力量中,社会主义一方几乎完全没有进入他的视野;与民族革命力量相反,他在《政治对话》中主张民族国家原则和"德国在我们心中"的内在民族思想有限的有效性。所有这些都使他看上去属于歌德时代，而他对这一时代的依恋甚至体现在语言的隐喻性上。因此，他将大国视为"实体—精神"个体的思想、他的欧洲平衡思想，甚至他在《政治对话》中再次提出的国家外交政策思想，都不是对未来的纲领性要求，也不是任何一种历史行动主义的表达，而是面对他所处世纪的动态运动的阻滞性的要素，而兰克一生都在以这些要素的各种形式将自己封闭起来。

因此，与其说我们应该从先驱者的角度来看待他，不如说我们应该从在持续革命的时代保存欧洲古老的生活和思想形式的角度来看待他。与托克维尔或布克哈特不同，他还没有陷入对西方世界未来的担忧；也许他是最后一位如此的世界级历史政治作家。毫无疑问，他对权力和大国的描绘没有尖锐的不和谐音，而往往是基于一种美化的角度。但这不能仅仅被理解为一种仁爱和解的情怀和肤浅的和谐化的唯美主义的表达；相反，这种对"真正和谐"的信念（如他对诸大国的素描的尾声）仍然包含着真正的经验内容：通过理性、精神，尤其是通过历史传统的力量来驯服权力的本能是复辟的基本经验，而这一经验只是在 1830 年革命复兴时遭受了可怕的冲击。

即使在七月革命之后，兰克也像他在《政治对话》中所承认的那样，认为欧洲两个因内部体制而交战的敌对党派在意识形态上的对立在根本上不存在；对他来说，"欧洲的共性"依然继续存在，它正体现在各个大国为取得最终和谐而进行的动态博弈中。只有兰克的继承者和后继者才根据实际发展，将其高度提炼和过度精炼的大国博弈学说发展成了具有活力的权力实体之间的对抗；而他关于"道德能量"有效性的观点逐渐变成了纯粹生物意义上的生存与斗争。马克斯·伦茨（Max Lenz）在世纪末的著作中继承了他的老师的工作，并沿用了兰克论文的标题，而在这里人们已经感觉到，笼罩在兰克大国理论上的思想光环正在消逝。但只有在鲁道夫·契伦（Rudolf Kjellen）的"有机"国家与权力理论中，即在1914年的《当今诸大国》（*Großmächten der Gegenwart*）中，这一消逝才彻底显现出来。

相比所有这些尝试，兰克从根本上仍然是旧制度精神的忠实拥护者，只有把他看作前革命世界的伟大继承者之一，才能对他有正确的认识，因为他正是把自己大部分史学著作都献给了前革命世界。如果我们将兰克与在许多方面都与之精神契合的托克维尔相比较，就会发现两人的显著不同：托克维尔虽然对即将发生的事件忧心忡忡，但在《旧制度与大革命》中，他仍努力证明法国作为王室国家为大革命的平定政策做出了准备；而兰克则更注重说明，在大革命和后革命时期，与过去相同的在外交政策层面的追求是如何得到复兴的。他在《诸大国》一书中写道：

> 建立旧势力的倾向是如此强烈，以至于即使在如此可怕的情况下，这些倾向不仅没有被忽视，反而以前所未有的方式得到了贯彻，远远超出了其他国家可以类比的范围。

在这里，对兰克而言重要的是如何开启一个自认为非历史的权力的历史维度，如何将历史体认为政治行动得以开展的基本范畴。只有那些认为国家和民族的命运可以在瞬息间得以决定而无须考虑数世纪之影响的人才会拒绝他的观点。然而，尽管兰克对"世界历史的规律性进程"的信念比由理想主义稀释而成的廉价乐观主义要更为深刻，这一认识也并不会促使我们多么欢欣地接受他这一晦涩难解的信念。但是，如果我们有在末世恐怖的经历中成熟起来的一种全然非理想主义的态度，用这一信念面对"世界历史的秘密"，这难道不也是某种安慰？在这里，我们感到自己与兰克之间隔着一条滔滔江水，我们仿佛听到他的声音来自彼岸，但如果我们不想与自己的起源完全分离从而迷失自我，那么他所勾勒出的世界就是、也必须是我们的世界——

今天，我们会把兰克这两篇论文的艺术形式描述为史学散文。兰克自己称《诸大国》为"史学观点的片段"，而《政治对话》则使用了对话这一艺术手段。两者都指向浪漫主义模式：围聚在《雅典娜神殿》的施莱格尔圈子里的浪漫主义者喜爱"片段"（Fragment），将其视为"浓缩而紧凑的论证和特征"，不亚于喜欢带有好友圈风格的"对话"。在《诸大国》的片段中，兰克也谈到了"我们的精神财产的总和"，即对他十分重要的"整体观"。而在《政治对话》中，他以弗里德里希和卡尔这两个人物来记录他的朋友弗里德里希·萨维尼（Friedrich Karl von Savigny）的名字：后者是历史法学院的院长，并且如证据所显示，很可能是兰克在撰写这篇论文时真正的对谈者。兰克的艺术构思在这里也已经有了强烈的文学性。

在《诸大国》中，历史进程基本规律的发展与时间顺序的描绘巧妙而突出地结合在一起。兰克已经在这里展示了他的史学艺术：他总是能看到运动中的历史现象，因此，在他的历史作品中，我们总能感到仿佛被一条缓缓流淌的溪流所托载。即使是在意图更倾向于概念性的区分和抽象的《政治对话》中，也能感受到这种滑行性的运动。在这里，它上升到了普遍性知识的顶点，这完全符合书中提出的、照亮了历史状况的所有问题的关于历史状况特殊性的学说，这一学说在描绘国家时以"精神本体、人类精神的原始创造""上帝的思想"等面貌出现在我们眼前。从这里开始，正如兰克自己所说的，我们再次"从普遍性的沉思中稍稍走出"，以再次回到历史性的时刻。

当然，两部著作的思想方案是不同的。《诸大国》勾勒出了历史实质本身的轮廓：兰克描绘十六世纪以来欧洲国家体系的历史，有时用个别的、往往只是暗示性的笔触勾勒，有时则用更多的色彩描绘，但总是让人看到一个整体。令人惊叹的是，兰克后来的整个史学都是根据这幅素描勾勒出来的。可以毫无保留地说，这其中包含的观点没有一个未经加工，但几乎没有一个判断是经过修改的。而在《政治对话》中，被谈论的不是事件，而是对谈者对事件的沉思。但两者的话题是相同的：国家的历史、现实和精神个性，国家的生命法则与生命形式，外部环境对国家本质的解释必须占据的首要地位。与历史素描相比，当代背景、也即是公论家兰克的偏见和时限性在《政治对话》中变得更加清晰。从后者中，我们听到了对"一般政治"、对立宪自由主义建立普遍有效的宪法规范的主张的反驳。对兰克而言，正如他曾在其他地方说过的那样，这些规范只是"某种对异己存在的抽象"。

如果将兰克的论文与同时代达尔曼（F. C. Dahlmann）的《回归具体状况之根基与尺度的政治》（*Politik auf den Grund und das Maß der gegebenen Zustände zurückgeführt*）（1835年）等作品并列，就能更好地认识到兰克论文中特定的复辟性。前者并不拥护一种极端的自由主义教条，而是展现了一种对与历史传统和解的努力。然而，在《政治对话》中，我们突然从复辟时期的思潮进入了永恒的价值观领域，我们突然遭遇了一些自发出现的深刻的智慧之言：它们其中许多已成为史学家语录宝库的一部分，但人们往往并未充分认识它们的由来。我们应该根据它们出现的语境反复阅读，以便领悟伟大的历史世纪的精神和历史精神本身。这一精神在我们这个世纪的永恒性和存续性——尽管我们常常对它表示怀疑——将由我们在多大程度上仍然能够听到兰克的历史语言来证明——

这些简短的评论必然只是对兰克整个精神宇宙的浓缩，最后，我们要提及这两篇论文的文本史。1833年，《诸大国》首次出现在《史学—政治杂志》第 2 卷的开头，1872 年，兰克本人在《全集》第 24 卷中再次发表了这篇论文。除了文体上的细微改进，全文保持不变；只有在结尾处删去了几句"属于文章发表时的争论"。我们不清楚究竟是什么促使兰克这样删减，但可以将其解读为一种谨慎考虑，即不要冒犯战败的法国对手。更大的动机则可能是认识到德国自我意识的增强——这使得兰克可以删去呼吁"发展我们自己的民族性"以对抗其他民族优越性的部分（例如"力量必须与力量相对立"一句）。

不可否认，删节后的结论本身更集中有力而收束了全文，这首先是因为此节是如此开头的："世界历史并不像乍看起来那样偶然地呈现出国家和民族的混乱、无序和更替"——结尾则是"世界历史的秘密"。然而，我们这一版呈现的是更加接近其创作时间的第一个版本。《政治对话》发表于 1836 年《史学—政治杂志》第二卷第四期，也是最后一期。这份温和保守主义的新闻刊物在经历了并不成功的出版生涯后不得不停刊。兰克去世后，阿尔弗雷德·多夫（Alfred Dove）于 1887 年将这篇文章与该杂志的其他文章一起重印，收入《兰克全集》第 49/50 卷。

此后，这两部著作多次再版，如 1916 年由 Insel-Bücherei 丛书出版的 *Große Mächte*，1924 年由迈内克（Friedrich Meinecke）在同一丛书中出版的 *Politische Gespräch*，后者还附有一篇出色的序言，该序言还被收录在迈内克的论文集《论历史的意义和论史学的意义》（*Vom geschichtlichen Sinn und vom Sinn der Geschichte*，1939 年）中。后来，1925 年由 Erich Rothacker、1941 年由 Heinrich von Srbik 再次收入 Insel-Bücherei 丛书；这两部著作与其他著作一起由汉斯·霍夫曼（Hans Hofmann）收入克罗纳（Kröner）版兰克选集的平装本"历史与政治"中。

诸大国

（1833）

  研究与阅读其实与我们对一次旅行的感知，与我们的生活经历别无二致。无论我们享受的那些细节多么吸引我们，无论我们如何从中受益，它们都将随着时间流逝隐没在背景之中，逐渐模糊，最终消失殆尽。而只有那些我们在这一处或那一处获得的宏大印象，只有那些不由自主，或是通过聚精会神的观察而在我们脑海中产生的总体直观才会留存下来，并增长我们精神财富的总量。被享受的此在的最为重要的时刻在记忆中汇聚起来，构成了后者鲜活的内容。

  自然，在阅读了一本重要著作后，只要有能力，我们也应该条分缕析地呈现相同的结果，并再一次纵观较为重要的段落。对包罗万象的研究进行总结有时的确是明智的。而我则更进一步，邀请读者在关联中想象一个漫长历史时期——过去这一个半世纪——中发生的事件。实际上，我们只有通过各种各样的努力才能认识它们。毫无疑问，对于单个历史时刻在其真实性和特殊发展中的直观，在史学中具有不可估量的价值；特殊中孕育着普遍。我们从不拒绝从自由立场统观整体的要求，也一直以不同的方式为此努力着；由此，从单个感知的多样性中，一种关于其整体的观点便不由自主地出现了。

  而现在，要在有限的篇幅内恰当地说明这一点，并希冀得到读者的赞同，这个任务相当困难。尽管如此，我愿意为之一试。

我想，开始这份杂志①最新一期的最好方法，无疑是能够撼动一些关于近代历史形成过程的相当普遍的错误，无疑是能够相比平时更为清晰和确凿地直观我们身处的历史时刻。我若敢于如此尝试，便不能涉及太广。当然，广阔的视角对于世界史的写作是必须的；然而我只有意把握那些重大事件以及不同国家外交关系的进程。而这些事件对国内事务又会产生最为多元的作用与反作用力，因此，对于国内事务的启示也包含在这些事件中了。

路易十四时代

在十六世纪，欧洲的自由取决于西班牙和法国的对峙和平衡。这两个国家如若一方得胜，另一方便避逃。不幸的是，法国在一段时间内遭到了内战的削弱和破坏。因此，人们热烈地欢迎亨利四世（Heinrich Ⅳ），②不仅是因为他终结了法国的无政府状态，更是主要因为他带来了重建稳固的欧洲秩序的希望。然而，由于法国在荷兰、意大利以及伊比利亚半岛处处给西班牙以致命打击，且在德意志战胜了后者的同盟国，它夺取了相比自身鼎盛时期更具优势的地位。

让我们想象一下欧洲在 1680 年前后的情况。法国，一个如此适合且长久以来已经习惯于在骚乱中维持欧洲秩序的国家，由一位完全理解如何领导国家的国王统治。那些长久以来反抗国王

---

① ［译注］《史学—政治杂志》（*Historisch-Politische Zeitschrift*）的第二期。

② ［译注］亨利四世（Henri le Grand，或 Henri de Navarre，1553—1610），法国国王，法国波旁王朝第一位国王，1589—1610 年在位。

的贵族最终臣服，并以同等的热情在宫廷和军队为国效力，而神职人员也与国王结盟一道反抗教宗。法国从未如此团结而强大。为了纵观当时的力量关系，我们还需要记起，当皇帝组建起首支常备的步兵和骑兵时，路易十四在和平时期已经拥有 100000 人的守备部队以及 14000 人的近卫军。当英国海军在查理二世①末期逐渐衰落之际（1678 年，英国海军仅拥有 83 艘军舰），法国海军则于 1681 年②在第一、二队列拥有了 96 艘巡洋舰，此外还有 42 艘驱逐舰，③ 36 艘小型战舰和数量充足的火攻舰。④ 路易十四的军队最为精良且适战，他的军舰也是建造精密。没有其他任何一位国王拥有可用于攻防的如此坚固的壁垒。然而，法国战胜西班牙，靠的不仅仅是军事力量，更是政治和结盟。法国人将他们以此取胜的关系发展为一种绝对的统治权。

让我们首先观察北方和东方。1674 年，瑞典在没有准备、没有资金、没有正当理由的情况下发起了一场战争，只是因为法国的一句话和对后者资金援助的信任。约翰·索别斯基⑤登上波兰王位被官方报纸描绘为路易十四的胜利。国王和王后在很长一段时间内是法国利益的代表。既然已无法从维也纳下手，匈牙利的不满情绪便首先通过波兰得到支持。法国使这股力量与土耳其建立了联

---

① ［译注］查理二世（Karl Ⅱ, 1630—1685），英国国王，1660—1685 年在位。

② 伏尔泰估计，1681 年，法国在土伦港共拥有战船 198 艘，橹舰 30 艘，这是此年康塔里尼报告中的数字。参 Voltaire, *Siècle de Louis XIV*, Ⅱ, S. 139。

③ 十七世纪出现的一种战船类型，更易驾驶，速度更快。

④ 装填有易燃、爆炸性材料的海船。在战斗中先被点燃，之后冲入敌方船队。

⑤ 索别斯基（Johann Sobieski）在与土耳其的战斗中获胜，历经长久的王位纷争后，于 1674 年加冕为波兰国王约翰三世（1624—1696）。

系，因为前者历来能通过惯常手段不受干扰地对土耳其政府①施加影响。所有一切都形成了一个体系。法国外交政策的一个主要考虑便是维持波兰与土耳其的和平。为此，鞑靼可汗（Tatarkhan）②也被牵涉进来。此外，法国还要保证瑞典不受俄国的入侵。威尼斯大使康塔里尼③曾在1681年提到，俄国一有打算进攻与法国结盟的瑞典，土耳其就会以军力威胁袭击沙皇的国土。这足以表明，这些相距甚远的国家之间的战争与和平实际上取决于法国。我们知道，这个外交体系是如何主要通过瑞典影响德意志的。而即便没有这一体系，我们的祖国也处于分裂和虚弱的状态。巴伐利亚（Bayern）和普法尔茨（Pfalz）都通过联姻与法国宫廷紧密相连，几乎所有王侯都在某一时间内得到法国的财政补助。科隆选帝侯④则因一则他以无数假协议⑤掩盖起来的正式条约而将他在诺伊斯（Neuß）的要塞拱手让与法国。

欧洲中部和南部的情况与之类似。有超过两万瑞士人在法国军队中服役，而在法国或明或暗的强大影响下，瑞士议会（Tagsatzungen）⑥所谓的独立性更是不值一提。黎塞留占领了皮

---

① 奥斯曼帝国的领导机构。
② （克里米亚）鞑靼统治者的称号。
③ 阿尔韦瑟·康塔里尼（Alvise Contarini，1601—1684），威尼斯总督，1676至1679年于路易十四的全盛时期任职于法国宫廷。
④ 指科隆的马克西米利安·海因里希（Maximilian Heinrich von Köln）。
⑤ 参见 *Bei Flassan Diplomatie française*，Ⅲ，S. 400。兰克在这里引用的法国外交官与史学家弗拉桑（Jean Baptist de Raxis de Flassan）（1760—1845）的作品，全名是：Histoire génerale et raisonée de la diplomatie *française*, 6 vol., Paris 1808.
⑥ 瑞士各州使者在联邦形式下召开的集会，这一形式一直延续到1848年。

内罗洛（Pinerolo）① 以夺取意大利的门户；更为重要的是卡萨利（Casale），② 后者的失守将直接威胁到米兰（Mailand）和热那亚（Genua）。人人都能看到，如果这一要塞落入法国人之手将引致何等的危险。然而在路易十四与曼托瓦公爵③关于此地的漫长谈判过程中，没有人敢真正反抗——尽管这谈判历时长久。最终，法国人还是接管了卡萨那。像曼托瓦公爵一样，其他的意大利王侯大多都臣服于法国。萨伏伊女公爵和比利牛斯山另一边的葡萄牙女王侯都是法国人，红衣主教德伊斯忒（Kardinal d'Estrées）对两人拥有毋庸置疑的影响力，以至于人们说他专断地统治了这两位女王，并经由她们控制了相应的领土。④ 然而我们应当相信，法国对自己的对手，奥地利的哈布斯堡王室，也产生决定性的影响，并在与后者的斗争中获得了支配性地位吗？法国懂得分离自

---

① 黎塞留（Armand Jean du Plessis de Richelieu, 1585—1647），法国政治家、红衣大主教。1630年，法国出兵夺取意大利北部都灵小镇皮内罗洛。

② 1681年9月30日，法国占领意大利北部小镇卡萨那，斯特拉斯堡于同日被占领。

③ [译注] 这里指最后一位曼图亚公爵费迪南多·卡洛·贡扎伽（Ferdinando Carlo Gonzaga, 1652—1708）公爵。

④ 萨伏伊女公爵（Herzogin von Savoyen）即安娜·玛利亚（Anna Maria），奥尔良大公（Herzog Phillip von Orleans）的女儿；葡萄牙女王侯（Königin von Portugal）即玛利亚·弗朗西斯卡（Maria Francisca），尼姆大公（Herzog Karl Amadeus von Nemours）的女儿。威尼斯总督康塔里尼说过，"国王与萨伏伊女公爵一道是为了维持主权而非通信。皮内罗洛并不能给他任何自由"。红衣主教德伊斯忒即恺撒·伊斯忒（Cesar d'Estrées, 1628—1714），拉昂大公，1682年起，伊斯忒红衣大主教（1628—1714）成为法国在意大利各国、巴伐利亚、萨伏伊和西班牙的大使。

己在西班牙和德意志的政治路线。西班牙的年轻国王① 与一位法国公主联姻，不久后，法国大使便在西班牙内务中获得了影响力。西班牙当时拥有的最为重要的人物，奥地利的第二唐·璜被法国人败坏了名声，最终在不义中死去。② 不仅如此，即使是在战事中，法国人也在维也纳秘密地取得了立足点。只有在这样的前提下，我们才能理解维也纳内阁政治的波动。蒙特库科利③曾抱怨说，帝国战争委员会的命令总是先抵达凡尔赛，之后才到自己的司令部。

面对这种境况，英格兰比起其他的欧洲国家，更有反抗法国人的使命，而也只有它拥有所需的力量。然而，我们也知道，查理二世通过政治与爱情、奢侈品与宗教、利益与阴谋等多种多样的动机，是如何以特殊的方式与路易十四联系起来的。然而对于

---

① 西班牙的查理二世（1661—1700），与奥尔良的路易丝（Maria Louise von Orleans）联姻。

② 第二唐·璜（der zweite Don Juan d'Austria, 1629—1679）是菲利普四世（Philipps Ⅳ, 1605—1665）和女演员玛利亚·卡尔德隆（María Inés Calderón, 1605—1678）的私生子，1656年至1659年担任西班牙荷兰总督，后执掌阿拉贡王国，1675年被同父异母兄弟西班牙国王查理二世召为首席大臣。因与父亲的遗孀、奥地利女王玛丽·安娜之间的恩怨，他在1677年发动宫廷政变，流放玛丽·安娜，并控制了查理二世的政体，但两年后便去世。此时西班牙帝国的国运开始衰落，但他仍然是受欢迎的英雄。
第一唐·璜（Don Juan de Austria, 1547—1578）是神圣罗马帝国查理五世的私生子，后来成为其同父异母兄弟、西班牙国王菲利普二世（查理五世的继承人）手下的一名军事将领，战功卓著，在勒班托海战（1571）中担任神圣同盟舰队司令时，年仅20岁。

③ 蒙特库科利伯爵（Raimondo Montecuccoli, 1608—1680），奥地利名将，出生于意大利勃艮第贵族家庭，1649年起任哈布斯堡王朝陆军元帅，1668年起任维也纳宫廷战争委员会主席，1664年在圣哥达战役中击败土耳其，指挥奥地利哈布斯堡王朝的军队达半个世纪之久，是十七世纪除杜伦尼（Turenne, 1611—1675, 又译"蒂雷纳"，法国波旁王朝军事家，法国历史上的六位大元帅之一）外最重要的军事家。

法王而言，这些联系还不够稳固。此时，他正热心于将议会最重要的成员招揽过来。这些人具有独立与共和的思想倾向，路易十四因而只能利用以下的手段——法国大使保罗·巴里荣①曾如此描述过一位议员：

> 我所陈述的理由并不能使他信服，但我给他的金钱却使他归顺。

由此，路易十四也将英格兰收入麾下。如果英王与路易十四疏远，他的议会就会反抗他；而只要议会为反法的民族敌视情绪留出空间，国王又会起身反对。路易十四政策的核心，如同巴里荣的表述，正是阻止英国人的联合，阻止国王与议会的和解。他完全取得了成功：英国的力量被完全抵消了。

于是，在法国人的面前，整个欧洲都处于分裂和无力的状态——正如一个威尼斯人所说，没有心脏，也没有了勇气。而当路易根据议会的议案在梅斯建立统一法庭（Reunionskammern），② 并在廷前传唤有势力的诸侯，以决定国家协议所保证的他们对于土地和人民的权利以及对于自己法庭的私权时，这又是一种怎样普遍

---

① 保罗·巴里荣（Paul Barillon d'Amoncourt, 1630—1691），法国外交官，1677 至 1689 年为法国驻伦敦大使。

② ［中译编者按］十七世纪下半叶，法国国王路易十四提出所谓"统一"（réunion）政策，即宣称神圣罗马帝国的几处西部领土与法国主权下的某些领土有法律上的联系，因此应该"重新统一"在法国领土之内。为此，法国发动了所谓的"统一战争"：1667—1668 年针对西班牙、1672—1679 年针对荷兰。夺取阿尔萨斯大部那年（1679），路易十四在法国自 1559 年以来夺取的梅斯（Metz，法国东北部摩泽尔河畔城市，以前曾是洛林公国首府，1552 年被法国夺取）、布莱萨赫（Breisach，莱茵河上游小镇，位于科尔马和弗莱堡之间，1638 年被法国夺取）、贝桑松（Besancon，法国东部城市，以前曾是贝桑松大主教区所在地，1678 年被法国夺取）、图尔奈（Tournai，

的绥靖政策啊！而德意志帝国眼看斯特拉斯堡（Straßburg）被法国人以一种暴力且违反事物天性的方式夺走，这又是何等境况！请允许我说明一位异国人亚瑟·杨在阿尔萨斯（Elsaß）的征服后很久所给出的描述。他在一篇游记中写道：

> 当人们阅读历史时，往往不会留下深刻的印象。而我从法国来，先爬上高山，又走入了一片居住着一个与法国人的习俗、语言和起源完全不同的民族的平原（这片平原当时被占领），这一切都给我留下了深刻印象。①

德意志接受了这一屈辱，并与法国达成了停战协定。还有什么是路易十四不会做的呢？我并不想停下来叙述他如何折磨了热那亚，如何不顾教宗而允许他的大使带兵进入罗马。② 他甚至连自己

今比利时西南部城市，1645 被法国夺取，后来又归还荷兰，1794 年，拿破仑再次夺取，1815 年又再次归还荷兰）设立所谓的"统一法庭"，凭靠中世纪的封建关系条约认定这些地区的所谓历史归属，以法律程序方式确认法国对这些地区拥有治权，进一步落实 1648 年的《威斯特伐利亚和约》和 1678/1679 年在荷兰的奈梅亨（Nimwegen）签订的一系列和约（路易十四还打破国际惯例，首次用法文代替拉丁文书写国际条约）。

路易十四设立的"统一法庭"不过是为领土扩张披上法律外衣，其合法性即便在当时的法国已经引起争议。因为，《威斯特伐利亚和约》以及《奈梅亨条约》确认割让给法国的领土时，并未承认它们在历史上属于法国。此后，法国继续"统一战争"：1683—1684 年针对西班牙、1688—1697 年针对奥格斯堡和维也纳联盟。

① 亚瑟·杨（Arthur Young，1741—1820），英国作家、农艺学家，著有《实验农业教程》《从英格兰南部到威尔士的游记》等。兰克引用的是他的《法国游记》（Travel in France, 2 Bde., 1792—1794），引文为兰克的意译。

② ［译注］1681 年 9 月 17 日，法国海军炮击热那亚。法国大使带兵进入罗马在 1687 年。

的朋友都不放过。他侵占了属于他的老同盟,瑞典国王的茨魏布吕肯。① 他的海军上将占领了基俄斯岛,因为的黎波利塔尼亚的海盗在此地猖獗,而完全不顾土耳其人同是他的盟友。② 在英法两国难得的和平时期,他依然出兵占领了英国哈德逊湾公司的几座城堡;③ 他拒绝给予波兰王后(Königin von Polen)④ 一笔微不足道的赔偿。在通过钱财或支持结交朋友之后,路易十四便翻脸无

---

① [中译编者注] 茨魏布吕肯(Zweibrücken),德意志西南部公国,十二世纪以来隶属神圣罗马帝国。1557 年,茨魏布吕肯公国的沃尔夫冈公爵促使公国改宗路德教,1635 年 4 月,帝国将领马蒂亚斯·加拉斯(Matthias Gallas,1588—1547)奉命率领军队镇压,城市遭到严重破坏。1677 年,法国军队占领该城,1681 年被纳入法国"统一政策"地区(直至 1697)。

② [中译编者注] 法国海军上将魁内(Admiral du Quesne,1604—1688),荷兰战争期间,他在地中海与西班牙—荷兰舰队作战,包括在巴勒莫附近的海战。基俄斯岛(Chios)位于爱琴海东部,距小亚细亚西岸约 8 公里,据说是荷马故乡。黎波里塔尼亚(tripoitanisch)位于非洲北部临地中海(今利比亚的黎波里),1553 年,奥斯曼土耳其人从阿拉伯人手中夺取该岛。

③ Adam Anderson, *Historische und chronologische Geschichte des Handels: von den ältesten bis auf jetzige Zeiten*, J. P. Bamberger 德译,7 Bde., Riga, 1773—1779, Ⅵ, S. 139。[中译编者注] 哈德逊湾公司(Hudsonsbay)在 1670 年经英王查理二世的皇家特许状注册成立,授予在加拿大东北部的大型咸水湖哈德逊湾(Hudson Bay)周边土地——鲁珀特之地(Rupert's Land)独享从事毛皮贸易的权利。这片领地面积约 123 万平方公里,位于今加拿大安大略省北部、魁北克省西部、马尼托巴省东北部和努纳武特地区东南部。在长达近 200 年的时间里,哈德逊湾公司一直是鲁珀特之地事实上的政府,直到 1869 年才根据《1868 年鲁珀特领地法案》将该领地的控制权移交给加拿大。在其鼎盛时期,该公司控制了英国和后来英国控制的北美大部分地区的毛皮贸易。

④ 玛丽亚·卡齐米拉王后(Maria Casimara Louise,1641—1716),法国贵族 Marquis Heinrich d'Arquien 的女儿,波兰史上最迷人的女性之一,嫁给波兰—立陶宛联合王国国王/大公约翰三世·索比斯基(John Ⅲ Sobieski,1629—1696),成为波兰王后和立陶宛大公夫人。

情并以此为乐。他或是为了向他们证明,他根本不需要他们;又或者坚信,单单是对他的不满的恐惧便足以让他们臣服。在任何谈判中,路易十四都想让对方感受到自己的优势。他曾如此提到自己的一位外交部长:

> 我必须疏远他,因为所有他经办的事务都缺乏那种处理伟大的法兰西国王的命令所必须展示出的庄严与强势。①

人们可能会认为,这种冲动倾向正是他的战争欲。然而,很难说他身上具有一种过分的土地贪欲,这里所说的并不是一种广泛蔓延的征服。正如战役本身只是宫廷活动的一部分——召集军队,举行游行,万事俱备,战争胜利,国王的军队挺进被征服的城市,之后班师回朝——他最喜爱的反而主要是这种凯旋的荣光,这种来自宫廷的钦慕。对他而言,重点不在于征服或战争,而在于这些行动在他周围播散的荣耀。不!路易十四寻求的不是一种自由、宏大而永恒的名望,他只想得到他周遭环境的尊敬与效忠,这于他便是此生和千秋万代的宏业。

然而,整个欧洲的境况并未因此得到半分改善。如果存在一个最高统治权,那么这个权力至少要是合法的。那种时刻以专横独裁扰乱了平静状态的事实意义上的不合法性,将会消解欧洲秩序的根基和发展。我们常常忽视,欧洲正是因其合法和合乎法制的本质,才得以区别于在世界历史中出现的其他国家。诚然,世

---

① 阿诺德·庞彭(Arnauld Marquis de Pomponne,1618—1699)自1671年起任路易十四的外交部长,1679年的《奈梅亨和约》后被解职。这一段落最早见于伏尔泰的《路易十四时代》(Voltaire, *Siècle de Louis XIV*, Bd. II, f. 99),关于路易十四的性格,参见兰克的《法国史》(*Französische Geschichte*, Bd. 4, SW. Bd. 11, S. 226ff. 以及 S. 291ff)。

界运动再次摧毁了法的体系，但当运动平息，这一体系又会重新得到树立，而一切努力正是意指它的完善。

而这并不是唯一的危险。另一个同样重大的危险在于，一个民族如此决定性的统治性影响难以允许其余民族得到独立发展，特别是这一影响还得到了其文学优势地位的支持。意大利文学已经完成了它独特的发展轨迹，英国文学还不具备普遍的重要性；而德意志文学在当时还不存在。轻盈、闪耀而鲜活的法国文学——具有严谨的规则和形式，既具备民族特征又能被全世界理解——则在此时开始统治欧洲。有趣的是，在促使语言成型的学术院词典中，尤其充斥着大量狩猎与战争的表达，正如它们在宫廷的使用一样。然而，我们不能否认，这一文学完全符合并支持国家获取最高统治权的要求。巴黎成了欧洲的首都，没有任何城市可以与之媲美：它统治着语言、习俗，牢牢把握了上层社会和各个强有力的阶级。巴黎成了欧洲共同体的中心。尤为特别的是，法国人当时就已经在世界面前歌颂自己的宪法了：

> 法国在法王麾下的这种受到悉心保护的臣服状态是无比幸福的，而这正是因为法王首先努力确保以自己的勇敢与理智统治世界，并将世界带入真正的统一之中。①

如果我们设身处地回到那个时代，便会发现，这是一种多么阴暗、局限而痛苦的境地啊！英格兰斯图亚特王朝的错误路线可能会取得统治地位，以至于未来很长时间内英国政策都将受到法

---

① 兰克引用的段落来自史学家 Christian Friedrich Rüh（1781—1820，1810 年任柏林大学教授），*Historische Entwicklung des Einflusses Frankreichs und der Franzosen auf Deutschland und die Deutschen*, Berlin: 1815, S. 234。

国政策的束缚。在《奈梅亨和约》(*Frieden von Nimwegen*) 之后,① 为使路易十四或他的皇太子被选为罗马皇帝,发生了最为激烈的谈判。路易十四取得了重要人物的支持:"只有这位信奉基督教最为虔诚的皇帝才有能力重现帝国昔日的荣光。"而在有利条件下,倾向于路易十四的选举结果并非全无可能。如此一来,如果此后西班牙皇权落入了这一家族的某位王子手中,该如何是好呢?如果法国文学同时有能力发展新教和基督教文学,那么法国人的国家和精神必然会征服整个欧洲。如果我们设想回到那个时代,时人怎会相信,如此不幸的转折将会被遏制呢?

较小的力量可以联合起来对抗力量和政治优势的增长。他们缔结了联盟,欧洲平衡的概念由此产生:许多其他力量的联合必须服务于压制法国宫廷过分的狂妄。反抗的力量在荷兰和威廉三世 (Wilhelm Ⅲ) 周围汇集起来。人们凭借共同的努力抵御进攻,发动战争。而若要说服自己这就是补救的方法,自然是妄谈。尽管有了欧洲同盟和一次反法战争的胜利,波旁人依然成了西班牙和印度的国王。在此后的发展中,王朝的统治甚至拓展到了意大利的一部分。

在巨大的危险中,人们往往相信天才人物的指引,认为此人能够保护欧洲不受片面而暴力的统治的戕害,能够一面对抗压迫,一面对抗其他国家的反抗,能够在数十年间不断收紧的总体关联中,幸运地拯救普遍的自由和个体的发展。由于法国的优势源于武装力量的优越性和内部的强大,因此若要对抗法国,不同力量也需要重新汇集起来或者被提升,以实现独立力量和普遍意义的内部统一。下面,就让

---

① [译注] 结束法荷战争 (1672—1679) 的一系列条约,1678—1679年间,法国及其盟国瑞典分别与荷兰、西班牙、神圣罗马帝国、丹麦订立条约,大部分在荷兰的奈梅亨 (荷兰语 Nijmegen,马斯河和瓦尔河地区的东部,今荷兰和德意志交界处) 签订。

我们凭借线索粗略回顾一下，这一切是怎样发生的。

英格兰，奥地利，俄国

英格兰首先意识到了自身的力量。我们看到，由于路易十四同时操纵着查理二世和议会，并时而让一方、时而让另一方赞成自己的意图，这一感觉至今一直受到压制和破坏。然而，相比查理二世，路易十四与詹姆斯二世①的关系则要亲密得多。他们首先在宗教倾向即集体虔诚上达成一致。詹姆斯二世促进天主教的引人注目的态度，正是残忍迫害新教徒的路易十四所希望看到的。而当詹姆斯迈出了拘捕主教这决定性的一步时，路易的赞扬之情喷涌而出，而英国使节则无法充分表明，他是怀着何等的恳挚之情自告奋勇提供任何可能的帮助。然而，正是詹姆斯的这些行为令人民（因为英国教会受到了攻击）和贵族的力量同时反抗他们的国王和法国人。斯图亚特王朝输给了一次宗教的、民族的、以及为了受威胁的欧洲利益而采取的行动。

这次运动的领导者是迄今为止一切反法事业的灵魂人物威廉三世。新王和他的议会组成了同一个党派。他们之间虽有激烈的争论，但长期来看，或从主要问题上看，他们根本不会分裂，尤其是他们共同经历的对手是如此强大。迄今为止，各个党派为了从相对立的观点出发攻击对方，走向了不同的阵营；此时它们被要求既能自由地与对方争论，又能与彼此达成平衡。由此，他们的争论反而成了宪法鲜活的酵母。

---

① ［译注］詹姆斯二世（James Ⅱ，1633—1701），英国国王，1685—1688 年在位。

将法国的境况与之进行对比并非毫无意义,两者存在许多共同之处:在法国和英国,贵族群体均掌握了暴力。由于宗教,两者都享受着一种排他的合法性,只是一方是天主教,另一方是新教。这其中便产生了最为重大的区别:在法国,一切的核心都是一个发展富足但礼俗败坏的宫廷生活的单调和对这种宫廷生活的屈从与依附;在英国,则是两个装备精良、势均力敌的党派在一个范围限定、界限分明的区域内展开的一种强力搏斗,一种政治竞赛。在法国,那种以暴力培植起来的宗教虔诚很快就转变为自己的对手。在英国,这种情况则形成了一种虽受限、却在整体上刚强自觉的宗教性,从而克服了它的一切对手。法国因国王奸诈且充满野心的行动而流血,英国的血管中则充溢着年轻的力量。英国的民族力量宛如一股溪流,在深山间开辟翻腾出深而窄的河床;溪流流出山脉,进入平原,从而能骄傲庄严地统治这平原、承载无数船舶的航行,并见证自己两岸繁华城市的建立。而此前一直是国王与议会争论焦点的征税权,如今开始将双方紧密地团结在一起。

查理二世在其统治的 25 年间征收了 4300 万英镑,而威廉在 13 年间则征收了 7200 万英镑。增长是多么显而易见!赋税的提高反而出于自愿,因为人们看到,他们缴纳的收成不再用于购买少数宫廷贵族的奢侈品,而是服务于民生。此时,英国海军的优势也不容置疑。1678 年,王室海军达到鼎盛:① 包括火攻舰在内,共有 83 艘战舰,配备的海军人数达到 18323 人。1701 年,包括火

---

① 数据来自 Samuel Pepy, *Memoirs relating to the State of the Royal Navy of England for ten years determined December 1688*, 1690; 以及 F. Hervey, *Geschichte der englischen Schiffahrt* ("The Naval History of Great Britain ⋯ to ⋯ 1779. Describing Particularly the Glorious Achievements in the Last War", 5 vol., 1779), Ⅱ, p. 111. 317 der Üb.

攻舰和小型船只在内，从第一等级到第六等级，舰数达到 184 艘，配备海军总人数达到 53921 人。若邮政收入也可以充当内部交通的标准之一的话，① 这一方面的增长也十分惊人。1660 年，邮政收入共 12000 英镑，1699 年则达到了 90504 英镑。

我们同时也能看到，英国参与西班牙王位继承战的根本动机，② 其实是对法国和西班牙联合夺取英国与荷兰的西印度贸易的担忧。即便辉格党（Whigs）对于最终缔结的和平的激烈指责属实，③ 和平本身仍战胜了这一恐惧。英国夺取了直布罗陀海峡这一事实最能描绘它对波旁王朝的优势：当英国自己的殖民地在飞速扩张时，它甚至通过条约建立了与西班牙殖民地的交通。荷兰旧日的海上荣光在英国面前黯然失色，正如加尔各答（Kalkutta）在巴达维亚面前一样。④ 对

---

① 参 Adam Anderson，前揭，Ⅵ，347。

② 西班牙王位继承战争（1701—1714），法国波旁王朝与奥地利的哈布斯堡王朝为争夺西班牙王位而引发的大战，参战国有英、法、荷、奥等国。

③ ［译注］法国与英国、荷兰、萨伏伊、普鲁士以及葡萄牙与 1713 年 4 月 11 日在乌特勒支签署的和约。

④ ［中译编者按］雅加达（Jakarta）最早的定居点位于芝利翁河（Ciliwung River，又译"吉利翁河"，发源自西爪哇高地，注入雅加达湾）河口，大约建于公元五世纪，名为巽他格拉巴（Sunda Kelapa［椰林密布之地］）。1527 年，万丹苏丹国（the sultan of Bantam）创立者法里塔汉（Fatahillah）以伊斯兰教圣战为号召，组织武装力量在此击退葡萄牙人，并将此地称为 Jayakerta［光荣要塞］。1619 年，荷兰人攻占并夷平了这座城市，随后在此地建立起荷属东印度群岛首府，名为巴达维亚（Batavia）。当时城市的大部分活动都围绕要塞和公司仓库展开，有点像典型的荷兰小镇，运河纵横交错。1815 年拿破仑战争结束时，英国短暂控制过该城，城市范围扩大到南部地势较高、环境较好的地区，成为新殖民政府的所在地。20 世纪 20 年代，该城开始走向现代化。1941 年，日本夺取印度尼西亚，该市被重新命名为雅加达。战后，盟军将这座城市归还给了荷兰人，1945 年 8 月，印尼民族主义者宣布独立，但直到 1949 年 12 月才实现独立，雅加达被正式宣布为国家首都，而荷兰语中的巴达维亚则一直是国际通用名。

此，弗里德里希大王（Friedrich der Große）就曾注意到，荷兰紧跟它的邻国，正如舰艇旁的舢板。与汉诺威（Hannover）的联合则给英国增添了一份全新的大陆的，然而反法色彩同样浓厚的利益。

在这一伟大的运动中，英国文学首先取得了对欧洲的影响，并与法国文学展开竞争。英法两国具有不同倾向的自然研究与哲学给欧洲大陆带来了一种全新且独特的世界观，在这一世界观下，征服世界的精神得以自我表达和反映。即便说"当时艺术与诗学完满永恒的纪念碑式的创造都属于英国"过于夸大，当时的英国也的确拥有天才，更何况它早就拥有至少一位伟大的作家。① 欧洲从现在才开始了解他经久不衰、历久弥新的作品。如果说英国人在一段时间内并没有鄙弃法国的形式，那么现在人们终于能在最杰出的法国人身上看到英国精神和科学的影响了。如此一来，路易十四本想通过政治或宗教影响使英国臣服，却反而促使英国更加强大、卓越而危险，一切都出乎他的意料。这根本性地改变了一切海上关系以及西欧的一切力量关系。

与此同时，欧洲东部也发生了变化。我并不赞同将德意志的奥地利称为一股旧势力。在中世纪若没有皇权，奥地利便不值一提。此后，奥地利被西班牙王朝控制，并处于后者的阴影之中。在十六世纪末，由于宗教分裂和不同农业中阶层的世袭合法性，奥地利被剥夺了全部的外交声望。三十年战争初期，只有德意志军队能为皇帝重新夺回继承地。就连华伦斯坦为费迪南二世带去

---

① ［译注］指英国十七世纪著名诗人约翰·弥尔顿（John Milton, 1608—1674）。

的荣耀也转瞬即逝：它们再也唤不回强盛的昔日！① 自此，奥地利各行省的都城是多么频繁地受到瑞典军队的威胁啊！

然而即便是当时，奥地利哈布斯堡王室历经敌手的歼灭、追随者的起义以及天主教信仰的最终稳固，也成功地在内建立起自己的力量——这是它迈向近代荣耀的第一步。通过重新征服匈牙利，奥地利才成为了欧洲一股独立且重要的力量。只要奥芬（Ofen）还在土耳其人的控制之下，法国就可以随心所欲地对土耳其政府施加影响，② 从而威胁甚至危及奥地利的安全。尽管法国没有推动卡拉·穆斯塔法在1683年发起的远征，③ 它至少也是知情的。法国的意图并不是破坏德意志或基督教，它无力达到这一目的；然而它却想要夺取维也纳，并让土耳其将势力范围拓展到莱茵河一带。到那时，路易十四将成为基督教唯一的保护伞。在这样一场混乱中，他自然也希望支配甚至是自己登上德意志的王座。

---

① ［译注］阿尔伯莱希特·华伦斯坦（Albrecht Wallenstein，1583—1634），出生于波希米亚（今捷克）的杰出军事家，在三十年战争中的北欧（丹麦和瑞典）阶段，率领神圣罗马帝国军队与反哈布斯堡同盟作战，极为出色。费迪南二世（Ferdinand Ⅱ，1578—1637），神圣罗马帝国皇帝（1620—1637在位）、波西米亚国王（1617—1619年、1620—1637年在位）、匈牙利国王（1618—1625年在位）。

② 更切近的研究指出，土耳其人希望利用围攻与法王展开谈判。路易十四本应忍受维也纳的陷落，这样他便能够与德意志人联手，驱逐土耳其人，再次赢得东罗马帝国。参兰克，《法国史》（*Französische Geschichte, vornehmlich im sechzehnten und siebzehnten Jahrhundert*, Bd. Ⅲ, Buch 13, Kap. 3（SW Bd. XIII, S. 348）。[译注] 奥芬（Ofen）即布达（Buda），匈牙利首府布达—佩斯的西部地区（多瑙河西岸）。根据中世纪编年史中记载的传说，Buda源于匈奴统治者Attila的兄弟Bleda的名字。

③ ［译注］卡拉·穆斯塔法（Kara Mustapha，1634—1683），1676—1683年任奥斯曼土耳其帝国军事首脑，指挥攻击维也纳（1683）失败。

然而，路易十四的这一计划在维也纳的城墙下失败了。这是土耳其最重大的一次行动，而由于令人惊骇地过度使用了自己的全部力量，这次行动也导致了土耳其的衰落。此后，土耳其军队在行进的德意志战队——如一个意大利人所言，"如同一面强有力的、无法渗透的城墙"——面前节节败退。即便伊斯兰教令（Fetwa des Mufi）声称，[①] 奥芬对土耳其帝国至关重要，保卫奥芬是一项宗教义务，也无法挽回颓势。土耳其最终失掉了这块土地：整个匈牙利被奥地利重新夺回，并成为一个世袭王国。心怀不满的匈牙利人臣服了。塞尔维亚人（Raizische Bevölkerung）迁入了下匈牙利的边界内，[②] 以便此后继续抵挡土耳其人的进攻。奥地利自此拥有了与之前完全不同的政权基础。此外，由于匈牙利境内的一切战争都由德意志军队发起，人们便说，那里的河流都被德意志的鲜血染红了。匈牙利人似乎成了奥地利军队在德意志战争中的核心。现在，法国希望以草率的动机召使土耳其人进入奥地利王朝核心的外交策略不可能实现了——它再一次从对此不满的力量中得到了援助。最终一切尘埃落定：皇帝在那些他迄今为止最受威胁的行省也建立了稳固的权力。显然，这个稳定、富足、装备优良的国家的稳固牵制了土耳其并使其畏惧，并最终给东欧的力量关系带来了变化。

路易十四至少还经历了另一个重大事件的开端。波兰的形势使他一直能轻易地操纵其国内的一个党派，而瑞典不管在民族起源上还是通过旧日联盟关系都至少在原则上与法国相关联。这两者使路易十四能够不费吹灰之力而在北部取得决定性的优势。查

[①] 即根据伊斯兰最高法学家的意见。
[②] 塞尔维亚人的古德意志名，属于穆罕默德教会，由塞尔维亚的王侯城堡拉斯（Ras）得名。

理十二①维持了这一局面。这是他最初所做出的决断之一,正如他对自己的大臣所言,"当然要与法国结盟,成为法国的朋友"。西班牙的王位继承战争以及几乎同时在北部发生的战争,两者之间并不存在预先考量或是经由谈判调停的关系,② 尽管人们常常如此推测。然而,瑞典行动的胜利的确为法国人带来了益处。事实上,这些事件的确呈现出类似的倾向:西班牙继承战争是为了将南欧交到波旁王朝的手中,而完全取得北部的统治对于瑞典这个波旁王朝的老盟友而言,自然也是利益攸关。在查理十二突袭丹麦并强迫后者签订和约、征服波兰并设立波兰国王、攻克东西防守都不严密的德意志,从而在一段时间内取得了萨克森的统治权之后,他为稳固统治所能做的,就只剩下完全消灭已经击败过一次的沙皇了。他为此召集了在萨克森休整过的军队,而沙皇此时也严阵以待。

决定性的战争发生在1709年:③ 这两位领袖,分属日耳曼和斯拉夫民族的查理十二和彼得一世,再一次遭遇了对方。这是一次值得纪念的对峙:日耳曼人慷慨简朴,生活作风无可挑剔,完全是位人中豪杰,言而有信,行动审慎,敬神而执拗,不可撼动;而斯拉夫人好心而残暴,灵活敏捷,虽是半个野蛮人,却全心全意、如饥似渴地吸收欧洲各民族的研究和发展,胸怀宏图大

---

① [译注] 查理十二(Karl XII,1682—1718),瑞典国王、军事家,1697—1718年在位。

② 兰克在此引用的是 Guilleaume Lamberty(1660—1742),"Memoires pour servir l'histoire du dix-huitieme Siècle",*La Haye 1724—1734*, 12 vol., IV, 291。

③ 1709年6月28日,俄国沙皇彼得大帝的军队与瑞典国王查理十二世的军队在乌克兰东部波尔塔瓦(Pultawa)会战,是大北方战争中最著名的战役,俄军的决定性胜利终止了瑞典成为欧洲列强的时代。

略而孜孜不倦地将其付诸实践。① 这两种天性的对垒是多么崇高的景象啊！我们会怀疑，究竟谁才是更杰出的那一位。确信无疑的是，更长远的胜利属于沙皇。查理对自己国家的真正利益知之甚少，而彼得则将他已经准备并开始推动的国家发展与自身紧密相连，并为此调动了他最主要的注意力。沙皇赢得了胜利。在他允许向人民发出的关于波尔塔瓦战役的报道中，沙皇为标题添上了这样一句话："由此，圣彼得堡的基石已经砌下。"这正是他整个帝国和政治大厦的基石。自此，俄国开始成为北欧的主宰。

认为这一发展需要漫长过程的观点自然是错误的：这一切反而发生在一瞬间。将自己权力的建立完全归功于俄国军队的波兰国王奥古斯都二世②又怎么能摆脱俄国的影响呢？此外，由于处于内部分裂和与贵族的斗争之中，他也必须再次动用俄国的援助。由此，彼得一世直接成为波兰的仲裁者，从而凌驾于双方的党派之上。他也因此更加强大，因为当他自己的军队越发庞大、精良而可怖时，波兰人反而削减了自己军队的四分之三。如一位威尼斯人③ 在 1717 年所言，沙皇曾听命于波兰人的法律，如今则可以按照他的考量，不受限制地支配波兰了。自此，法国对波兰的影响逐渐减弱，即便波兰贵族仍心向法国，法国也无法再支持自己的王位候选人了。与此同时，由于这些事件，瑞典的力量也被削弱，沦为了二流国家。路易十四在他统治的最后时日里，仍在为王位确保所有的领土。然而即便如此，他依然失去了其中重

---

① Effigies corporis et animi Caroli XII Sueciae regis a Polono nobili descripta, Lamberty IV, 436："［这段说法］我觉得生动而富有启发。"
② ［译注］奥古斯都二世（Augustus II，1670—1733），萨克森选帝侯、波兰国王、立陶宛大公爵，1697—1706 年、1709—1733 年为波兰国王。
③ 兰克从他使用的威尼斯报告集中援引了 Relation di Daniel Dolfin。

要的一部分。法国人或许仍对斯德哥尔摩有所影响——1756年仍有人抱怨，瑞典如同法国的行省一般受到巴黎的统治。① 然而，正如刚刚所言，瑞典已经不再重要。法国人所能施以影响的，不过是便帽和礼帽之间微不足道的内部分裂。② 法国数次想要利用瑞典来对付俄国，然而前者已完全成为劣势：这反倒给了俄国取得新的胜利和扩张的机会。

由此，欧洲北部脱离了法国的直接统治，处于一种新的力量下：俄国这个大国进入了一种新的、实为欧洲式的发展。法国在东部的影响虽未消失，也大不如前，即使奥地利在查理六世的统治下已经变得足够衰弱。海洋落入敌手，法国经由加的斯（Cadix）与西班牙美洲建立起的有利联系，如今也完全听任敌人的摆布。而在南欧以及德意志，通过在短暂的中断后凭借共同计划建立起来的与波旁宫廷自然和睦的关系，法国仍一直占据巨大的优势。或许应该说，在德意志尤其如此。

关于欧洲1736年的政治境况，如下观察为我们简明生动地描绘了德意志在奥地利继承战争前夕的情况。③ 自然，德意志皇帝查理六世④正在努力拓展帝国的疆域并巩固宪法的君主制特点，而他通过与已经深入到莱茵河岸的俄国人的联系，甚至已经处理

---

① 兰克引用的是查理·谢尔丹（Charles F. Sheridan, 1750—1806），*A History of the Late Revolution in Sweden*（London, 1778）的德译本 *Geschichte der Staatsveränderung von 1772*, S. 204。

② 在所谓的自由时代（1718—1772），多次轮换执政的贵族党派。

③ Fréderic Ⅱ, *Considérations sur l'état présent du corps politique de l' Europe. 1736. Oeuvres posthumes de Fréderic Ⅱ*, tom Ⅵ, p. 1-52; Werke Ⅰ, S. 226f. 兰克的引用均出自弗里德里希二世死后于1788年由 Voß / Decker 出版的全集。引用将同时标注出对应的德文版（Berlin 1913）。

④ ［译注］查理六世（Karl Ⅵ, 1685—1740），神圣罗马帝国皇帝，1711—1740年在位。

了对其投降条约不利的一些条款。然而，皇帝并不认为这其中藏匿着巨大的危险。他认为上一场战争已经暴露出了皇廷的弱点，而他寻求实施自己计划所表现出的骄傲与暴力正是解药。他号召提防那些试图通过阴谋诡计、阿谀矫态以及虚情假意奴役德意志民族的人。他觉得，时任法国首相的枢机主教弗勒里，尽管表现得温和稳健，背地里却怀有与黎塞留和马萨林相同的计划。① 他通过表面上的高尚哄骗邻国入睡，他使自己宫廷的政治都带有了这种温和安静的特性。凭借多少聪明才智，他才能既不惹人注目又不引起喧闹地将洛林（Lothringen）收入法国麾下。为了能征服梦寐以求而实际已经被法国侵占无几的莱茵地区，他只需期待一场由皇帝驾崩所引发的巨大混乱。

查理六世于1740年过世。红衣主教弗勒里甚至迈着比平日人们所熟悉的更为审慎的步调开始实施计划。他立刻表示，他不希望玛利亚·特蕾西亚（Maria Theresia）的丈夫继承皇位，因为此人缺乏法国精神。他努力将巴伐利亚的查理七世推上王位。② 他制定计划，在德意志境内创造出四个几乎势均力敌的国家：将奥地利哈布斯堡王室限制在匈牙利，使波西米亚（Böhmen，[译按]今捷克西部）与巴伐利亚结合，摩拉维亚（Mähren，[译按]今捷克中部）以及上西里西亚（[译按]今波兰西南部）与萨克森结合，普鲁士与下西里西亚（[译按]今德国东南部）结合。在这样的四个依照

---

① [译注] 枢机主教弗勒里（Cardinal Fleury，即 André Hercule de Fleury，1653—1743），1726—1743年任大主教兼路易十四的大臣。马萨林大主教（Cardinal Mazarin Jules，1602—1661），1643—1661年出任法国大主教、首相。

② [译注] 查理七世（Karl Ⅶ. Von Bayern，即 Karl Albrecht，1697—1745），巴伐利亚选帝侯（1726—1745年在位），神圣罗马帝国皇帝（1742—1745年在位）。

天性根本无法彼此和解的国家之上，法国将多么轻易地夺取持久的统治地位啊！①

普鲁士

德意志此时既没有强大的国家，也没有做出英雄事迹的杰出人物，更没有特别而坚定的民族情感，没有能与邻国的优势抗衡的文学、艺术以及自己的教育。就在这个德意志祖国真正的危机时刻，弗里德里希二世（Friedrich Ⅱ）②登场了，普鲁士崛起了。我并不想在这里描绘弗里德里希二世这位君主或他建立起的国家；我也不敢轻易尝试描绘两者原初的力量以及他们发展出的此在的丰盈。就让我们单单想象一下它们在世界的地位吧。

然而，我们必须承认，正是法国在查理六世过世后采取的政策支持了弗里德里希第一次行动的方向。然而，他会继续与法国为伍吗？他是继承王位的太子，与实务相距甚远，却形成了我接下来想要厘清的诸多现象。显而易见，这些现象完全与法国的政策相抵牾。他尽可能清晰地看到并觉察到了在这一方面盘旋在德意志上空的危险。正因如此，他才完全以一己之力发动了战争。他不愿看到，他自己军队的胜利反倒使法国人获益。他以十足严

---

① Fréderic Ⅱ, *Histoire de mon temps. T. Ⅰ.*, Ch. Ⅳ, p. 197; Werke Ⅱ, S. 91.

② 兰克对弗里德里希二世的论述，参见其关于弗里德里希的研究论文："Friedrich Ⅱ., König von Preußen", ADB, Bd. Ⅶ; "12 Bücher Preußischer Geschichte"（10-12 写到奥地利王位继承战争结束）; "Der Ursprung des Siebenjährigen Krieges", SW Bd. 30, S. 61; "Die deutschen Mächte und der Fürstenbund. Deutsche Geschichte 1780—1790", SW Bd. 31-32。

肃的态度向法国大使①解释,他是一位德意志王侯,他不会允许法国军队比协议规定的时间多留在德意志的土地上哪怕一秒。

在1741年底,奥地利危在旦夕;波西米亚和上奥地利([译按]今奥地利西南部)与西里西亚均落入敌手;维也纳和布拉格同样命悬一线。如果此时倾其全力发动进攻,谁知道会发生什么?我并不认为弗里德里希避免这最后一步是宽宏大量,他最清楚不过,摆脱法国这个老对手,他并无优势。当他看到匈牙利女王处于毁灭的边缘时,他想要给她喘息的机会,这是他自己说的。② 于是他有意识地停战:他既不想依靠法国,也不想依靠

---

① Henri Valori, *Mémoires sur mes négociations à la Cour de Prusse*, I, 153。亨利·瓦洛里(Henri Valori, 1686—1774) 在1739—1749担任法国驻弗里德里希大王宫廷大使。他的笔记以 *Mémoires des négociations du marquis de Valori* 为题出版(Paris 1820)。

② 弗里德里希二世的原话是:

> 如果国王过分热情地协助法国军队的行动,后者将会用财力控制他;他将从盟友变成臣民;他会被迫做自己不想做的事而无力违抗法国的意愿,同时又找不到帮助他摆脱这一束缚的盟友,他不得不全盘接受法国的意愿。因此,国王谨慎地采取了含混的行动:在奥地利和波旁家族之间建立某种平衡。匈牙利女王此时如履薄冰,休战让她得以喘息。

英国史学家威廉·考克斯(William Coxe, 1747—1828) 反对托马斯·罗宾逊(Thomas Robinson, 1695—1770, 1736—1748 担任普鲁士驻英国大使)以及约翰·卡尔迈克(John Carlmichael, 1701—1767, 即 Hyndford 伯爵, 1752年担任普鲁士驻英国大使)的同时,也对此表示赞同。他认为,"在这一和约签订之际,曾经第一次伤害了奥地利王室的那双手又拯救了王室"。见 William Coxe, *History of the house of Austria from* 1218—1792, ed. 1807, tom. IV, p. 443。但是,为弗里德里希大王作传的英国政治家、史学家乔治·埃利斯(George Ellis, 1797—1833) 似乎并没有考虑到考克斯所讲的这一事件。参见 George Ellis, *Life of Frederich the Second*, *King of Prussia*, London, 1832。

奥地利，而是想要完全自由，在这两个国家之间争取到一个独立自足的位置。这一朴素的计划解释了他在西里西亚战争中采取的策略：从来没有人像他一样，以充满激情的警觉展开征服；对于朋友和敌人他都不信任；他时时刻刻都整装待发，准备应战；只要他认为自己处于劣势，只要他远远地看到了危险的临近，他就会抓起武器；而如果他占据优势，如果他取得了胜利，他就会伸出手来缔结和平。他从不献身于外来者的利益，而面对自己的利益，他始终不加夸大，不受蒙蔽地直视它。他的要求从不过分，他只瞄准眼前最切近的利益，同时牢牢将其抓住，绝不放手。

这种出乎人们意料的、冷静而顽固的独立，激起了邻国的不满和敌意。我们自然能够理解，玛利亚·特蕾西亚不会很快走出痛失一个富饶行省的阴郁情绪，她自然会不满地注视着这个帝国中如此幸运而精明的对手的飞速发展。而普鲁士的声望在北欧体系中也产生了重要影响：它与瑞典和法国签订了确认北欧势力均衡的清白协议，① 激起了俄国大臣们的仇恨。他们觉得，俄国在北部的统治受到了威胁。弗里德里希本可便利地得到法国的支持，然而他并不想像瑞典那样接受统治，并因此敢于制定自由独立的政策，这便招致了凡尔赛宫廷的不悦。法国宫廷已经清楚地看到弗里德里希的计划，并因此决定改变整个外交体系，并与奥地利结盟。公众呈现出一种突如其来的法国式的高涨热情，欣然欢迎这一条约的签署。

由此，特蕾西亚女王成功地联合了两大重要的欧陆力量。稍

---

① 关于北欧均势的论断，详见 *Histoire de la guerre de sept ans* I，44；Werke III，S. 308。

弱的力量，如萨克森和波美拉尼亚（Pommern）的领邦，① 也都加入了这一联盟。这个已经生效的同盟，实质上与法国在查理六世死后为了反对奥地利而缔结起来的同盟相差无几，并因俄国的加入变得更加强大。当时寻求瓜分奥地利的计划现在则被瓜分普鲁士所代替。弗里德里希只得跨越重洋寻找此前与奥地利站在一边的盟友。即使获得了新的领土，弗里德里希的力量仍不够强大，面对这一同盟更是微不足道，他是否有能力，又是否敢于经受与后者的斗争呢？众所周知，弗里德里希请求维也纳宫廷针对其军备给出无条件声明。他对他的一位部长说，只要他们有一点赔罪的表示，我们就不进攻。终于，使者在万众期待中到来了，却没有带来让人满意的答案。"命运的骰子已经掷下，"他说，"明天我们就开拔前线！"② 于是，弗里德里希勇敢地冲进了危险之中，他寻找危险，甚至是自己唤出了危险。然而只有在危险之中，他才能完全了解它。

如果说任何时候曾经有一个事件以一个伟大的人物为基础，那就是七年战争。我们这个时代的战争往往通过少数几场决定性的战役分出胜负，之前时代的战争则耗时更长，然而人们争执的更多是要求而非国家存在的正当性与否。七年战争与此不同：在漫长的战争中，每一个时刻都决定着普鲁士的生死存亡。在这种情况下，要置其于死地，只需要一个运气不佳的日子罢了。弗里

---

① ［译注］波美拉尼亚（波兰语为 Pomorze）波罗的海南岸现位于德国和波兰北部的历史地域名称，962 年到 1181 年是波兰的一个省，此后直到 1806 年是神圣罗马帝国的一部分，丹麦、萨克森、普鲁士和瑞典等国国王也一度统治过该地。神圣罗马帝国解体后，波美拉尼亚成为普鲁士王国的一部分，后来并入德意志帝国，1945 年后，此地分别为德国与波兰所有。

② "我还想明确指出我的担保人，这就是瓦洛里。"参 Valori, *Mémoires* I, 308。

德里希完全意识到了这一点。科林战败之后,他呼号:"这是我们的波尔塔瓦(Pultawa)!"① 所幸他的话没有成真。但从中仍可看出,弗里德里希时时刻刻都处于覆灭的威胁之中。

我并不想提及他的军事天才、他军队的骁勇、臣民的忠诚以及偶然的形势在如此绝望的境地中给他提供了怎样的援助与支持。重要的是,他始终保持了道德的正直。法国哲学只引他进入轻松的精神训练、轻快矫健的诗篇以及学术的工作;它邀请他在有条件时享受生活,而非致力于暴力的争斗。然而,我们可以这么说,这些错误的教导并没有挫伤他真正的天赋。弗里德里希就是自己的准则,他以自身的真实为基础,且一定清楚地意识到了这一点。对一项伟大事业的追求便是他的生活:厄运使他成熟。弗里德里希二世早就是一位伟大的统帅了。他所遭受的变故更将他锻造为英雄。他发起的反抗并不只是军事上,这反抗同样是内在的、道德的、精神的。这位国王在慎重周密的考虑中、在对所有尘世存在之易逝的伟大直观中不间断地发动了这场战争。

我不愿称赞弗里德里希二世的诗作为诗意力量的杰作,因为它们仍有不少瑕疵。然而,至少是那些在战事更迭中产生的作

---

① [译注] 七年战争初期,普鲁士与奥地利在距离布拉格约五十公里处的科林(Kolin)爆发会战(1757年6月18日),弗里德里希二世军队失利,成为七年战争最为关键的战略转捩点。此后,弗里德里希二世已经不可能达成在法国和俄国参战之前迫降奥地利的战略目的,他所构想的速战速决的一年战争变成了七年战争,普鲁士陷入必须在本土与俄罗斯、瑞典、法国作战的被动形势。弗里德里希二世喊道"这是我们的波尔塔瓦",可能指1709年俄国与瑞典在乌克兰东部波尔塔瓦(第聂伯河支流沃尔斯克拉河畔)的会战,瑞典国王查理十二世本指望直取俄国心脏地带及莫斯科,以至犯了无可挽回的战略错误——正如弗里德里希二世本指望直取奥地利心脏地带及布拉格,结果在战略上失败。

品,却具有一种朴素思想的宏大热情:它们为我们展现了人类灵魂在困境、战斗和危险之中的运动。弗里德里希看到自己"身处惊涛骇浪之中,闪电划破了暴风雨,惊雷响彻头顶"。他说:

> 我看到自己被嶙峋危岩所包围,舵手的心变得僵硬,幸福的源泉逐渐干涸,胜利的棕榈叶已经消失,月桂也已经凋零。

弗里德里希二世有时会在布尔达卢的布道文中寻得支持和力量;① 而更经常地,他会求助于古代哲学——不过他经常研读的卢克莱修的第三书却告诉他,灾难必不可少,对此没有解药。② 弗里德里希的崇高思想是由艰难而绝望的教训孕育出来的。他一方面渴望战死沙场,另一方面又能无所畏惧地直视死亡。他将自己的敌人比作罗马时代的三头同盟,称颂卡图和布鲁图斯,③ 并决心跟随他们所树立的榜样。

然而,弗里德里希与这些罗马人的处境终有不同:后者被编织进了一种普遍世界命运的进程——罗马就是这个世界——只需顾及自身以及获取理念的深远意义,而弗里德里希却必须代表并争取自己的祖国。如果说有什么思想影响了他,那便是关于他的

---

① Louis Bourdaloue(1632—1704),法国耶稣会教士,自 1669 年作为国王的布道者居于路易十四宫廷。他的作品全集于 1823 年在巴黎出版。
② [译注]卢克莱修(Titus Lucretius Carus,公元前 99—前 55),古罗马诗人、哲学家。"卢克莱修的第三书"指卢克莱修《物性论》第三卷。
③ [译注]卡图(Marcus Porcus Cato,公元前 234—前 149),罗马政治家、农学家、文学家;马库斯·布鲁图斯(Marcus Junius Brutus,公元前 85—前 42),罗马政治家。

国家、他的祖国的思想。在库涅斯多夫战役（Kunersdorfer）之后，① 他是如何估计自身境况的无望和灾难的范围，如何心灰意冷，认为自己在敌人的仇恨和运气面前一败涂地，又如何为自己的军队和国家预见了唯一的出路，并下定决心去争取，为之献身，② 直到新一次反抗的可能性逐渐出现，而他又一次献身于这一几乎无望的义务。他一定早就明白，他不可能抛弃自己的祖国——他说：

> 被敌人淹没，荣誉被夺取，孤立无援，四面楚歌，我将把我险恶的余生献给你；我将不会在无益的忧虑中煎熬，我要重新冲入危险的战场。

弗里德里希二世向自己的军队疾呼：

> 让我们对抗命运吧，勇敢地对抗无数阴险狡诈、被骄傲和自负冲昏了头脑的敌人吧！③

弗里德里希便如此坚持了下来。他终究看到了和平的曙光。在最终回忆这场战争时，他说："唯有坚定能够拯救伟大功业于

---

① ［译注］即库诺维茨（Kunowice）战役，1759 年 8 月 12 日，普鲁士军队在柏林附近的库涅斯多夫遭遇俄奥联军夹击，弗里德里希二世惨败。4.8 万普鲁士军队第二天能集合起来的没超过 3000 人，弗里德里希二世一度绝望到想自杀。

② "下定决心去争取，为之献身"，参见 *Instruction vohr den General Finck* in I. D. E. Preuß, *Friedrich der Große. Eine Lebensgeschichte*，5 Bde.，Berlin 1832ff.，Bd. Ⅱ，S. 215；这可能是这部不同寻常的文集中最值得注意的文献，又见 Werke，Ⅳ，S. 190f。

③ "冲昏了头脑的敌人"，见 *Epitre au Marquis d'Argens 8. Nov. 1761. Ode aux Germains 29. Mai 1760. Œuvres posthumes* Ⅶ，S. 125；Werke，Ⅹ，S. 170。

险境中。"他的国家寸土未失。自从他成为国家之王的那一刻起，他唯一重要的关切便成了愈合战争给国家带来的创伤。

如果一个大国的概念在于这个国家必须能够抵御一切集中起来的他国力量而维持自身，那么，弗里德里希无疑使普鲁士跻身于大国行列。自萨克森王朝诸皇帝（sächsischen Kaiser）和狮子亨利的时代以降，① 北德第一次崛起了一个无须任何盟约便可自立的力量。自此，法国便很少甚至无法染指德意志的事务了。法国在奥地利继承战争中唤醒和扶植的反对派也成为过去。普鲁士

---

① ［中译编者按］萨克森王朝（919—1024）指萨克森公国。804年，查理大帝凭靠武力把德意志人的萨克森地区纳入法兰克帝国版图。843年，查理大帝的孙子路易凭靠凡尔登条约分得莱茵河以东地区（东法兰克王国）。当时的几个德意志部落（萨克森、士瓦本，洛林，巴伐利亚，勃艮第）首领被封公爵，相当于最初的德意志封国之王。919年，萨克森公爵亨利一世（Heinrich Ⅰ，876—936，912—936年在位）被各德意志公国推举为德意志国王，他维持德意志各公国间的同盟，并建立了一支强大的军队抵御东欧马扎尔人的入侵。

962年，其子奥托一世（Otto Ⅰ，912—973）继位，他一生南征北战，平定德意志各公国的叛乱，不仅击败东欧马扎尔人的入侵，还向东扩张，转而南下意大利，操纵教宗加冕他为神圣罗马帝国皇帝，开启了神圣罗马帝国的历史。

此后继位的诸多萨克森公国的公爵中，霍亨斯陶芬王朝时期的狮子亨利（Heinrich der Löwe，1129—1195，1142年—1180年在位）因其与神圣罗马帝国皇帝弗里德里希一世的戏剧性冲突而最为有名。1156年，亨利三世兼领巴伐利亚、梅克伦堡—沃普曼地区，成为当时德意志地区最为强势的王侯，其辖土从北海和波罗的海沿岸伸展到阿尔卑斯山地区、威斯特伐利亚、波美拉尼亚。1174年，因狮子亨利拒绝参与对意大利的军事行动，弗里德里希一世对萨克森公国用兵，剥夺了公国的大部分土地（只保住了不伦瑞克和吕讷堡）以及萨克森公爵名号。"1356年金玺诏书"才将萨克森公爵升为神圣罗马帝国的七大选帝侯之一，1806年，拿破仑为分化德意志地区，将萨克森公国晋升为王国。

获得了解放，萨克森和巴伐利亚则重新与奥地利结下盟约。

当然，这一关系并不会立即得到更新。法国凭借与奥地利紧密而准确的联盟关系遏制了这些变化，① 而正是两国的这一联盟导致了七年战争的爆发。我无意梳理这一联盟究竟如何带来了所有其他的后果——法国人至少是毫不夸张地将这些后果归因于联盟。确定的是，法国由此自己放弃了迄今为止能够扶植德意志反对派的战略地位：

> 从这一刻起，普鲁士国王成为德意志自由的守护者，而这不利于法国在欧洲大陆的统治权。②

我们不相信，奥地利仍会允许法国发挥往昔的影响力。即便是一开始作为联合摄政王（Kon-regent）时，约瑟夫二世便宣称：

> 皇权神圣不可侵犯。他坚决要求任何希望与他交好的人都不要触碰这一权力。③

可见，两个大国在一种自由、稳固的联盟关系中对于德意志政治独立的真正保护和一致对外的态度在当时已经形成。而这一

---

① 1756年1月16日的英国与普鲁士的西敏寺会议（Westminsterkonvention）之后（同年5月1日），法国与奥地利结成抵抗联盟（Defensivallianz），这不仅颠覆了既有的欧洲体系，一年后（1757年5月1日）还拓展为一个进攻同盟（Offensivbündnis）。参见兰克，*Der Ursprung des Siebenjährigen Krieges*, SW Bd. 30, S. 61。

② 这话几乎逐字引自 *Tableau politique de l'Europe* ch. Ⅵ, J. Louis Soulavie (1797—1833), *Mémoires historiques et politiques du regne Louis XIV*. Tom. Ⅲ, p. 289, Paris 1802。

③ [译注] 神圣罗马帝国皇帝约瑟夫二世（Joseph Ⅱ, 1741—1790），奥地利大公，24岁时（1765）成为神圣罗马帝国哈布斯堡—洛林王朝皇帝，与其母玛丽娅·特蕾西娅共理朝政。

巨大的变化，直到德意志文学终于从法国典范以及对于这些典范的拙劣模仿中解放出来时，才显现出它全部的意义和价值。

我并不愿说，我们民族并没有在一定程度上欢欣于迄今为止取得的精神独立。这种独立体现在作为德意志根源并囊括了一切精神的神学系统的形成过程中。然而这只是德意志民族的一部分，因为这种纯粹、理想而内在的宗教认知很快受到奇异的经院哲学形式的束缚。我们不应错认这一形式在其他科学领域所完成的工作和取得的部分成果，只是它们实际上都必须服从上述形式的统治。这一形式在错综复杂的教学建筑中广为传播，在讲台中得到传授，却很少适用于真正的精神性的理解，因为大学并非不受限制和强迫地掌管着普遍教育。因此，社会上流阶层能够更加轻易地摆脱这一思潮，从而更多地受到法国思想的影响。

然而，自十八世纪中叶，民族精神开始了一种全新的发展。我们不应忘记，这一发展的出发点也是它一定程度上的对立面：不满的、被束缚的、然而终究没有受到教条系统完全限制的德意志精神得到了一种诗意的拓展。作为一切之发源的宗教终于在其与人类的关系中不带任何幻想地再一次贴近了心神。哲学也在冷静的尝试中提升为一种对一切认识最高根源的全新讨论。德意志哲学的两种倾向，肩并肩地处于同一起点，本质各异却亲缘紧密，由此得到了发展。这两种倾向，一种更偏直观，另一种则更偏分析，两者相辅相成，互相吸引又互相排斥，共同表达了一种创造性意识的丰盈。

批评与古代文化研究培养了一批有学识的民众，并最终奋力表现出一种富有生命力的外观。民族精神在一夜之间觉醒，得益于自身的彻底性与成熟，最终独立自由地发展出一种诗意文学。通过这种文学，民族精神形成了一种全新全面的、虽有某些内在冲突却在整体上协调一致的世界观，并能够直观到自身。这种文学因而具有一种珍贵的特征：它不再受限于民族的某一个部分，而是完整地包含了整个民族，并使其第一次意识到自己的统一性。人们不应该惊异，伟大的诗人并不总是亦步亦趋地追随前人的足迹——他们做出伟大的尝试并成功了；这里必须指出的仅是，真正的精神不屑于走上舒适通航的道路。然而，德意志天才的作品远不止于此。他的任务是进入实证科学，他面对的是自身的形成过程以及其他影响所带来的阻碍。我们只能希望，德意志精神能够克服一切，抵达一种在自身中的完善理解，并最终有能力独立创作出新的作品。

即便以上描述的情形处于最准确的关联之中，而只有一个强大的国家存在才能承载其真正的政治，我也必须停下，转而继续描绘政治层面的情形了。显而易见，在弗里德里希二世的生命和声望中，我们能够最清楚地窥见伴随着精神高涨而发展出的自信，对此，没有任何更主要的原因了。的确，如果一个民族能够自由发展，它便会感到独立；没有哪种文学能够在没有历史伟大时刻的前提下发展繁盛。然而弗里德里希自己对此一无所知，也几乎毫无察觉，这倒是令人奇怪。他致力于民族的解放，德意志文学与他同在，他却不认识这个盟友。德意志的文学家们自然认识他：一个英雄从他们中产生，这让德意志人自豪又果敢。

正如我们所见，遏制法国是十七世纪的一个需求。而这一事件又是以多么令人出乎意料的方式发生的！不能说，一个有预谋的、复杂的政治体系为此被建立起来，这些都只是形式。这其中的实质是：各大国因自身力量而崛起，原始力量中全新的民族独立占据了世界舞台。奥地利，具有天主教和德意志特征，军事力量稳定，拥有新鲜的、永不枯竭的生命力，国家富足，是一个封闭独立的世界。希腊—斯拉夫原则（das griechisch-slawische Prinzip）出现在俄国，比在之前世界史中的任何时刻都更为强势；而俄国所接受的欧洲形式，非但没有压制住俄国本己的因素，反而渗入并使俄国复苏，让它发展出自己的力量。而英国的日耳曼海洋利益（germanisch-maritimen Interessen）最终促使其发展为一股庞大的、统摄了一切海洋的世界势力，在它面前，往昔海洋霸主的荣耀都黯然失色。而德意志—新教（deutsch-protestantisch）的倾向，最终在普鲁士寻得了它长久以来希望得到的支持：后者将其描述和表达了出来。"就算有人知晓了秘密，谁又有勇气讲出它呢？"一位诗人这么说。我并不敢贸然总结这几个大国的特点，然而我们可以清楚地看到，它们都以特定的原则为根基，而这些原则正是从过去数个世纪重大各异的发展中得出的。它们以这些原则为参考，在原初的差异性和彼此相异的宪法中建立起自身。它们的发展顺应了事物的天性，凭借内部关系多种多样的变革才得以形成和完善，而这正是法国大革命爆发前百年的重大事件。

法国大革命

我们不能否认，上述事件本身的意义便是使法国受到了限制：别国的胜利成为法国的损失。其实，法国始终与其他国家处于激烈的对峙中：法国之前是多么频繁地企图阻遏土耳其人以及奥地利在匈牙利的扩张，而驻扎在多瑙河岸与土耳其对峙的奥地利军队又必须被多么频繁地召回莱茵河岸以抵御法国人的进攻。俄国在法国势力范围的北部取得了影响。当凡尔赛的内阁领悟到，普鲁士在世界上已经占据并期望达到何等的地位时，它便不顾自己的美洲利益，转而寻求直接消灭（而不只是削弱）普鲁士。法国人是多么努力地扶植詹姆斯党，将斯图亚特（Stuart）

家族的后人带往英格兰,并致力于重建昔日的关系啊!① 然而,不管是法国希望与奥地利一同对抗普鲁士,还是与普鲁士一道对抗奥地利,英国都成了法国的敌人。法国在陆地上与诸国交战,最终失去了海上的霸权。正如查塔姆(Chatham)所说,② 在七年战争期间,法国在德意志的领土上失去了美洲。

因此,作为欧洲世界的中心,法国再也不如百年前一般稳固了:它在没有参与协商的情况下眼睁睁看着波兰被瓜分;它必须痛苦地允许英国舰队于1772年停泊在土伦港(Toulon)以监督法国海军进行协商下的裁军。而那些较小的独立国家,如葡萄牙和

---

① [中译编者按] 1688年英国光荣革命后,英王詹姆士二世流亡欧陆,其女儿玛丽二世及其信奉新教的丈夫(荷兰执政奥兰治的威廉三世)被拥立为同朝国王。詹姆斯二世逃亡法国后,致力于争取法国和西班牙支持他夺回英国王位,出现了所谓"詹姆斯党"(Jakobiten)的政治-军事组织(多为天主教徒)。在爱尔兰和英格兰(尤其是高地地区),詹姆斯党拥有广大的支持者,他们还希望詹姆斯复辟后可以帮助他们摆脱宗教上受歧视的地位。苏格兰的许多贵族为维护传统的氏族制度,也加入詹姆斯党。

1745年7月,趁英军主力在欧洲大陆参与奥地利王位继承战之际,在法国支持下,詹姆斯二世的孙子查尔斯·斯图亚特(Charles Edward Stuart,1720—1788)试图立其父为英格兰和苏格兰国王,与7个詹姆斯党人乘坐两艘载有82门火炮的战船登陆苏格兰的埃里什凯。从苏格兰高地氏族募集军队后,查尔斯·斯图亚特在格伦芬南打出父亲的旗号,进军爱丁堡,这座城市很快投降。次年4月,英国国王乔治二世之子坎伯兰公爵率领政府军在苏格兰奈恩西南部几英里处的卡洛登(Culloden)沼泽地带围歼查尔斯王子的詹姆斯军。在苏格兰高地人帮助下,查尔斯王子得以逃脱,乘法国护卫舰于9月返回法国。此后,斯图亚特王朝无法东山再起,查尔斯王子在流亡大陆中度过余生。

② 查塔姆即英国政治家老皮特(William Pitt the old, 1708—1788),1756至1761年(除去短时间的中断)任英国外交部国务秘书。在七年战争中,他支持弗里德里希大王对抗法国,以便英国能够腾出手来对付与法国在北美殖民地的争夺。

瑞士，如今也开始受到除法国以外其他力量的影响。然而，我们也必须看到，这一劣势并没有人们想象得那么严重。法国仍然能够影响土耳其；通过家族协议，① 它也能通过政治牵制西班牙；西班牙海军和西班牙殖民地的财富，它一样可以享用；包括都灵（Turiner Hof）在内的其他波旁宫廷也仍与法国处于结盟关系；法国派系最终在争夺瑞典的斗争中胜出。然而，对于一个希望凭借自己的普遍优越性而比其他国家更加繁荣的民族而言，这还远远不够。它只能感觉到自己失去了早已被视为权利的各种要求；它只会注意到，别国又征服了哪些地方，而非自己已经拥有了哪些领土。它正是如此不满地直视着那些它无法战胜的强大的、根基牢固的国家。

针对法国大革命的原因，人们已经讨论了很多，也对所有可能的原因进行了细致调查。在我看来，其中一个最为重要的因素，就是外交关系的变化使法国政府丧失了名誉和民心：政府既不懂得如何正确地统治国家，又不懂得如何恰当地发动战争。它眼看最为危险的过失接连发生——其欧洲声誉的衰落大多来源于此。法国人将这一切都归咎于政府，可政府不过是变化了的世界地位的产物。这些法国人还生活在对路易十四鼎盛时期的回忆之中，而此后不同国家以鲜活的力量崛起，通过重新夺回主动权而不再受法国控制，所有这些影响都被他们归咎于外交政策的无能以及国家境况不可否认的衰落。因此，法国的运动既带有一种改革特征（尽管它很快便转变为革命特性），也从一开始便发展出

---

① 1761年8月15日，波旁家族在巴黎签署的第二份协议，法国和西班牙承诺维持良好关系，并给予对方支持。在一项秘密的附加协定中，西班牙必须最迟于1762年5月1日之前向英国开战。

了反对外族的倾向。①

美国独立战争即刻发展了这一双重特性。通过塞居尔伯爵的回忆录便可以看出，法国贵族阶层的青年人的参与起源于一种战争欲与所谓哲学的混合体。塞居尔说：

> 自由带着荣誉的吸引力出现在我们面前。成熟的人理解应该遵循这些准则，并限制恣意的暴力，然而我们年轻一代却只想在哲学的旗帜下发动战争，凸显自己，赢得荣光。我们是从骑士精神中走出的哲人。②

当然，随着时间推移，这些年轻人却越发认真严肃起来。这是多么特别的混合体！他们攻讦英国，雄心勃勃地要削弱后者的国家力量并抢夺其殖民地，然而，他们希望争取到的不过是金额和英国同等程度的独立，是下议院成员（Haus der Gemeinen）的荣耀席位。这场美国战争现在才具有了决定性的意义：并不是通过普遍的力量关系的变化——因为即便殖民地脱离了母国，英国本身仍根基牢固而不会被撼动；即便法国海军重新获得威望，英格兰也会在决定性的战役中取胜从而取得对法国的优势——而是通过间接的影响。我指的不仅是共和倾向占据的上风，此外还有其他的后果。

---

① 关于法国大革命前的法国和欧洲状况，参见 Friedrich Gentz, *Von dem politischen Zustande (Europas) vor und nach der französische Revolution*, Berlin 1801。此书天才地指出了法国不满情绪的夸张，但在我看来，它没有充分剖悉法国外交关系实际上不可否认的崩溃。

② 法国政客、史学家塞居尔伯爵（Louis Philipp Ségur, 1753—1830），曾参与北美的自由战争，在彼得堡和柏林担任过大使，1789 年起任议员。他的三卷本 *Mémoires ou souvenirs et anecdotes* 于 1825—1826 年出版，引文见该书 T. I , 137。

杜尔哥就曾严正反对战争。① 只有在和平中，他才能够期望当时业已赤字的财政通过俭省的国政得到重建，并实施必要的改革。而他面对这股青年人精神鼓舞的潮流也只得屈服。法国最终向英国宣战，而战争产生了巨大的开销。内克尔作为一位如此才华横溢的银行家，② 动用手段筹募了新的贷款，然而贷款的金额越高，赤字也就越大。早在 1780 年，弗金斯伯爵就已经告知国王，财政状况令人十分不安，重返和平刻不容缓。③ 然而和平却迟迟不来；只有在和平缔结后，人们才真正领悟到局面之混乱。这里还有一个引人注目的对立局面：美国独立战争之后，英格兰几乎与法国一样，因耗尽财政而负债累累；然而，英国的小皮特抓住了弊病的根源，④ 通过强力措施重建了财政信心，而法国财政却因政府的无能而陷入了越发虚弱、无能而鲁莽的境地。每况愈下的局面不仅威胁到法国政府的统治，更是夺去了政府全部的名誉。

这一情况反过来又极大影响了外交关系。法国别无选择，只能不惜一切代价避免战争。例如，法国更愿意偿还奥地利向荷兰

---

① 杜尔哥（Anne-Robert-Jacques Turgot, 1727—1781），法国政客与国家经济学家（1727—1781）。1774 年任路易十六的财政部长，由于歉收导致物价上涨，改革还未推行便遭解职（1776）。

② 雅克·内克尔（Jacques Necker, 1732—1781），出生于日内瓦的法学教授家庭，家族来自勃兰登堡，创办银行颇为成功。1777 接任杜尔哥的财政部长，经过多次解职和重聘，最终去瑞士成了作家。

③ 依据 *Flassan* Ⅶ，364；弗金斯伯爵（Charles Gravier, comte de Vergennes, 1717—1787）。法国政客，在君士坦丁堡和斯德哥尔摩担任过大使，自 1774 年任法国外交部长。

④ ［译注］小皮特（William Pitt the Younger, 1759—1806），英国政治家、银行家，1783 年出任英国首相，同时兼财政大臣。

要求的赔款——法国不顾形势危急,为此提供了一半的资金。①如果只是法国的话,神圣罗马帝国的皇帝便能够实施他对巴伐利亚的计划了。法国政府与所谓荷兰爱国派的联盟是如此紧密,它只能放任普鲁士超过并战胜后者。依我之见,法国不应因此遭受指责。因为当普鲁士与1787年7月向荷兰宣战时,法国人又能做什么以阻碍这一行动呢?当时,议会已经拒绝征收新的税款,而没有这些税款,国家便难以维系下去。而在之后不久,在8月15日巴黎最高法院大议事厅(Grand' chambre)那次著名的会议上,②大门洞开,聚集起来的人们被告知,此后国王未经三级会议同意,不得再征收新的税款。在迄今为止的一切形势都遭到质疑的时刻,法国很难再对外国施加什么影响。然而,这确实是一个至关重要的时间节点。在当时,两个帝国王朝联合起来进攻土耳其,③而法国却不能给予自己的旧日盟友任何帮助。如果土耳其想要自保,就只得向英格兰和普鲁士寻求帮助。法国当时的外交政策无论如何是无能无益的。它既不相称于国家自身自然而然的要求,又完全与欧洲的利益不符。不可否认,这一政策源于内部的混乱,因此也只会继续恶化下去。布里纳大主教的政策遭受了最为猛烈和普遍的指责。④因为没有支持荷兰,并且耽误了在国内重建法国军事声誉的机会,他被控诉为懦夫和叛徒。法国人

---

① 1784年8月23日,神圣罗马帝国皇帝的要求以书面形式发往荷兰,它主要惩罚了些耳德河的开放、南荷兰去往印度的自由航行以及管理税收的法律。

② [译注]此处兰克的日期有误。正确的时间应该是1787年8月7日。

③ [译注]指俄罗斯和奥地利对土耳其宣战。

④ 布里纳(Loménie de Brienne, 1727—1794),1763年起担任大主教,1787—1788年作为路易十六的财政部长接受了杜尔哥的改革计划,1789年被内克尔接替。

感到自己国家的荣誉被侮辱了，只有鲜血能够洗刷掉这一脏污。

即便如今看起来十分夸张，我们也不能指责这种不满背后的感情：一个伟大民族的民族意识要求在欧洲得到一个相称的地位；外交关系给国家带来的不是权益，而是本质性的权力；而一个国家的声望也总是与其内部力量发展的程度相匹配。任何国家一旦没有得到应得的地位，都会心怀不满，而一直要求别国将其视为伟大民族的法国更是如此。我并不想探讨导致法国大革命可怕发展的各种原因，我只想提醒大家，外交关系的衰落是此中重要的一环。我们只需要想想，那位遭受了法国对奥地利哈布斯堡王室长久以来的全部仇恨的奥地利公主，那位不幸的王后，① 在这中间扮演了什么样的角色，而一个奥地利委员会（Ausschuss）② 的幻觉又导致了何种不幸的后果。法国人看到，自己对邻国旧日的影响业已消失，这还远远不够；他们甚至说服自己，别国正对他们的国家施加着隐秘而强大的影响。他们相信，在内部统治的方方面面都潜伏着这种影响。正是这一思想点燃了人民普遍的怒火，催生了骚乱。让我们紧紧把握住外交关系这一立足点，以便勾勒出法国大革命的图景。

为了建立起更为强大的势力，人们以不同寻常的方式到处集结国家力量。为此，他们必须清除在内部关系中存在的诸多障碍，这在许多时候就触及了旧权力。同样的情形在许多国家都发生过，人们对此的考量不尽相同，自然也取得了不同程度的成

---

① ［译注］指法王路易十六的母亲玛丽·安托瓦内特（Marie Antoinette，1755—1793）。

② 1790—1791年，巴黎出现反对保皇主义的宣传册子，谴责公众眼中的王室。Camille Desmoulins 于 1790 年第一次在文件中提出，在杜乐丽宫应该成立一个奥地利委员会，以秘密地与奥地利进行协商。

功：各国是如何试图展开这一事业，目标达成几分，未来又去往何方，对这些内容的描绘一定能形成一本生动逼真而富于教益的书。最终，法国也走上了这一道路。前几位法王的绝对权力遭到了诟病，而事实是，尽管这一权力仍表现为一定的专制，它在根本上已经相当衰微了：政府已经摇摇欲坠，不但无力贯彻自己的革新尝试，也无法战胜特权阶层的反抗。它只能向第三等级求援——这股民主思想已经开始占领公众意见。然而，第三等级作为政府的同盟又实在太过强大，政府在摇摆不定中逐渐意识到第三等级的力量，因而离开了一开始选定的道路，并退回到之前它希望抨击的贵族一方之中，并开始侮辱它自己呼叫来的第三等级援军。政府由此激起了所有的政治激情，它带着这个世纪的信念和方向，带着在斗争中的本己倾向，发起了一场运动；在这场运动中，第三等级或者说在其中以及周围发展出的愤怒，在巨大的发展中不仅推翻了贵族特权阶层，也推翻了国王和王室，并由此消灭了整个旧国家。一场运动只可能加强和稳固某些政权的统治。而它正是以这样的方式，在自身的发展和导致的结果中，将法国政府推入了深渊。

然而，即使是在如此百废待兴的局面中，法国的力量和外部意义也被全然摧毁。即使是在如此可怕的境况之下，旧势力希望得到重建的强烈倾向也没有消失，反而以一种前所未有、且与别国不同的方式得到了贯彻和实行。在其他国家，现存的中间等级的力量受其独立性所限，大多不得不尽可能地参与普遍运动，而在法国，这股力量则被消灭了。贵族和神职阶层不仅被掠夺了特权，也在运动的发展中被夺取了财产。一场大范围的没收与财产充公蔓延开来，而被欧洲视为救恩、人道和自由解放之象征的理念转眼间又是如何变成了劫掠之残忍！人们本期待这场突然迸发的烈火会给土地带来一种滋养和复苏的温暖，这火焰却在令人惊惧的爆发中吞噬了整片土地。

然而,在这场破坏之中,法国人却从未放弃统一的原则:在革命岁月的混乱之中,法国比以往更加强势地站在了欧洲各国的面前。我们可以说,所有力量的巨大爆发在不断向外延伸。旧法国和新法国之间的关系,正是曾经统治旧法国的贵族阶级和领导新法国的雅各宾派之间的关系:前者尽管活跃且依照天性更加勇敢,却仅熟习宫廷生活,被狭隘的野心所束缚,精致而淫荡;后者野蛮、暴力,思想贫乏而嗜血成性。根据事态发展,在别国取得统治地位的尽管不是完全相同,也是类似的贵族阶层。因此,雅各宾派在不同力量的紧张关系中取得了优势,便不足为奇。要想唤醒席卷了整个民族并在一段时间内成为其生存原则的革命热情,人们只需要一场由出乎意料的形势耦合所萃取的胜利。

虽然现在还不能说,法国自身由此变得比其他大国或邻国联合起来的力量更加强大;然而,人们已经清楚意识到带来了如此不利后果的政治和战争的失误。这些失误并没有使法国人立刻摆脱之前的那种嫉妒心理:单单是1799年的单边联合同盟①就解放了意大利,并获得了强大的军事地位,直到之后被分裂。不可否认的是,法国在与欧洲的斗争中得到塑造,为此集中了所有可能的力量,最终超越了任何一个欧陆强国。在追求自由的表象之下,人们在不断的革命中一步步走向军事专制,而这种专制力量最终远超其他一切看似强大的军事体系。幸运

---

① 俄国、英国、奥地利、葡萄牙、那不勒斯以及土耳其的大联盟,这一提议由小皮特和沙皇保罗一世提出,弗里德里希威廉一世治下的普鲁士保持中立。

的将军被加冕为王,① 随时都能将民族所有可用的力量投入战场。

法国由此重新夺回了自己的优势：它成功将英格兰逐出大陆，通过反复的战争夺取了奥地利在德意志和意大利最为古老的行省，推翻了弗里德里希二世的王朝和军队，逼迫俄国屈从于自己的权力，并使其势力范围一直退回到旧都所在的内陆行省。对于法国皇帝而言，要想同时在南欧和中欧（包括德意志的一大部分）建立起直接的统治，所需的不过是与这些力量斗争。路易十四时代所取得的一切成就被远远超越了。欧洲的旧自由深深屈服于新的法国。整个欧洲似乎要在法国消亡。此前只会被视作远虑的"世界王朝"就这样实现了。

重建

那些在这些大国中出现的富有生机的力量会就此窒息而走向消亡吗？

赫拉克利特告诉我们，战争是万物之父。从对立力量的相遇中，在危险的伟大时刻中——厄运、提升、拯救——全新的发展以最为坚定的方式得到了孕育。法国正是通过在自身的激烈运动中最为鲜活地维持了民族的共同感觉，通过在非同寻常的扩张过程中汇集民族力量，以努力实现战争唯一的目标，才取得了最终的优势。迄今为止的一切手段都已不足以使人们燃起反抗法国或是重新瓦解法国优势地位的希望，提高军力也无济于事。为此，必须发起一场彻底的革新，以把人们可能拥有的全部力量都汇集

---

① ［译注］指拿破仑称帝。

起来。人们必须坚决地唤醒沉睡着的民族精神并使其开始自觉活动，而这精神迄今为止都是更多以无意识的形式承载生存的。深入研究欧洲各民族和国家民族精神的革新，注意到重新唤醒这些精神的事件、预示了首次精神升华的迹象、处处体现这些精神的多种多样的运动和制度，以及使此精神最终摘得胜利果实的行动，这是一项庄严而壮丽的工作。然而，这项任务的内容深远广博，我们在此无法涉及。

当然，1809 年，① 当人们开始满足世界命运的要求时，似乎已经窥见了胜利的希望。当秩序井然的王国中的居民离开他们祖辈居住并与宗教紧密相连的家园，任其被敌人付之一炬；当习惯了和平市民生活的人们纷纷拿起武器，终于放下宿怨世仇并精诚团结起来，只有在到那时，他们才成功击退了敌人，恢复了旧日的自由，既将法国限制在国界之内，也将泛滥的洪流逐回了河床。如果说，法国大革命前百年的结果是大国为了争取其在欧洲的独立而纷纷崛起，那么，此后时期的结果便是民族性的复兴、革新和全新的发展。民族性自觉进入了国家之中，而国家没有民族性则根本无法存在。

几乎人人都觉得，我们的时代只有瓦解的力量和趋势。它们的意义只在于能够终结那些中世纪遗留下来的顽固的、束缚性的制度。我们的时代牢牢把握一种与生俱来的驱动大步向前，这便是一切伟大事件、发现和总体文化的结果。因此，一种不可抗拒的倾向到来并将这时代发展为民主的理念和制度。这必然带来巨大的变革，而我们正是见证者。在这一普遍运动中，法国最先出

---

① 奥地利在 1809 年反抗拿破仑之时，民族与大众力量已经开始发挥作用。

现、随后是其他国家。①

然而，这只是一种将我们引向最为黯淡的前景的看法：这一倾向在面对事件真相时并不能维持自身。与此相反，我们的世纪远远没有陷入否定，反而带来了最为积极的成果。它实现了一次伟大的解放，这并不是在一种彻底消解的意义上，而是在建设和团结的意义上。它不仅催生了数个强国，也充满生命力地革新了每一条国家、宗教和法律的原则。这才是我们时代的特质。

在世界历史的大部分时期，往往是宗教联盟将民族团结起来。自然，有时也存在能与我们的时代相提并论的其他时代：在这些时代中，一些更加强大的、通过政治体系联结的君主国和自由国家并肩而立。我在这里只想提及亚历山大大帝之后的马其顿—希腊君主国（mazedonisch-griechische Königreiche）时代。这一时代与我们所处的时代有诸多相似之处：繁荣的集体文化，军事教育，复杂外交关系的交互作用；商贸利益、财政和工业竞争的重大意义，准确的、与数学相关的科学的繁荣昌盛。而从征服者的伟业和继承者的分裂中产生的国家，既没有也无法发展出特殊的存在原则。这些国家的基础是士兵和财富，因此，它们也会因此

---

① 这一观点亦见于 De l'origine et des progrès de l'esprit révolutionnaire, par un ancien ministre du Roi de France（La Haye，1833）:

然而，可能还有一种办法：法国的人口及活动会越来越繁荣；一旦重新开战，好战的国家将以一贯的热情投入战斗，在战乱将一切打乱之后，满目疮痍将彻底治愈法国，让法国积极与其他国家交流……除非我们欧洲和那些曾经声名赫赫的非洲、亚洲国家一样，注定在时代的洪流中走向衰败和覆灭。

这的确是绝望的前景！然而这种看法混淆了法国以及其他国家情况的不同，这种混淆正是对立各政党犯下的根本错误。

而覆灭，最终完全消亡。

人们常问，罗马究竟怎么能够如此迅速且彻底地攻克这些国家？这是因为，只要还有重要的敌人，罗马就会以值得钦佩的严格态度牢牢把握住自己的原则。而对我们而言，好像只有领土范围、军队力量，财富价值以及对普遍文化的参与对国家才是重要的。我们时代发生的事件便能够消灭这种错误的认识：这些事件最终将道德力量和民族性的价值以直观的方式带入了国家的普遍意识中。如果国家没有从使其奠基的民族原则中获得新生，那么我们的国家又会成为什么？——国家不能脱离民族原则而存在。

然而，这并不是说，各国由于普遍发生的变革或多或少都趋同了；所有的国家都处于与法国相同的阶段，法国所经历的一切也将威胁到其他国家。如果我没有弄错的话，法国更多经由它所唤出的对手，而不是通过它的模仿而强大起来。我们又怎能误解法国和其他国家的变革之间的区别呢？在法国，反抗的浪潮在胜利之后占据了上风，而因为这一原则被其根源所束缚，国家才无法坚固自身。但是，革命的结果在本质上却不会被复辟影响。这些结果反而在后者的庇护下得到巩固，并继续与合法的王朝处于不断发展的对峙状态之中。而在其他国家，上层权力始终与它所提供的更高自由紧密相连，其地位也因此更加独立和强大。我们不能被不断复归的事件表象蒙蔽双眼。

在十八世纪中叶，欧洲各国君主似乎同法国哲学结成了联盟——这一现象的产生有诸多原因，然而法国哲学实则组成了不断攫取欧洲霸权的政府的反对者。弗里德里希二世接受和保护法国哲人们，分享并认同他们的观点，然而却从未想到按照他们的理论建立自己的国家，他甚至总是激烈地反对法国哲学的实践倾向。在革命后的法国，《公报》（*die Gazette*）和《日报》（*die Quotidienne*）

的理论以及它们争取到的利益则造就了反对派。① 这些观点自然在欧洲其他国家得到了支持，我们却不能期望按照这些观点去建立和改造国家。人们以一场更为强大而自由的运动对抗旧法国世袭贵族阶层的稳定，又以更强大的稳定来对抗现代势不可当的剧烈运动。然而尽管如此，各个国家仍按照各自的原则走上不同的道路。当1830年在法国突然高涨的革命精神向四周迸发和摄取，并如同它在如此的颠覆性变革中重新创造了自己一样，复兴和吸引了一切类似的运动倾向，而欧洲自身在这无数尝试中似乎也要经历革命时，我们很难不畏惧，法国精神的运动能够带来一次普遍性的历史转折。

对于法国意图统治世界的坚不可摧的自负而言，革命精神并不是可疑可鄙的同盟。此前法国占据霸权地位的每一个时刻，革命精神都曾进行强力的活动，并对当下的世界格局产生重大影响。然而，革命精神却必然会遭到自身的反抗：没有国家能够单靠革命精神得到长久维持。不管革命的起源多么合情合理，国家都不能放任这一精神超出自己的控制。我们现在只需要观察这一精神第一轮进攻带来了哪些影响。它是否唤醒和复苏了人们几乎已经不再相信的民族性？而完全遭受了法国大革命重创的荷兰，在此后形成了一个不甚重要的帝国行省，它如今处于旧日荣耀的感觉和坚不可摧的确信之中，多么勇敢地崛起并维持了自身的存在！然而，倘若没有政权之稳固和民族伟大而自由的献身，没有双方利益的融合，这一切都不可能发生。对于起义和反抗也是如此。否定什么也无法实现，只有力量才能够对抗力量。

一眼望去，世界历史从未展示过如此一幅国家与民族在偶然中

---

① ［译注］《公报》（*La Gazette*），1631年创办，保皇党的喉舌，宣扬正统派的观点；《日报》（*La Quotidienne*），1790年创刊，知名的保皇党报，1792停刊，两年后以 Le Tableau de Paris 为名复刊。

互相交缠、彼此交战、先后更替的壮丽图景。而文化常常令人生疑的促进作用也不是世界历史唯一的内容。这其中还有力量——精神的、孕育生命的创造性的力量，这力量本身就是生命，是我们在历史发展中窥得的道德能量。我们无法定义它或使其抽象化，却可以直观和感知它，能够产生一种与其同在的感触。这力量繁荣发展，占据世界，在各种各样的表达中展现自身，争斗、限制、征服彼此；在它们的变化、更替、生存、毁灭以及复兴中，包含着更宏大的丰盈、更高远的意义和更广博的范围。在它们之中藏有世界历史的秘密。① ［如果我们遭到一种精神力量的攻击，那么，我们就必须以精神力量与之对抗。我们只能通过自身民族性的发展对抗其他民族威胁施加于我们的统治。我指的并不是一种虚构的、虚妄的民族性，而是本质的、真正存在并在国家中得到表达的民族性。

人们会如何对我所讲的一切做出回应呢？我们难道不是在一种越发紧密的共同体的形成中理解世界的吗？而这一发展方向，不正是因为不同国家及其原则、不同民族与风俗的对立而不断受到约束和阻碍的吗？

如果我没有弄错的话，这其实与文学的情况相同。当法国统治欧洲的时候，人们还没有开始谈论一种世界文学；而只有当欧洲大多数民族独立并常常在彼此的对立中发展了各自的文学之后，世界文学的理念才得到总结、表达并传播。如果各位允许我针对各国伟大文学做一对比的话，我只想提醒大家，一个由个人独占话语权并决定讨论的社会是无法提供享受和帮助的；同样，一个人人都处于同一水平或同样平庸，人人思想相同的社会也是如此。只有那些自发形成的多种多样的特性在更高意义的共同体

---

① 兰克编纂全集时省略以下方括号部分。

中与彼此相遇，而正是它们通过彼此之间鲜活的接触与补充带来了这个的共同体——只有生活在这样的社会中，我们才会感到幸福。否则，不同文学特性的混合和融合将只是令人生厌的无趣。当然不应如此！一切的关联都以各方的独立为基础。由此，他们才能够以最富活力的方式触及彼此，而不会受到对方的压制，其本质也不会因此受到损害。国家和民族也是如此。一方决定性的、积极的统治会招致另一方的毁灭。而各方的混合则会抹杀任一方的本质。只有分类和纯粹的培育能带来真正的和谐。]

论史学与政治学的亲缘与差异

(1836)

［编者按］兰克于1834年被聘为柏林大学教授，但两年后他才发表了这篇正式的就职演说。演讲原文为拉丁文，由兰克胞弟费迪南德·兰克译为德文，兰克收入全集。为方便阅读，太长的自然段做了重新划分，原自然段落用方括号标明。

［1］尊敬的听众们，亲爱的同学们，众所周知，在我们这个时代，使人们最为全神贯注思考和从事的不是其他，正是改良国家、以不同的形式重铸国家的兴趣和倾向。我认为，这样一种渴望主要发端于两点：其一是对于前人创立的惯例的厌倦，因为它们与发起者原初的根本思想已经相去甚远，乃至腐败退化；其二则是关于最优国家形式的一种已经书面化的观点。据我所知，这一观点已经凭借一种自然发展层面上的必要性席卷了全世界；而根据这种必要性，国家无论以突然还是渐进的方式，都应视这一观点为最优的方向。人们无法充分断定，走上这条道路的只有那些被革新的渴望攫住的外行人和劣等人。相反，正是那些卓越、爱国且身被荣耀的人在追随，或至少没有从一开始就谴责这一观点。好在精神和思想的这一普遍方向并没有结出期待中的果实。而究竟又有多少国家没有被这一追求迷惑和撼动呢？

我们当然已经看到，通过追随这一计划，人们妄想得到提升以获得智慧和美德，结果却是全然的盲目和罪过。是的，我们已经看到，这种力图改善劣等和颠倒的国家形式的值得称赞的热情，最终变成了对良好法律的弃绝，变成了公开的叛乱，变成了要推翻和颠倒一切的暴躁与狂怒。一场风暴爆发了：它使得国家领导者无法再凭借聪明才智控制缰绳，也不允许他按照固定的计划掌舵；它使得人们失去了深思熟虑和明辨利弊的能力，以至于那些安然无恙地逃脱了这片阴云环绕、劲风摇撼的海域的人成了真正的幸运儿。人们追求的自由数次沦为为光荣者所不齿的屈从，沦为愚蠢而残忍的多数人统治。

如果要问，从这种不幸的转化中究竟得到了怎样的国家形式，那么，我们将找不到任何具有稳固根基的事物，也找不到任何担保、甚至只是承诺某种安全性的事物，而这种安全性正是人类精神的真正教育必不可少的要素。是的，一个国家越是被这种意见与党派分立的混乱所撼动和撕裂，它就越是在更加激烈的运动中无所事事地游荡，用维吉尔的话说便是：在激情的热烈中四处涌流。相比合理而健康的事物，人们总是优待最为极端的倾向，这便造就了今日的人事境况：若某国出现了分裂，则这种分裂也会席卷和荼毒其他更为平静的民族。更有甚时，我们会担忧，那些已经被平息了的灾祸又会重新获得力量。

[2] 尊敬的听众们，现在我丝毫不怀疑，你们中的大多数人已经发问，为何事情的结果与人们完全合理的希冀与期望如此不符，并针对这一问题的原因做出了研究。这些原因，正如我们了解到的一样，有着多重的特性，在不同领域也呈现出不同的形式。若要阐明这些原因，就必须有详尽的说明，即使是一个完全了解我们这个时代的人也无法胜任。而这其中的一个原因十分普遍，比起其他原因也往往被更为频繁地指出。若各位不吝赐听，我今天想要谈论的便是此种缘由。

[3] 人们常说，新生事物不仅听不到史学，更是有意忽视它

的声音。如果它们注意到了史学的规定,并愿意考虑事实及其必要性所构成的连续发展的序列,一切都将得到改善,它们也更能得其所愿了。这种说法虽然看似正确,却绝不是无懈可击的。因为不少人坚决拒绝历史为国家命令提供建议的必要性和可能性:为人们提供过往时代的知识的历史究竟与今日国家的改善有何共同之处?国家宪法的建立或改善需要的是一种完全不同的科学。虽然史学通过证明起源,能够在一定程度上对根深蒂固的弊病做出辩解,其疗愈却只能借助政治学(Politik)这门在我们的时代才兴起的科学。人类种族在稳步发展,而"古人在他们的时代曾经做过什么"的问题或许根本不必提出,因为我们关心的只是:今日我们应该做什么。如果我们不敢信任自身的力量,不敢在全新的、尚未有人涉足的道路上追求新生和改善,那么人类境况所呈现的就不是沿岸奔腾河流的欢愉而明朗的景象,而是污浊泥潭或者静止积水的悲哀图景。

[4] 事实上,承认"史学在国家治理层面的指导作用无可争辩"也存在很大困难。这一困难不仅来自上述人们常常提出的原因,更是首先源于这一现象:能够流传下来的历史制度并没有足够可靠以致其真理不容质疑。难道那种热切的追求革新的渴望没有侵入历史吗?不断有作家投身于史学领域,他们寻找的不是其他,而仅是与他们的政治教条相符合的素材。于是我们看到,那种相同的将国家撕裂为党派分立的意见分歧,也以毫不逊色的狂热出现在对事件本身的叙述和研究中。人们争论中世纪的本质和特点、日耳曼民族原始的风俗习惯和前人最为熟知的历史人物的美德,最后则是人类种族的起源与开端。史学曾经可以改善政治,然而如今的史学已与那样的境况相距甚远:如今,史学更惯常地被政治破坏。

[5] 尊敬的听众们,我们应该评判什么呢?一些人断言,

在属人的科学（menschliche Wissenschaft）中根本不存在完全可靠而确定的事物，这是真的吗？我们究竟是否知晓在古代发生过的事件以及它们的历史呢？我们有可能准确地知晓它们的本性和本质吗？还是说我们将永远无法了解它们？我们是否无从得知一个运转良好的国家和一个业已腐朽的国家的区别、塔伦丁宪法与罗马宪法的区别、美德与恶习的区别？上帝应该防止这种情况的发生：人类将被推入更低等级的动物世界，一切都将被献给一种盲目的偶然。不，没有人能够否认，本性和天命允许我们拥有一种对于幸福与不幸之缘由的深刻洞察，允许我们区分良法与陋习。没有人会断言，我们忍受着理智如此巨大的盲目和昏暗，这导致我们丝毫不能对早先时代的种类与方式作出区分。

各位将如何评判呢？各位是否相信，过往事件的知识不包含任何可能与当下以及未来利益有关的内容？各位是否认为，史学与政治之间没有任何紧密的关系或亲缘？我个人则完全无法想象，这样一种意见能够得到各位的赞同。史学与政治之间究竟存在何种关系，这本身就是一个棘手的问题。在我们的时代提出这一问题尽管有招致误解的危险，但通过其必要性和有效性，毫不畏惧地阐明这个问题，尤其是在这样一次盛情难却的集会上，这是完全值得的。接下来，我将会谈到史学与政治的亲缘，并尝试指出，这两种科学的边界是什么，其中一方如何触及另一方？两者又如何分离，其中的差异存在于何处？

[6] 若从更为人熟知的史学一方出发，我们便能断定，史学的职责既不是事实的汇集和排序，也不是对事实的理解。史学关涉的不是记忆本身，如人们相信的一样，而首先是理智的敏锐（Schärfe des Verstandes）。然而，自然有人仍在思考辨别事件真伪、在众多报道中遴选出最优的困难程度，也有人仅通过道听途说了解在史

学范围内得到应用的部分批评。然而,这些都只是历史书写的部分任务。

[7] 相较与此,史学更加庄严且困难的一面则是:观察事件的原因、前提、后果和影响;准确地区分人类不同的发展轨迹——这其中既包括一方赢取胜利的聪明才智,又包括另一方走向毁灭的经验教训;辨别胜负的原因——正是由于这些原因,不同国家才展现出或强盛或衰亡的历程。一句话,史学要从根本上理解事件背后潜藏的原因,而事件只是这些原因公开显露出的形象。这才是史学的根本目标。正如同自然科学一面着力细致描绘自然本质的形象,另一面却追求更高的事物,研究整体世界和单一个体被给予的永恒法则,并向孕育了万物的自然的内在源泉挺进,史学也渴望尽可能敏锐而精确地展现事件之间的次序、再现其色彩与形象,并将此事业视为其最高的价值。

因此,史学的工作不是停滞的,而是不断向关于开端的研究进发,寻求历经并抵达引领人类生活最为深刻而神秘的活动。一些人妄想能像在飞行中高升一样达到这种高度,然而他们却是在欺骗自己:他们代替朱诺(Juno)① 去拥抱云朵,惯于将客套话和空洞的风兜售为真理。另一些人却通过一种对自己观点之欠缺的阴暗感觉意识到,应该到哲学与神学的学说中逃难,并以此为根据塑造他们的史学。然而,这些错误并不能说明,他们所预设的目的根本不存在。他们无法达到自己的目标,然而目标本身却是存在的。他们无法戴起胜利的棕榈叶,但这棕榈叶却真实存在

---

① 罗马神话天后,天神朱庇特(Jupiter)之妻,萨图尔努斯(Saturn)之女。女性、婚姻、生育和母性之神,集美貌、温柔、慈爱于一身,罗马人称"带领孩子看到光明的神祇",地位相当于希腊神话主神宙斯的妻子赫拉(Hera)。

过：如贺拉斯所言，厄利斯（Elis）① 的战利品就在天福的意识中陪伴着它回到故乡。然而要想继续前进，我们需要的是另一条不同的道路。

[8] 由于史学因其本质必须鄙弃虚构和空洞的剪影，并且只能允许确定和可靠的事物存在，它需要的便同时是精神的大胆和谨慎。只有如此，史学才能一方面最为细致地研究单一事件并尽力规避错误，另一方面则不被事物的多样性分神，始终以坚定不移的目光追随最终的目标。即使这一流程严格地禁止史学家在第一次冲锋陷阵时就企图完全把握所研究的事物，它仍处处带来不可言说的甜蜜与清爽感触——比起着手研究事件的核心以及其本身最为深邃的秘密，比起观察人类事物如何在一个民族中得到奠基，国家势力如何取胜、增长和繁荣，又有什么能给人类理智带来更为愉悦可亲的感受呢？而当人们逐渐能够以合理的自信体察，或是借助已被训练好的敏锐目光，透彻地认识到人类种族在每个时代向何处发展，他们在追求什么，又真正获得了什么时，又会如何呢？这似乎是部分的神知，而我们渴望的正是在历史的帮助下获取这些知识。我们的追求也完全以这一认识为目标。谁还要问，这究竟有没有用？认识到这样的一种知识属于人类精神的完善性，这便已足够。

[9] 接下来要处理的是政治：因为政治，无论作为艺术还是科学，都是国家管理，因此，我们必须预先注意到有关这一概念本身的诸要点。首先，若我所想不差，我们赋予人类种族以连续性的性质，而这种生命的连续性正是国家的特点。人类终会死亡，时代终将更迭，但超出了人类个体寿命的国家却享有一种长

---

① 厄利斯位于古希腊伯罗奔半岛西北部，以养马和奥林匹克运动会而闻名于世。

久而均匀的生命。威尼斯便是一个例子。自从这座城市在亚德里亚海①的泻湖中被建立起来,它便以相同的方式矗立千年:与海洋争夺土地,时而以计谋、时而以暴力试图征服与其接壤的国家,创造秘密的国家权力机关,镇压偏爱人民的贵族——成长、增强、繁盛、逐渐衰微并最终没落——如果有人纵观威尼斯的历史,他便会感觉到,就好像自己通过不同的时代追踪并直观了一个人类个体生命令人惊叹的时间长度和顺序。

弗罗儒斯也以相同的方式灵巧地区分了罗马国家制度的特定时期。②随着时间的流逝,国家自身也会消亡,值得注意的是,这不仅仅是说那些必须忍受战胜者法律与宗主权(Oberhoheit)的国家,也包括那些取胜并奴役他国的国家。自从城市开始统治和领导世界,罗马国不仅不能保持城邦法的古老形态,甚至难以维持自身的存续。这正是人类事物的本质:最有力的部分往往逐渐取得优势并消灭其他较弱部分的特性,不管这一部分现今是被打败还是以胜利者的姿态走出战场。这同时也说明,生命不会被完全摧毁,事物不会全然毁灭。那些表面上的消亡只是与一种完满共同体的接续与融合,而一个全新的生命,连同无数事件,将从中产生。这些事件与之前的生命紧密相关,并始终与其互相联结。

[10] 我们现在要问,使一个国家生存下去的是什么?这其

---

① 亚得里亚海是地中海的一部分水域,分隔了意大利半岛(亚平宁半岛)和巴尔干半岛,也分隔了亚平宁山脉与狄那里克阿尔卑斯山脉及其临近地区。亚得里亚海西岸为意大利,东岸则分别属于斯洛文尼亚、克罗地亚、波斯尼亚和黑塞哥维那、黑山和阿尔巴尼亚。

② 弗罗儒斯(Florus, 98—138),古罗马帝国初期的史学家,生活于图拉真和哈德良统治时期,原籍北非。他以李维的《罗马建城以来史》为基础撰写古罗马史,并划分为若干历史时期。

中的原理与人类别无二致：生命存在于精神与躯体中，但精神，也即主要的部分，决定着其余的一切。尽管我们现在还无法完全了解到潜藏的原理，也无法指出并通过相应的名称描述灵魂及其活动和生命的起源与激流，我们却能够自由地观察呈现在眼前的事物，并通过深思熟虑推断那些较远事物的秘密。因为精神不能被手触目视，而只能通过其结果与影响认识。妄想能够目视上帝，这又是何等的愚蠢！然而没有人会怀疑，上帝就是一切的起源。

[11] 现在，我将要论证明我的论点。我们看到，国家和民族，无论疆域大小，总是依照与其他民族相异的习俗，按照自身独特的法律和特别的惯例生存和繁盛，因此，显而易见，每一个民族都有一种完全确定的、与其余民族不同的特性和独特的生命，而它所拥有的全部和所有展开的行动，都发源于此。有鉴于此，亲爱的听众们，治理国家的人身负何种责任与义务，现在并不难讲了吧？各位现在是否认为，那些被诱惑性的观点困于偏见之中，蔑视一切过往，视其为过时且不合时宜之物，想要将其克服，并因此完全无视通过道德实践得到尊重和疗愈的礼节与法则之人，那些只想着革新，简而言之，想要改造这个他们根本不了解的国家的人，他们很好地贯彻和实现了自己的事业？我认为他们完全没有履行到自己的义务；相反，不仅无所建树，他们还摧毁了既有的成果。让我们来听听西塞罗——一个在国家管理方面经验丰富的人是怎么说的吧：

> 每一个民族，每一个建立民族的集体，每一个关乎民族事务的国家，若要延续下去，都必须依照一个确定的方案进行统治。

[12] 他的观点与我们的观察是多么契合！因为每一种生命依照其本性都追求自我存续而规避死亡，因此，那些身居高位、在任一方面掌握国家治理大权的官员，能够维护并保持这一倾向，并日复一日地将其发展为更高层次的完满性，这对于我们而言就是公民的才智了。正如可能发生的一样，西塞罗也在同一个段落继续他的教诲："这种方案应该以使国家最初得以建立的根本事业为基础。"因为在这一根本事业中存在着我们所说的内在生活的起源。正如掌舵者必须明晰战船与货船的区别，国家的领导者必须是一位不仅清楚了解所航行海域的基本情况，而且首先完全知晓并理解他所领导的国家的性质的人。谁若是缺乏这一认识，反倒不如不去掌舵而是听凭船只任意漂游，因为他必然会破坏那些他本应该维持的惯例，从而威胁和扼杀国家生命的欲望。是的，依我之见，只有那些凭借矗立在他面前的国家的本质赢得了最为内在的亲缘联系的人，才能够在政治领域中取得杰出成就。

[13] 至此，尊敬的听众们，我们已经分别观察了史学与政治的职责及其边界。从中便不难推导出两者之间的关系，即两者的亲缘和差异。

[14] 首先，史学与政治的基础是相同的。任何政治都以其对所要管理的国家完整且准确的认识为依据，而如果没有对之前时代发生事件的通晓，这种认识是不可想象的；而史学要么本身包含这些知识，要么以囊括这些知识为目标。因此，两者在这一点上以最为内在的方式相互联系。我并不是说，如果没有完善的历史知识，政治根本不可能存在，因为仍然存在着倚靠神息进入事物本质的人类自身理智的机敏。我也并不是要证明，对于适宜领导国家的人而言，存在一种独特的教育方法。相反，我并不关心，是否有一种可以小心翼翼取得的教育或一种预言式的感触能

够上升达到我们所谈论的那种高度，我研究的是事物的本质。因此，史学的任务是从以往的纷繁事件中阐述出国家的本质，并使其得到理解；而政治的任务则是按照已经形成的理解和已经争取到的认识继续发展和完成这一本质。如果没有对当下的熟悉，过去的知识便是不完满的；而没有对以往时代的知识，对当下的理解也不可能存在。一方向另一方伸出手来，缺少了一方，另一方也不可能存在或不能达到圆满的状态。

[15] 然而，我并不像一些学者那样，认为新事物根本不应该产生。经验告诉我们，人类事物很容易走入歧途，正如人类的天性可能犯错误一样。我们看到，为了使生活本身不断向前进步和持续奔流，必不可少的任务每天都在涌现，就连暴风雨也可能是必需的。依照我们的观点，政治的聪慧也不在于保持，而是在于向前的运动和增长。人类种族要想抵达最高的圆满，缺少的还有很多。如果我们自己不去继续追求以达到这一高度和顶峰，那么史学也将触及自身的边界和永恒的最终目的，而不再继续向前延伸。

[16] 尊敬的听众们，这就是我所认为的史学与政治的亲缘和差异。两者都呈现为一门科学和艺术。从科学的角度看，两者以最为紧密的方式相互联结，即使一方更多包含过去，另一方更多包含现在与未来。在艺术的层面上，两者的差异更为显著。史学关乎文献：它的任务便是，将事件发生的过程以及人类发展的历程重新呈现在眼前，并永远维护对过往的纪念。政治关乎的则是行动：它力求通过国家的围栏将人们集合起来，通过法律的智慧在人民之中维护和平，通过自由的顺从将他们联系起来，总结起来便是，在公共与私人生活中良好公正地行动。史学与政治的差异几乎要比得上理论哲学与实践哲学的差异：一方涉及教育和无业者，另一方则是市场、分裂和公开争论；一方在阴影中、另

一方在日光下得到实践；对于一方而言，保存便已足够，对于另一方而言，不仅要保持，更要创造新的认识。

[17] 尊敬的听众们，我相信我听到了一些人的声音：他们反对我的主张，认为存在部分与历史毫无共通之处的政治，而这类政治才是最重要的。在这些政治中，国家的自然法得到了讨论和分析：这其中不仅包括对耕地和森林的合理利用，还有政府如何调整收入与支出、管理城市、设置法庭、立法执法的艺术。事实上，我丝毫不愿怠慢政治这样一门富于敏锐、真相和效用的科学；相反，我认为它于国家正如医药之于人体。因为人类社会同样也有自己的躯体，而国家经济不仅展示了国家的肢干如何交错缠绕为一体，还让我们看到了这具躯体的动脉与血管，看到了呼吸与血液的位置，并教给我们国家这具躯体的健康之处如何得到保持，病患又如何得到疗愈和预防。这样一门科学如此重要，而忽视其教导就会使所有人受到伤害并带来毁灭。

然而，这并没有削弱我们之前的讨论。首先，史学家所需要的对于上述情况准确而易于接受的认识并不比政治家少，因为对于史学家所研究的事件而言，其原因的基础往往正是国家的健康状况。其次——这一点其实是关键——政治学作为一门科学，并没有获得足够的重要性与声望，以至于一切政治行动都由它所决定。正如一个健康有力的人，尽管他会遵从医嘱，但却远远不及对医生唯命是从，将他的整个生活都建立在医生的规定之上；相反，他只会在患病时表现出这种服从的态度。一个建立周密、运转良好的国家也是如此：国家虽然以国家经济法则为依据并视其为缄默的规定，却绝不是恼怒地死守规矩，以至于无法展开任何超出适合规则范围的行动。国家面对这些法则绝不是奴颜婢膝；它看得到其他意义更重大的法则和更加卓越的观点，而这些法则和观点被内在生活的本能呼唤出来，关乎精神和心灵，使人类能够分享神性的自由。

[18] 在此，我们又能观察到这两个联系紧密的学科的另一个区别。历史就其本性而言是普遍性的。尽管不乏有人将自己的全部追求都献给了亲密的祖国，有时把自己限制在广大世界的昏暗一隅，然而，引导这种行动的却不是那种科学自有的对认识的追求，而是某种偏爱和虔诚，或是一种追求勤奋的本身值得称赞的倾向。而那种对知识的追求则会被"天下人事既不遥远也不陌生"的信念所吸引，而最终囊括一切时代和国家。政治的本质则全然不同：政治无论何时关涉的都是单一的国家，政治实践面向国家效益，并因此由国家性质所决定，具有明确的边界。谁又会想要独自一人领导所有的国家呢？懂得如何领导一个国家的人无疑是幸运的；而在无数驾驭国家之船的人之中，只有少数没有被迫放下手中的舵盘。因为这门艺术要求人们发现理智的敏锐和与生俱来的天赋力量，并通过思考探究灵魂的勇气。因此，政治是所有艺术中最为困难棘手的一门。

[19] 如此，我们便回到了一开始的出发点。最近这个世纪的哲人错误地以为，他们想出了一套必须统领一切的普适性学说。他们避免了能够辨别出单一问题的坚持不懈的研究工作；他们的内心充满了对长期以来在各个国家出现的公共领域的堕落的厌恶，以至于他们说服自己，必须按照一种最优国家形式的草图改革一切，并最终给予了不同民族同一部法律，向他们建议了一种共同的国家形式。他们就是这样尝试一切：他们觉得，松动、撕毁并消灭那些早已存在的惯例是最为崇高和值得追求的功绩。他们预言，此后将要出现的是公共幸福的开始，是黄金时代的复归。

然而，他们自己在不久后便认识到，推动曾服务了人类社会奠基的事物的要素和开端，并将其引入争论和分裂，这样的行为不会免于惩罚。他们吸取了教训：不同的国家具有不同的特性，这种特性虽然能够被暴力和暴力活动压制，却不能被完全消灭和扬弃；经由个人的痛苦，他们终于了解到最为糟糕的一类人的贪婪心与统治欲，而这正是他们自己唤出的。因此，这些人虽然改换了天地，却也给人类种族带来了不可估量的灾祸，正如西班牙的情形一样，他们给国家带来的灾难即使今天也仍在延续。

[20] 而现在，亲爱的同学们，我要求助于你们。我多年来担任历史这一学科的教师职位，今天则有幸能在这个隆重而庄严的仪式上发言。历史有数不尽的益处，因此学习历史是值得的。这其中最重要的一点，正如我们刚刚看到的，就是历史为一种健康的政治奠定了道路，并肃清了所有的阴暗和欺瞒，而即使是我们这个时代最为优秀的人才也不免常常受到它们的蛊惑。我们总能听到这样的言论：因为手工业者和工厂主的特别工艺，之后又因为各式各样的教育向最底层人民阶级的普及，最终是因为普遍的洞见和博爱，我们这个时代超过了之前所有的时代，以至于人们无法从过往提取出哪怕一个例子，推导出哪怕一条法则来指导当代。这些人丝毫不把先辈放在眼里，因此似乎显得伟岸。

与此相反，另一些人则向我们保证，我们这个时代是所有存在过的时代中最糟糕的一个，它缺乏虔诚、宗教、勇气和正义；他们悲恸地呼号，说时代充满了错误，而人们则对自身的改善完全绝望。于是，那些全新的、闻所未闻的事物正合他们心意，因为它们最与时代境况已经改变了的特性相符；可反过来，这些人除了那些由古代的威望所证实的事物外，又不愿赞同其他任何东西，他们尽可能贴近地沿着先人的足迹行走。然而，历史教给我们，每一个时代都带着自身的错误，也具有自身实现美德的独特能力。因此，我们既没有自豪和傲慢的理由，也无须绝望。同样，我们也学到，每个时代都被给予了自己的任务，这任务勾勒出时代的轮廓，我们的时代也是如此，而我们必须准备以勤奋和谨慎完成这一任务。最后，我们也认识到，引领人类事物发展的既不是一种盲目的、不可避免的命运，也不是幻想，而是美德、理智和智慧。亲爱的同学们，我邀请各位在灵魂中接纳这门科学：我们将开辟它为我们指出的这条道路，我们的祖国、古代和近代的典范，以及事物的本性和必然性，都将督促我们完成这一使命。

政治对话

(1836)

弗里德里希(以下简称"弗"):你带着如此的光辉来到我这里,穿着国务委员会的制服,甚至戴着外国的勋章?

查理(以下简称"查"):我打赌,你还没听过马车从你居所旁经过。不过如果你愿意跟我上前两步的话,我便能指给你那几扇明亮的窗户,我正是从那儿过来的。这些窗扇把整条街都照亮了。

弗:而你就是从这光亮中出来,溜进了我这书斋的孤独之中?

查:正是为了给我本笃会的兄弟道一声晚上好。人一旦看遍了世界便会寻求知己,而听够了轻快的聊天,便会想要享受一场真正的对话。

弗:对于你所做的区分,我实在受宠若惊,因此我更要热烈欢迎你!

查:你反正也不会相信,出入于达官贵人的社交场合,让沙龙占主导的见解与想法与我个人的意见充分交流,这便能满足我了。

弗:你这话仿佛出自那些自拜伦(Byron)以来无比享受现世生活的浪子。你看起来很疲惫,似乎精疲力尽。

查:世界和谈话只能触及普遍事物的要素和精神的表层:我们看到那些被境况眷顾或出身显贵而飞黄腾达的人,我们听到那些吸引了我们注意力的事物；这些联系转瞬即逝，永不停息地变迁，却得以长期留存。有人在这其中获得了满足。可这种不断交替的单一却使我压抑。

弗：但这对你而言又是不可或缺的。在上层社会中存在着维系世界的利益，这利益尽管转瞬即逝，并且如你所说，只在表面显露，却使社会不停地运动。看到他们出现、变强、取得统治并最终再次消失，这对你们而言也是有趣的。如今大家都在主要谈些什么呢？

查：天啊，报纸①千篇一律地重复，正如每个人所理解的一样：英格兰与俄国之间的紧张关系、②《国是文件集》、③ 归还西里西亚、法国王子们的旅行、阿利博、④ 对内阁会议少得可怜的关注、铁路与步枪、⑤ 战争与和平。总之，你想要的都有。

弗：那总有占据支配地位的观点和意见吧？

查：这就又有阶层差异了。年轻军官因战争的念头而激动不已，但他们并不关心战争的另一方是谁，只理解到了《国是文件集》中的敌意。他们认为英格兰想要分裂。他们也不怀疑，战火

---

① 这里指关于一个事件的报道。

② 这一紧张关系的原因是 1833 年俄国与土耳其由互助条约缔结的保护同盟。1834 年，俄国清空了多瑙河的侯爵领地并占领了西里西亚，英国对俄国的敌意进一步增强。

③ ［译注］《国是文件集》（*The Portfolio, Or, A Collection of State Papers: Illustrative of the History of Our Times*），ed. David Urquhart, 6 Bde, London：1836—1837。这是一部秘密政治文件的合集，来源可疑，自 1835 年 11 月 25 日起开始由 Urquhart 在伦敦集结出版。这部作品通过贬低俄国政治撼动东部各大国的统一，从而使自由解放的西方大国得到道义的支持。

④ 路易·阿利博（Louis Alibaud），法国军事共和主义者，1836 年 6 月 25 日对法王路易·菲利普行刺，年仅 26 岁。

⑤ 雷管发明之后，步枪在十九世纪得到迅速发展。

将会席卷整个欧洲乃至世界。

弗：的确，怎么会有军队不真心期盼战争的到来呢：这意味着行动、效力、擢升，我并不责怪他们。

查：奇异的是，军备从未如此普遍而强力，但人们也从未有过如此长久的和平。

弗：这其实是自然的。之前的战争双方往往有过剩的力量、充足到可以精减的人力，以及要么是通过宝藏换取、要么是无须大费周章便能筹集到的金钱。而现在的战争则几乎以人对人的形式全力打响，第一次军备的花销就十分昂贵了。人们必须被迫投入生死之战，难怪人们要对此略作思考——但你还想提及另一种观点。

查：与此相反，行政管理机构欣喜地看到，一个长久的和平将要到来。人们不再畏惧绝对君权和立宪制君权之间的对立局面，而这一对立局势看似危机四伏，并遮蔽了数年以来的前景。一种温和中庸的气氛（Justemilieu）① 在被抑制了如此之久后重新获得了生机。人们希望，各方势力都已经洞察到，极端统治是不可能实现的。

弗：你似乎也赞同这一观点。

查：我又能如何？永不停止的政治运动难道应该献身于大众原则或是贵族倾向的绥靖原则吗？为了不为此服务，也不被他们的冲动所吸引，转而追求自己并不希望得到的东西，我们难道不是必须在斗争中在两者之间占据一种立场吗？

弗：非常明智。

查：也非常必要。如果不能看到选择这一出路的必要性，国

---

① 1830 年的六月革命之后，路易·菲利普作为市民国王提出政治口号，调和极端保皇派以及革命党。

家又有什么用呢？人们本应该相信，在法国大革命之后，运动和自由主义将取得不可抗拒的优势。然而，从颠覆中产生的政府在不久之后便被迫起身反对革命。这对于整个欧洲、尤其是对于我们立宪制的德意志产生的反作用是显而易见的。辉格党（Whigs）取道于激进主义和保守原则之间，不论他们看似多么偏袒前者，也始终不曾放弃后者。

弗：你的确相信，国家可以以这种方式实行统治？

查：你不这样想吗？

弗：实际上，我在整体上赞同你，却又必须反对你。

查：然而你有什么反对的理由呢？请你细细道来。

弗：你来自一个更加开明的社会，那么你是否能够耐心地探讨关于一个严肃问题的论证呢？因为我们的讨论可能会比你设想的更加深入。

查：我怎么会不能呢！以这种方式，我们便从谈话（Konversation）深入到对话（Gespräch），从约定和协商进展到寻求与发现。

弗：那么，请你首先回答我的这个问题：你是否确凿地发现，正如人们常说的那样，真理往往处于中间位置？

查：至少我总是发觉，真理不在极端中。

弗：你不能从极端中推得真理。真理完全处于错误的领域之外。你无法从错误的一切形象中概括出真理的样子：它只能在自身的范围内被发现和直观。你无法从全世界的异教中推断出基督教的样子，要想认识它，你必须阅读福音书。由此我们可以断定，全世界的赞扬与指责加起来也无法孕育出健康的判断，不论我们多么认真仔细地寻找两者的中点。

查：我暂且认为你的观点成立。然而，这与温和氛围有什么关系呢？

弗：在国家中，你也能感受到极端意见的存在。我向你承认，极端中不可能存在正确的东西，但是，是谁说它一定处于中间呢？

查：国家并不是教条。党派维护的也不只是观点，各个党派自身也是力量，是对峙的暴力，它们互相争斗并取代对方，正如我们每天看到的一样。

弗：你是说，政府应该在它们之间保持平衡？

查：是的，统治就是领导、驾驭。

弗：但是我问你，政府如何能够做到这一点呢？它在何处得到所需的力量呢？

查：在我们的时代没有不赋予政府一定权力的宪法，即使它要受到限制。

弗：请允许我这么说！只有力量本身并不够。力量是一种工具，它取决于人们的用途以及使用者是否理解如何使用它。政府自身并没有意义。

查：为什么规避战争并促进普遍利益没有意义呢？请听我说：不论我们如何定义国家和社会，统治者与服从者、被领导的人民和少数的领导者之间的对立永远存在。如果事物自行发展，那么，多数人的利益便总是胜出，而统治者则必须以这样或那样的方式服从这一规律。在大众之中总是存在分裂，会有不同的党派，但我们不应总将其视为一种混乱。这常常只是一种生命形式，而大众的福祉在其中能够发展繁盛。比起避免一方或者另一方的优势，或者双方危险的相遇，政府有什么更好的举措呢？

弗：你并不能以此逃脱我的追问。这样一来，世界便落入了党派的手中，这些党派将掌握生杀大权，而政府代表的只是冷漠。对此我不能认同。

查：为什么不呢？

弗：你必须向我承认，况且这也是你自己的话：你所说的党派代表着精神的力量，而不只是一定程度的权力。

查：不容置疑，它们是力量和倾向。

弗：为了能够战胜、争取并利用这些力量，难道政府自身不应该是一种更加强大的精神力量吗？你认为政府具有行动的特性，那么这其中的力量是什么？政府绝不仅仅是一种调停的良好意愿。它必须拥有一种本质和自身。

查：即便如此，政府也必须占据党派之间的中点。

弗：此处既是我们的共识，也是我们的分歧。对我而言，存在着一种对温和气氛的双重想象。其中一种是消极的：党派组成了国家，统治性的权力力求做到不对任何一方不公，并在各方之间维持自身。这仿佛是你的想象。然而另一种想象要积极得多：温和气氛将党派和极端排除在外，而这只是因为，它自身有必须首先实施的积极内容和自然的、独特的倾向。

查：你说得对：这个问题的确将我们引入更深的思考。我们的对话所关注的是国家的本质。我必须承认，这令我十分满意。我已经多次感觉到，你对此持有一种与我不尽相同的观点。若不妨碍你，我希望你能对此作出更加详细的解释。你是如何理解国家积极的精神内容的？难道它们不具有相同的起源？难道它们不都负有义务？它们之间的不同难道不是偶然的？

弗：事实上，对于你似乎持肯定态度的所有问题，我都予以坚决的否决。如果我们想要理解彼此，就必须再迈出一步。你知道桌上放着的这本小书吗？

查：《我的战争哲学》的最后两章。① 这是谁的著作？

弗：请你读一读标题页。

---

① ［译注］原文为法文。

查：是尚布雷①的，那个勤奋而充满洞见的俄国战争历史编纂者。这标题也说明了内容：第九章，处于与立宪政治与公民制度关系中的军事制度。② 相当令人愉悦的想法！我很想知道，他的观点延展到了何处。

弗：他发现，军事制度因其内在必要性而与社会和公民宪法的状态相符合。

查：请举个例子。

弗：英国军队与未改革的议会相一致。坐满了两院的贵族每年投票支持军队的维护。维持现存的秩序是贵族的利益所在，因为正是贵族组成了这个国家，因此，他们便通过一些特殊的制度占据并掌控了军官职位。下级军官和士兵则主要通过征募。英军比其他欧洲军队享受更优厚的酬金和更加细致的养护——国家有能力且要求这么做。因此，军队士气高昂，但同时由于严格的纪律和残酷的惩罚，也具有很高的服从性。

查：这似乎引向了这样的结果：只要宪法得到进一步的修订，军队也将面临改革。

弗：我并不怀疑，只要改革能够深入到这一步。

查：英格兰军队与普鲁士军队的对立也来源于此。

弗：即使在普鲁士，作者也发现，军队与公民制度处于完美的协调状态：普遍的军役和个体自由以及财产分配；后备军的设立以及市政的合法性；安排有教养阶级服役一年的偏好以及这一阶级所占据的地位。下级军官能够指望得到膳食供应，这便将他们和国家牢牢绑定。他高喊："一个拥有后备军一般的民兵和市

---

① 尚布雷（Georges de Chambray，1783—1850），法国将军与史学家，他的 *Histoire de l'expedition de Russie* 出版于 1823 年。

② ［译注］原文为法文。

政秩序一般的军事机构的国家便掌握了自由。"

查：这两支在滑铁卢打败了拿破仑的军队是多么不同，它们亲缘相近，内部动机却不同，其中一支被征募而来，养尊处优，坚持不懈，属于贵族；另外一只则是全民的，敏捷灵活，时刻准备面临物资的匮乏，永不疲倦。重要的是：这两支如此对立的兄弟军队分别代表了日耳曼欧洲的昔日和新生，而它们的联合最终带来了决定性的胜利。由此便可以理解，威灵顿[①] 当时拒绝了追击，以及他为何对于改变军队体制毫无兴趣。他也是位反改革者。他不愿意得到来自同盟的任何概念。尚布雷也提到了拿破仑之后的法国军队？

弗：他并不赞许那时的法军。他不能忍受，一位赢得了二十场战役的将军无法行使比一个缴税一百法郎的杂货商更多的政治权利。晋升更多依靠代表委员而非最高指挥官的推荐，前者只对被推荐人有个人兴趣，而后者则会在不同的情形中检验被推荐人，并将他与其他候选人比较。更有甚者，部分军官似乎对国家改革很有兴趣，因为正如我们可以预见的一样，他们有机会退休不干，在之后更有可能得到无数晋升的机会。[②]

查：社会情况及其统治性的要素如何遍布每一种单独的机构，这的确很特别。而更加引人注目的是，这一切发生在拥有一个不受限制且独立于内在国家统治进程的目标的武装力量那里：因为军事的目标便是尽力将邻国或敌国所需的事物据为己有。

弗：这正是我的看法。这种能够复兴并统治整体的想法，这

[①] 威灵顿公爵（Wellington，原名 Arthur Wellesley，1769—1852），在滑铁卢给予拿破仑最后一击的英国名将，后两次出任英国首相。

[②] 1814 年宪法确定了不平等对选举权，即选举权仅限于至少一次性缴税 300 法郎的公民。由此，只有大约 87000 名法国公民享有选举权。

种精神的支配性倾向，以及普遍的情况，它们决定了每种制度的形成和本质。我们大可以说，制度有其自身独立的意义。然而事实上，我在其中往往只能看到一种要求和可能性。只有在执行中，它才会得到一种精神的现实，然而此时，区别也马上显现出来了。

查：我承认，我常常觉得意识到了类似的事物。人们常常建议我们采纳别国的某种制度。但谁又能保证，这些制度在我们的国家不会转变为其他呢？法国人曾经希望采用德意志的教育制度，然而这一制度以德意志新教教会的需求、想法和发展为基础，完全浸润了对应的精神，以至于只有一种最为外在的轮廓，只有表层思想的表现形式能够被复制出来。不同国家的大学尽管具有相同的历史根基，但自身是多么不同啊！

弗：正是如此！我清晰地看到，你赞同了我的观点。我们已经阐明的是理论中的重要一环。相同的制度带着相同的目的，在相同的历史根基上发展而来，然而即便如此，它们在不同的国家也呈现出最为不同的形象。你认为这是如何得出的呢？

查：我毫不怀疑：这源于不同的宪法。英国教会发展出来英国的大学，议会宪法规定了军事机构——我们国家的所有制度也正是以这种方式与我们的教会和国家相关联的。

弗：这我承认。但是我要继续问：宪法又取决于什么呢？

查：你并不是在问各国宪法随着历史进程是如何发展起来的。重要的似乎是它们由什么构成。答案是国家实体的对立、权力关系、某一方的优势、一个国家总体的内部经济，以及国家所处于的形成阶段。

弗：如果这样的话，你就必须要复制宪法，并且在一定的准备和培训过后将它移植到不同的土地上。然而，正如你刚刚承认和实际中可能发生的一样，移植单一的制度已经十分困难，普遍的宪法岂不是更不可能？即便能够成功，你所得到的也是不同的事物了。

查：当然要根据实际情况的不同而进行修改和限制，正如一部有生命力的宪法在自己国家也要得到不断的修订一样。

弗：我们不要被自己并不相信的可能性蒙蔽双眼。形式当然可以移植，然而发展出这种形式的并不只是历史根基，更是联系了过去与当下、并将继续复兴未来的精神，这精神又该如何复制呢？甚至——这自然无济于事——你们必须要先占据它，再用自己的创造填满它。

查：但是，我认为这其中终究存在着一种内在的亲缘关系。我在处处都看到三大阶层、相似的形式，以及相对应的热心于并不直接触及自身的利益的党派。有贵族精神、民主精神、混合或纯粹的君主制精神。我并不是说，这一切都必须相同，这与我的想法相距甚远。然而某一部宪法在一方之中发展健全，另一部宪法在另一方面中同样发展完善。我们为何不模仿并吸收这种完善性呢？

弗：你似乎过于高估了宪法的种类。这其中自然有如植物学一样的分类，但是你真的认为，一个爱花的人能够通过花丝就辨认出他的花儿吗？人们在古代做出区分，这区分的确仍然有效。但是，雅典的精神与我们的民主精神并不相同。民主并没有催生出灿烂艺术的理想，柏拉图是一位糟糕的民主主义者。当你想象贵族所有的伟业时，你不会想到斯巴达。我并不是说他们的事迹和习俗，而只是他们宪法的种类和方式，只是斯巴达人（Spartiaten）、拉刻代蒙人（Lazadämoniern）以及希洛人（Heloten）之间的关系。

查：但你不应该认为这种区分无足轻重。你不能否认，不同的国家之间有相同的东西。

弗：在我看来，我们必须区分形式和真实。形式是普遍的，而真实是特殊的，鲜活的。宪法的特定形式——也即是限制个人专断的追求——以及阶层关系的设定对于所有国家都必不可少。但它们并不是赋予一切形式以内容的原始生命。一定存在某种东西使得国家被注入了生命，而不是普遍类别的一部分。国家由此得到了个体性，成为它自己。

查：如果我正确理解了你，那么你的观点其实与人们通常的理解相异：人们习惯于从形式的区别出发，由此得到的不同类别，再从中推导出个体差异。与此相反，你将形式视为一种次等的、受到支配的要素，并将个体国家特征性的精神存在视为原始的要素，视为国家原则。

弗：语言的例子可以帮助我们清楚地看到这一点。语法运转的诸多形式拥有一种普遍的共通之处：它们总是以某种方式在不同的语言中再现。然而，每一种特定语言的精神却带来了一种修饰（Modifikation）的不可穷尽的多样性。国家原则并不是一种观点的抽象，而是它内在的生命。这一原则赋予人类社会形式——我不否认，这种形式不可或缺——特定的修饰，并填充了它们的现实。

查：照这么说，你似乎设置了能够复兴宪法和社会一切形式的不同的精神实质。但是，你并不是在讥讽一切的普遍政治法则吧？在我看来，你似乎忽视了常常使教条得以在国家之上形成的基本问题。

弗：你指的是关于国家最初形成的问题，Pactum unionis et subjectionis［联合和臣服盟约］。①

---

① 关于国家形成的自然法学说以两个行为为特征：个体首先联合为社群（pactum unions），之后单个或多个人被赋予统治权（pactum subjectionis）。

查：国家的开端是权力还是契约？政府的权力是被委派的还是一种内在的许可？

弗：请原谅，这个区域我并不愿意涉及。它在我们的感知之外。你最近是否到访过天文台并测试了我们最新的夫琅和费望远镜（Fraunhofer）？①

查：你怎么突然想起这个？

弗：如果我们观察了整个天空和组成银河的不可计量的星团，看到了无尽空间的更深处，那么在最终的距离之上，我们就遇到了另一个夜空，它更加深邃、昏暗，在此之上，我们感知到一个全新的世界和更加壮阔的形象。

查：你说的是星云。

弗：光芒微弱、转瞬即逝的流星，时而如盘，时而如拱，时而如环。那是一个我们可能认为仍处于形成阶段的星空世界。我问你，我们应该把占星术建立在对这个领域并不稳固可靠的观察之上吗？

查：那么你觉得，在如此严密的形式中呈现出来的关于国家的理论，当真可以被类比为这种虚妄的出发点？

弗：人们往往忽视最靠近自己的东西，而在最为黑暗的远方寻找散落的事实，希望将其应用于最切近的问题。然而，在对于一个可抵达和计算的天体的最为准确细致的观察之后，开普勒（Kepler）发现了宇宙的法则，这些法则也因他而得名。

查：你想要否认我们所拥有的普遍政治法则的有效性吗？

---

① 约瑟夫·夫琅和费（Joseph von Fraunhofer，1787—1826），物理学家，天文学家，慕尼黑大学教授，发现了太阳光谱中的暗色线，被命名为夫琅和费线。

弗：这些法则在我看来，与所谓哲学语法①的价值同样成问题。后者凭借对于普遍语言形式的逻辑论证，从未真正达到过目标。每种语言都有上千种特别的修饰。只有通过全面的历史的研究与推论，我们才能获取对于在深处统摄一切的法则的感性认知。从关于国家的空洞思想中得到的政治法则与语法完全相同。请你想想费希特：

> 因为地球表面以及人类被海洋、河流和山川分割开来，产生不同的国家自然也是必要的。②

你认为，我们从这一观点出发，能否在不同精神中取得对于原始事物的直观和欣赏呢？

查：但普遍的论证总是不可或缺的。人们必须知道他们为何身处国家之中并听命于国家。

弗：你说的有理。理论的确是从这一需求中产生的。它是一种对私有权利和公共权利的调和。前者希望得到后者的庇护和最后的担保，后者则将前者的要素纳入己中。

查：难道重要的不正是这种调和吗？现代国家统治最为杰出的成果之一不正是普遍的保障吗？

弗：我不否认这一点。然而从这种仅仅构成了私人生活其中一个考量的普遍要求中，最多只能推断出特定形式和构成的必要

---

① 流行于十九世纪初期的一个术语，指由单独的语言抽象而来的一种普遍的语言学说，由此发展出一种普遍语言的设想。参见 Thiébault, *Grammaire réunies dans un seul corps de doctrine*, Paris 1803, 2 Bde. 以及 Schmitthenner, *Ursprachlehre oder philosophische Grammatik*, Frankfurt a. M. 1826。

② 引自 J. G. Fichte, *Rechtslehre*, 初版 1812, 新版见 *Fichtes Staatsphilosophischen Schriften*, hrsg. von H. Schulz und R. Strecker, Leipzig 1919：*Rechtslehre von 1812*, Ⅲ. Teil, *Völkerrecht*, S. 158。

性，正如雾海中缥缈易逝的形象时而紧密地聚合起来，围绕着一个核心。我们能够以这一方式阐明形成过程最早期的开端，却不能达到对完满本质的直观和判断。

查：你因此否认从普遍国家概念出发的可能性。

弗：我认为，真正的政治法则必然有历史的根基，以对强大的、内部取得了繁荣发展的国家的观察为基础。

查：我们难道不能从普遍走向特殊吗？

弗：如果没有跳跃，没有新的开端，我们不可能从普遍抵达特殊。在不可感知的本源性中突然出现在你眼前的真实精神不可能从更高的法则中推导出来。你可以从特殊出发，冷静审慎地攀上普遍；然而普遍的理论绝不可能引向对特殊的直观。

查：那么，你又将特殊置于何处呢？

弗：让我们从最简单的例子出发。我们的雅克（Jacques）①如此热心于世界主义，并在意大利、君士坦丁堡以及圣彼得堡殷勤献出了自己的才华，无奈厄运最终将他驱往这种德意志学者式的隐居生活——他难道不是一位十足的老派法国人？

查：的确。他在街道上行走时会晃动手臂，他拿起一盏灯的姿态，当意料之外的事情发生时他的举动，他的感觉，甚至他的想法，他在这些方面都是法国人。

弗：祖国并不是令我们最终获得幸福的地方。毋宁说，祖国就在我们身边，在我们心中，德意志就活在我们心中。无论我们是否愿意，无论我们奔赴哪个国家或是世界的哪个角落，我们都始终在描绘它。我们从一开始便以此为根基，永远不能从中得到解放。这种同样实现了最为渺小和最为崇高事物的神秘存在，这种我们呼吸着的精神空气，存在于在任何宪法之前，复兴并实现

---

① 指谈话时的侍者。

着它所有的形式。

查：你似乎认为民族性和国家是一致的。

弗：人们常常如此相信着。民族有成为国家的倾向，然而我并不知道有哪个民族真正成为了国家。最靠近这个目标的法国也绝对没有包括所有的法国人，更不用提被隔离在重洋之外仍继续代表了古老的封建法国的加拿大人，以及法国在萨伏伊（Savoyen）和瑞士的近邻了。英格兰距离这个目标更加遥远。它的殖民地大多与本国分离，并在与母国对抗的运动中得到发展。德意志就更不必说。如果人们把德意志联盟（Deutscher Bund）视为一种国家——这其实在最不符合事实的意义上才能成立——那么它也远远没有包括所有的德意志人。①

查：你是如何得出这一现象的呢？根据你的想法，国家必须建立在民族性的基础上。

弗：国家根据其本质而言，要比民族紧密团结得多。国家是对人类存在以及民族存在的一种修饰。

查：那么这种修饰是如何产生的呢？

弗：我们并不能倒退回原始社会的时代。我们的历史实际上只囊括了一段短暂的时间，而这段时间本身也是多么不完整和可疑啊！因此，它怎么能够帮助我们回到不同宗教和关于大地与天空的不同想象统摄世界的时代，回到不同的需求、错误和美德引向了与之相符的制度的时代呢？我们的世界具有公民宪法的倾向，但是生产无时无刻不在进行，强力往往复兴于不起眼的事物。在压迫和痉挛下，新的形式从破坏中持久地生长出来。我认为比起那些与对象相分离的反思，观察到这些现象并找到变化的

---

① 普鲁士东部行省东普鲁士、西普鲁士，以及波兰均不属于德意志联盟。

法则，这是更重要的，或至少也是更有趣的。

查：你已经开始着手于观察了。我并不要求你今天就要得到结果。但是在普遍意义上，你怎么理解这些形态的起源呢？

弗：事物的本质和机遇、天赋以及运气共同的作用。

查：运气？你指的是事件的作用和胜利？

弗：不，是争取到并最终能够拥有独立性的时刻。

查：在你的政治中，外交关系似乎扮演着重要的角色。

弗：正如我刚刚所说，世界是被争取到的。要想成为什么人，就必须以自己的力量站立起来，发展出自由的独立性。而那些没有被给予的权利，我们必须为自己争取。

查：一切不都取决于这种残忍的力量吗？

弗：并没有"斗争"（Kampf）这个词所显示的那么多。基础本就存在，而集体也被创造出来了。然而，如果想要获得普遍的重要性，就必须首先具备道德力量。只有凭借这种力量，才能在竞争中战胜对手和敌人。

查：你将流血的战争视为道德力量的竞争。你可要提防把自己拔得过于崇高！

弗：你很清楚，我们并不崇高的先人也是这么理解的。因此，坦可泰利人和阿姆普斯瓦里人才会与罗马人展开夺取无人地的竞争。① 事实上，你并不能说出很多不以此为逻辑的重要战争——常常是道德力量取得了胜利。

查：而你现在想从战争和胜利中推导出内在组织的形式。

弗：并不完全是，也并不直接是，而只是形式的修饰。一个

---

① 坦可泰利人（Tenkterer）是西日耳曼部落，最初定居于上黑森，公元前55年被凯撒驱赶至莱茵河地区（Caesar, *Bellum Gallicum*, Ⅳ, §1-15)；阿姆普斯瓦里人（Amsiwarier）是法兰克人在下埃姆斯河的部分部落。

国家独立的程度给予了它在世界中的位置。同时，它也必须使所有内部关系服务于维持自身的目标。这是国家的最高法则。

查：你似乎倾向于一种军事专制统治。

弗：如果没有各阶层自愿且完美的联合，国家怎么可能取得伟大的成就呢？伟大的共同体是经由凝聚性思想的秘密作用逐渐形成的。若有人具有引导这思想的天赋，这便是极其幸运的事。真正的天才永远不会用力量强迫这思想。

查：那么，你所建立的最多就是一个自愿的军事国家。

弗：你指责我的话与亚里士多德对那些古代立法者的指责如出一辙。我考虑更多的是如何使国家强大有力，而非如何使公民智慧而良善。我的目的更多在于战斗与运动，而非和平与悠闲。对于存在的开始，对于赢得独立的目标高于一切的时代而言，你的话并不错。但在这之后，人类天性所有的和平需求会逐渐生效，一切将取得平衡。我们还将考虑之后的情况。然而，让我们先停在至今为止所得出的结论上，以对它们做出总结。吸引我们注意力的不是遥远的起源问题，而是在我们眼前发生的事情。

查：你对此怎么看呢？

弗：世界上所有具有一定体量的国家都充满了特殊的、与自身相符的倾向。将国家解释为个人为保护私有财产而联合组成的安全机构是可笑的。那些倾向其实是精神性的，其全体公民的特征都由其确定并被打上了不可磨灭的烙印。通过由此发源而来的差异，具有一种普遍必要性的宪法形式得以产生，并在各国得到不同的修缮。最上层的思想决定了一切，即使那些起源于上帝的国家也是如此，因为这一思想正具有神性的起源。每个独立国家都具有自己的原始生命：这一生命有自己的发展阶段，并和其他一切生命体一样可能走向毁灭。然而，这一生命将首先实现并统治其完整的周期，具有自身的独特性。

查：在这一意义上，你认为国家其实是个体？

弗：国家是彼此可以类比但却在本质上相互独立的个体性。我所看到的是精神的本质，是人类精神的真实创造，或者说是神思，而非你所认为的从契约学说中产生的如同云层一般的转瞬即逝的混合物。

查：我并不想反驳你。你的观点似乎过于坚定，而我承认，我也被它所吸引了。但是，让我们从普遍的观察降下来。请你告诉我，你是否认为今日的国家也有这种起源和内容呢？

弗：我的这种确信正是从它们身上得出的。在我看来，它们似乎指出了最为完美的结构。然而要阐明这一点的话，今晚的时间太过短暂了。

查：但我必须问你一个问题。照这么说，每个国家都会有自己的道路，而我们也不会看到欧洲帝国由于内部制度的争斗而分裂为两个部分，它们充满敌意、无休止地威胁对方。①

弗：然而一种欧洲共同性仍然存在。尽管如此，每个国家都处于自己独特的发展之中，也都会在这种发展中倒退，正如革命战争的影响一样。

查：正是这一点动摇了你的观点。整个欧洲难道没有发起战争反对革命吗？如果不是为了共同的利益，欧洲又怎么会联合起来？

弗：你说的不错，这种互相理解来之不易。但你再进一步回忆便会发现，事情并非你描述的那样。人们从最初遭到攻击到最终联合起来，中间又过了多久啊！只有新近出现的力量全然威胁

---

① 指自六月革命以来，由自由的西方各国和保守的东方各国的对峙决定的欧洲政治格局。

到了一切独立力量所存在,这种危险才能在毁灭的前景下唤起一种共同反抗,只有威胁到独立的一种新生力量所带来的危险能够在。

查:正是在这时,自由的捍卫者与绝对原则之间存在着多么强烈的敌意啊!人们至今都仍在谈论《文件集》最新的发行版。这你知道吗?

弗:书就在这里。然而,在进行了如此普遍的观察之后,如果我们现在要转而处理眼前的具体事物,并试图将两者联结起来,那么,我只能得到与报纸意见相左的想法。

查:你觉得这本书在规避冲突吗?

弗:它无疑是很长一段时间内出版的最为恶毒、最有敌意的文字。然而我并没有看到,强大的陆地国家因此受到任何影响。

查:你怎么看波佐·迪博戈①的公函?

弗:真正的杰作。我之前并不相信,现代外交能够带来如此杰出的作品。

查:你是否也赞同公函的内容呢?

弗:这封公函至少为我们摆正了一些错误。三大陆地强国经常因建议、参与并激化法国和西班牙两地君主原则拥护者夸张而片面的措施而受到谴责。我并不知道,除了我们所说的波佐·迪博戈1826年的公函,还有什么能够如此强有力地反驳这一信念呢?

查:你觉得这是真的吗?

弗:我们对此无法做出坚定的判断。然而它们的确有良好的特征,其理性的内容本身也为这种真实性做了辩护。

查:你似乎着重考虑的是关于费迪南七世(Ferdinand Ⅶ)的

---

① 迪博戈伯爵(Charles André Pozzo di Borgo,1764—1842)是法国大革命初期的激进分子,科西嘉人,因仇恨波拿巴家族,后投入拿破仑对手的阵营,并参与俄军,1814—1832年成为俄国驻巴黎大使。

公函。在这封公函中，葡萄牙—西班牙的冲突①清晰地凸显出来。成为诸多弊病根源的夏弗侯爵的葡萄牙远征之所以成行，是因为得到了费迪南七世集团的推动，这一点也终于在公函中被承认了。

弗：没错，但也不只是这些，这次远征还违背了诸大国的明确劝告。

查：但你不能说，唐·佩德罗（Don Pedro）的宪法从中获得了极大的便利。

弗：当然不会。然而自此之后，这一宪法是否还适于为葡萄牙创造福祉呢？此外，人们还想要给它时间使其发展自己的本质。我承认，我也认为它的弊端必将导致自身的毁灭。但我并不觉得这种敌意十分危险。这一时代将使它发展出自身的长处。然而，人们绝不赞同费迪南被诱入的那种考虑不周的暴力。

查：你也提到了法国。

弗：我们可以以真实的优越性和透彻的洞见，描述出查理十世不顾所有提醒犯下的错误。②即使是今天，我们仍要把这位王侯所遭遇的不幸都归咎于此：他将自己封闭在一个由显赫的教徒

---

① 拿破仑时代之后，伊比利亚半岛陷入政治和政权集团间的宪法斗争和内战。1814 年，西班牙的费迪南七世废除 1812 年的加的斯宪法，葡萄牙的唐·佩德罗则在约翰六世死后颁布立宪制宪法。佩德罗的弟弟唐·米格尔（Don Miguel）的专制得到了西班牙极端反动派即使徒派（Apostolischen）或以费迪南的兄弟堂·卡洛斯（Don Carlos）命名的卡洛党（Karlisten）的支持，西班牙与葡萄牙的纠缠就此开始。夏弗侯爵（Marquis von Chaves）激起了米格尔派反对佩德罗摄政统治的起义，他的远征也属于两国纷争中的事件。

② 查理十世（Karl X，1757—1830），路易十六以及十八的兄弟，1824—1830 年任法国国王。1822—1828 年任总理的维莱尔伯爵（Comte de Villèle，1773—1854）激化了复辟路线。查理十世试图通过 1830 年的六月训令镇压由此集结起来的反对派，他化解了六月革命，却也被迫于 1830 年 8 月 2 日退位。

主义者组成的狭小圈子里；他对待法国就仿佛法国堕入了异教；他根本没有努力赢得法庭，尤其是巴黎最高法院的支持；内阁对他而言只像是一个没有意志的工具；而维莱尔伯爵则无法忍受身边出现哪怕一位天才人物。

查：你难道不认为弊端其实在更深层的地方，在于人们任由革命利益继续发展达到的强势地位，以及它对旧君主政权的自然而然的反对态度？

弗：这是一切共同作用的结果。我们给敌手空间，借与对方力量，人们自然要点燃他们的怒火，让他们消灭自己。我们在这里预言的一切都逐句得到了应验：人们在所陷入的第一场真实危机中，没有任何的道德支持，不管此时他们手中有多少难以估量的力量援助。

查：今天的你真是位成功的律师。

弗：这里的其他文字记录便不需要进一步解释了。你是否能够比伯斯托夫伯爵（Graf Bernstorff）的碑文①更加理智地表达自己呢（在激情中失控的敌意正是以这篇备忘录为起点，开始了这本小册子的书写）？同样，政府必须赢得公民阶级的多数，自愿自发的对政府的服从来自这样的信念，即政府并不是出于对某个特定党派的考虑，而是为了普遍的福祉进行统治。如此一来，人们距离那种对被强加的立宪制宪法的仇恨该多么遥远啊！而每一种认为在德意志可以用法律之外的手段进行统治的想法都被拒斥了。

---

① 《国是文件集》（*Portfolio*）刊发了1818年起担任普鲁士外相的比伯斯托夫伯爵（Christian Günther v. Bernstorff，1769—1835）的备忘（Nr. XV，S. 356），其中提出：因奥地利的优势得到巩固，德意志小国转而向普鲁士军队寻求保护。

查：你似乎是在此之上建立了你的学说。你认为，在欧洲内部，两个敌意党派的对峙根本不存在。

弗：只是好感与厌恶。它们在事件的进程中被唤起，但要是说这种对峙的敌意发展到了能够挑起战争的程度，这纯粹是臆想。

查：那么，你如何判断如今奥地利与俄国之间的敌意？①

弗：我很有信心：如今一切情况都能巩固我的理论。如果对于这一误解的生动表达感到如此惊异，那么只能说，我们十分不熟悉1828年的情况。当时，谁没有听说过这一表述，谁又没有做出几乎像我们一样的理解和思考呢？这说明，陆地强国之间的联盟，即俄国与奥地利的联盟，并不比利益更加强大。意见的统治性倾向并不足以抵御利益的诱惑。从这一层面看，《国是文件集》本身甚至就是一个值得注意的现象。这个集子是第一份引起了全欧洲轰动的文件，它至少是无意识地从内部统治的对峙中抽象出来，领导了它所属的力量与外交关系领域的政治。

查：的确如此，你对此看法得当。别笑，我几乎就像是那个最后几年陪伴在歌德身边、并出版了与他的谈话录的年轻人。②我也可以说：我很高兴能够了解到你的想法。在每一个大国中，都存在一种有生命力的、个体的、处于它们内部的原则。这一原则维系着它们向外的活动与内在的构造。我将会铭记这一点，并在合适的时刻对此加以检验。现在，就让我们暂时回到那些普遍的问题上。如果你允许的话，我还想向你提出一些异议。

弗：我将会努力消除这些异议。

---

① 奥地利与俄国的对峙体现为"东方问题"，与1828年俄国进攻土耳其有关。

② 艾克曼《歌德谈话录》的第一部分，1836年出版。

查：你将个体生命力的一大部分交予国家，那么个人为此又获得了什么？国家给了个人什么回报呢？

弗：我在描述最优国家的时候，并没有采用这样的表述。我只寻求理解呈现在我们眼前的事物。事实上，国家难道不是使用了每个人力量中的一大部分吗？赋税吸收了个人活动总收益的一大部分，为了能够为国家服役，每个人投入了多少财产和青春！在我们的地区，没有人能够免除军役。纯粹的私人生活已经不存在了。我们的活动究其本质主要属于集体。

查：个人对国家的参与又换得了什么呢？

弗：在真正的国家中，参与本身就是奖赏。个人不再思考如何能逃脱这种参与。他看到这其中的必要性。对于他而言没有纯粹私人的存在。如果不归属于这个特定的国家，不归属于他的精神祖国，他便不能成为自己。

查：那么我问你，在这个世界上，自愿的奉献是否与要求在同等程度上存在？

弗：我远不能做出这样的判断。在一些国家，人们并不乐意，甚至以反抗的姿态履行义务，比如意大利。在这些国家，与欧洲必要的情况相符，国家对个人和实际成就也做出了强硬的要求。不幸的是，国家却不能使人们自愿为它献身。公民将他身上的义务视为一种负担，认为这是强加于他的，他被这义务压倒了。他因此尽可能多地逃脱这种义务。正因如此，真正的国家所具有的私人与公共追求的统一并不能实现。我担心的是，如此一来，道德力量中会产生一种阻碍，即使是私人活动也得不到应有的发展。我承认这一切的存在，但是我认为这是一种弊病，是不正常的。

查：不论是在何处，你是否认为能够避免这一情况呢？

弗：至少更迫切、更必要的是要尽力去避免。这便是一个不断向前发展的大国力量的奥秘。如若还有反抗的力量，则只能说明权力还没有完全占有前者。国家内在政治最主要的追求必须是在自愿的统一中团结一切部分。

查：这可能实现吗？

弗：关键在于不去摧毁一个行省和一个地方政府的独特性，并以不可分解的纽带将它与整体联结起来。

查：在你看来，这种行省以及单一个体与整体的联系的基础是什么？

弗：说到底，它的基础是国家的理念能够囊括所有人，个人充盈了国家的精神生命，将自己视为整体的一员，热爱整体，他的集体感要多于行省、地方和个体的分离感。

查：国家要想实现这一目标，拥有哪些手段？

弗：今天，每种国家权力必须要拥有良好的意愿。国家权力的力量以普遍福祉为基础，对此必须达成共识。同时，国家权力机关也要展示出自己的合理方式。国家必须使人们了解它，知道它的单个行动——这是它的关切。只要它的事业与普遍利益相关，这些事业就必须得到尽可能好的维护和发展。只有公民这种反抗的心理被克服，那种秘密的、从内部发挥作用并维系一切的驱动力才会在短时间内席卷所有人。强迫性义务将成为自觉自主的工作，支配将成为自由。

查：即使是在平日里，你也要求爱国主义。

弗：只有爱国主义在平日里得到维持，它在战时才不会缺席。在一定的意义上，它正是活动的原则。

查：你将整个人类变成了政治的产物。

弗：我相信，不是人类对于宪法形式的参与，而是他们对公众福利的进程、对于共同本质的参与，这种参与与人个体特征的发展息息相关。

查：那么，你不要求直观的、形式的参与吗？例如共同议政与共同决策。

弗：我不否认这些是有益的。但是一旦考虑到我们自身的经验，你也会承认，这种参与并不可能处处都实现。我担心，这种形式并不适用于所有地方。在我们的君主政权精神中就存在着与之相悖的原则。

查：我很好奇你是如何看待我们的君主政权精神的。

弗：我并不想探讨得过于深入：太多的政治、法律与历史关系需要论证。但是为了能够停留在统治管理上，并且给你一个答案，我想说，君主政权形式的意义在于让合适的人占据合适的位置。

查：你难道不承认，情况往往并不是这样？

弗：执行取决于具体的情况，但意义和倾向却总是相同的。

查：我又一次担心你是在助长专制主义。如果允许的话，为什么不是每个人共同参与决策呢？为什么人们必须被诅咒而必须服从呢？

弗：正如柏拉图所说，不是所有人都必须追求一切。人类活动存在无穷的分支。自然奇妙的秘密在于它为每个人都创造了天赋。利益最大化要求每个人发挥出自己的天赋，如果你向诗人咨询什一税的事宜，那么你只会磨灭他们的天性，且事情不会得到半点改善。共同体的优势便在于，私人活动虽然被国家精神所充盈，但这些活动本身并没有被后者影响，仍然希望能够统治后者。

查：你避开了关于服从的问题。

弗：人们有时谈论这个话题，就仿佛是一个外来的种族夺取了统治权一样。但我问你，那些领导者和统治者究竟是谁？他们难道不也是诞生于这个民族吗？我不理解，在一群兄弟姐妹和亲戚中，第一个人做出工业方面做出贡献，第二个人在商业领域做出贡献，第三个贡献出学识，第四个做出农业方面的贡献，如此等等，而如果其中一个人拥有了参与统治领导的能力，而他最终能以这种方式为他人的共同事务贡献力量，在这种情况下，我们的自信为何会受挫呢？对于领导者而言，要想到达他所在的位置也必须付出努力。统治并不在于命令，也不在于满足私欲，这只能带来一种渺小的虚无。照料集体事务本是一门困难的艺术，没有与生俱来的天赋、事先的训练和长时间的实践，就无法胜任。与生活的其他活动相比，这反而可能是最为困难的。它同时要求对已存在事物最为深刻的洞见和精神完满的自由，以创造出尚未存在的事物。人们允许那些精通于此的人去从事这一活动，你认为这是一种不幸吗？领导者是整个民族中最为机警明智的一批人，他们对此拥有出众的能力。

查：但一定会拥有这样的值得人民服从的领导者吗？

弗：自然总是完善的，它能够担保这样的人总会出现。问题只是如何找到他们。

查：但人性总有自己的局限性：我们容易滥用权力。

弗：曾经，最高位的人不需要整治一切。生命存在许多更深的层次，人们更愿意遵循自己的自发性从事活动。我也并不是说，这一形式本身是完满的。它有一千种不同的堕落腐化的可能。然而在我看来最根本的是：这一制度以事物本性为基础，受到君主政体的要求并最终能够促成伟大的发展。

查：你会要求每个人都服从，服从的基础是良好的意愿，以及相信这是最佳行动的信念。

弗：这种自愿会得到回报。从更高的角度出发，私人与公共追求是一致的。私人追求由公共追求的发展推动，公共幸福则来自私人幸福。国家的精神自身必须在处处得到体现。

查：你说这是必须的，但是它在许多地方都没有得到体现。

弗：这取决于国家以如何有生命力的方式凝聚它的全体成员。这其中也存在程度和阶段的问题。

查：你在这里触及了另一个我想提出的问题：该如何理解程度的问题呢？按照你的观点，难道不是所有的国家都同样杰出？

弗：在我们用上帝赐予我们的眼睛单独看待这一观念时的确如此，但是在它的实施和在世界中的表达中并不是这样。

查：在不同的生命之间存在什么样的等级和渐进呢？

弗：让我们用类比来说明。健康与疾病之间存在区别。一具健康的躯体能够支配它全部力量和一切部分，它感受不到元素的影响，或者说，它能够不费吹灰之力地驾驭它们。一具患病或虚弱的躯体则会感染或必须屈从于元素的支配，而自己并不是主人。一个健康的政治存在由国家的全体成员构成，它安稳地倚仗自身的原则。崩塌的外在世界的分裂自然会触及它的边界，但却不会扰动它的内在。而当人们激动地关注邻国发生的事情时，他们往往已经被裹挟并不再属于自身。

查：如果国家能够变得更加完善，这自然是可能的。它允许进步。

弗：只是允许吗？国家本是一个有生命力的存在，依照其本性处于永不停止的发展和进步之中。

查：朝着何种典范和理想呢？

弗：一切生命都在自身中拥有理想。精神生命最为内在的驱动便是朝向思想和一种更伟大的卓越的运动。这一驱动与生俱来，在原初时已经得到培育。

查：你不能否认，阻碍、误解以及退步也常常会出现。

弗：人类事物怎么会缺少这些呢？但我们不应因此失去勇气。如果我们仍能保持健康，那么他们只是转瞬即逝的痕迹罢了。

查：但我并不知道它们怎么才能变得无害，因为你所说的政府并没有形式上的平衡力量。

弗：尽管如此，共同体的精神并不能被轻易克服。它可能被遮蔽，但只要存在生命力，它便能再次焕发光彩，占据优势，并最终统摄一切，继续向前进步。此外，普遍利益在个人的层面上被固定下来并得以体现，在领导者的意识中占据比他个人利益更重大的位置，这本身也是伟大的体现。

查：你为何不将共同体的精神发展为完满的意识，使其得到表达和体现呢？你为什么要逃避协商的形式呢？

弗：赫拉克利特说，隐藏的和谐要胜过显而易见的和谐。你不应误解我的意思。我并不谴责协商的形式，我也希望给国家带来愈合，并使其尽可能地焕发光彩。但是我并不认为这种形式是不可或缺的。我所实践的意见是：公众精神有其他常常能更好为其服务的机关。

查：你的意思是，内在关联要优于契约形式。

弗：属于天性的事物不需要契约便能实现。在父母和孩子之间，在兄弟和家庭成员之间，都不需要条约（Konfarreation）。①

查：我心中还有一点疑虑。你如此赞扬你的国家所拥有的精神统一，你所要求的奉献是如此完美，以至于我开始担心，你干预了属于教会的领域。

弗：我并不这么认为。国家与教会永远是分离的。教会将人们联结在最高的共同体上。它为行动设定了永远不变的法则，也即是这一充满秘密的共同体——宗教的法则。教会努力分离可能会互相伤害的一切，但它影响力的界限也存在于此。它以一种积

---

① 罗马王政时代婚姻生活的古老宗教形式，这里指普遍形式上的契约缔结。

极的方式不对人类事物产生任何影响,它要求的世俗权力将是它失去响应的宗教权力。它并不能直接创造任何国家制度。

查:然而宗教和国家的精神统一仍然都具有精神性质。你如何划分两者的界限呢?

弗:教会的精神对于全体人类而言是永远有效,也是普遍的。按照其本质,每种教会至少都认为自己是普遍的。而如果国家想要包容一切,那么它的理念就会被消灭。世界上有千千万万的国家。国家的精神虽然由神息创造,却同时受人类的驱动。它是有限天性的共同体,在它之上飘荡着更高的、不受条件约束的宗教共同体。

查:现在我有信心说,我大体把握住了你的思想。国家具有精神性的本质,由其本质思想决定而彼此相异。宪法的形式和单一的制度具有人类存在的普遍必要性,但却受到了不同思想的修饰,最终呈现为现实,因此也必要地彼此相异。私人与公共生活直到一定的程度都是相同的。私人生活也取决于使国家重新焕发活力的思想。这种精神生活多种多样的创造服从于教会的最高共同体。

弗:同时也要看到这些本质存在的完整意义。如此多单独的世俗—精神共同体被天才和道德力量唤出,处于永不停歇的发展中,即使在世界的混乱中也受到内在驱动的指引而朝着理想继续前进,且各有各的方式。要看到在它们轨道之中的星图,它们的相互作用与构成的系统!

查:今天就到这里吧。我已经听到了从庆典回来的马车声。改日我们再聊我心中的疑虑。

弗:我应该更加清晰和完整地阐述我的思考。但是我仍要感谢你接受我的想法,并没有从一开始就予以指责。在相似的思想中取得一种志同道合的信念本身就是一件抚慰人心的事。我们的友谊也更加坚固了。

附　录

兰克与普遍历史

荷尔斯特·米歇尔（Horst Michael）

"世界史"——一个要求极高的语词！什么样的人类力量才能胜任囊括、认识和充分描绘作为整体的世界事件的艰巨任务？一个人短暂的一生，或是一部篇幅有限的学术著作，怎么可能囊括从起源发展到今天的整个人类存在？在今天的我们看来，这似乎是一个过于大胆的梦想。而我们的同代人中，几乎没有人敢独自尝试这样的工作。这并不是由于力量的减弱，而最多是因为伟大的历史天才的缺席——这样的天才的出现永远是一种罕见的巧合和奇妙的馈赠。这当然不仅仅是因为研究工作每年都会创造大量的新材料，最重要的是在历史变迁，尤其是在我们的世界图景在过去五十年里不可估量的扩张中必要的自我约束。

美国曾经是一片发现、冒险和未知可能性的土地。今天，它作为一个不同的世界屹立在我们面前，也许比欧洲更加强大。它稳固地建立在自己的基础上，拥有自己的生命法则，并深深地介入了其他大陆的权力关系。亚洲不再是奇迹的国度，也不再是存有古老民族在默默流逝中传承着的传奇时代文化的活的博物馆。这里汇聚了比以往任何时候都要强大的力量，一场强大的斗争正在这里酝酿，而这场斗争有朝一日可能会决定世界其他地方的命运。就连非洲也在慢慢获得自己的生命和形态。总之，欧洲不再是世界的中心：它已生长进入一个更大的世界，成了横跨全球的互相关联中的一部分。

因此，在今天撰写所谓的世界史时，一些学者把世界上的各个帝国割裂开来，每个人只论述自己有限的专业领域的历史。如果想要了解全球所有别国的发展情况及其目前的影响范围，我们当然必须查阅现代世界史；但在那里，我们只会徒劳无功地寻找一条统一的纽带，这纽带既包含了人类的所有事件，又将遥远的部分连成一个整体——这些民族的历史的内在统一性正在形成过程中，尚未得到承认。然而，有足够多的理论声称他们已经找到了解释。

例如，进步的启蒙信仰认为历史的意义在于理性、文明、技术和使人们幸福的公民和平的逐步胜利；马克思主义或唯物史观认为，历史的意义在于被统治阶级与统治阶级之间必要的经济斗争，最终目标是建立公正的社会主义秩序。但是，这些理论——这里我仅列举了最普遍的理论——还没有在历史上得到大规模体现。即便有人在这种指导思想下写出了一部真正全面的世界史，我们仍然会知道——无论其结果相对真实性如何——人类生活的财富将被强制纳入一个僵化的教条模式。我们将很难了解事情的真实情况以及每种现象的特殊性。这正是兰克想要向我们展示的：各民族的独立生活和多方面的历史力量；但他也想让我们从人类的总体发展中理解这一点。兰克最大的个人成就是将沉思精神的两个方向——对个体性的喜悦和对全面知识的渴望——结合起来，并通过考据性和科学性的表述同时为这两个方向服务。为了理解这一点，我们有必要描述一下他当时所面对的世界史学。

是基督教首先教导我们将人类的生活理解为一个有意义的历史进程：直到十七世纪，所有具有决定性意义的世界史描绘都源于基督教。在这里，创世和人类堕落的故事是开端；人们等待向已经失落的纯真和无辜的回归，这种期待充满了第一个伟大的世界时间，直到上帝通过基督亲自完成救赎。这是新时代的开始，是神的国度在地球上的历史，它对敌基督者的最终胜利将在时间的尽头和最后的审判中到来。所有事件都根据这一救赎计划得到了解释：阻碍计划实现的将被摒弃，而有利于计划实现的则会被置于最耀眼的光芒之下。基督教历史观的总体模式首先来自圣奥古斯丁的《上帝之城》（五世纪初）；随后是中世纪的世界编年史；直到十七世纪末，法国人波舒哀（Bossuet）在他的《谈普遍历史》（*Reden zur allgemeinen Geschichte*）中结束了这一流派。

现在，启蒙运动出现并确立了新的含义。它把基督教的救赎思想转变成了世俗的和尘世的，并在其历史观察中宣扬人类理性从野蛮和无知状态逐渐上升到纯粹的自我决定的过程。在这种历史观看来，每一个时代都只是向下一个更高的时代迈出的一步，每一种生活现象都只是为更遥远的目的做出的准备和手段，正如在基督教看来，一切都是上帝或魔鬼之国的表达。

直到赫尔德和十八世纪末的浪漫主义学派，一种对历史更加自由的理解才得到发展。启蒙运动带有傲慢的片面性，重视人的理性和智力品质；而新的运动则从自然的自由冲动、激情和情感中，从丰富多彩的流动而非从呆板的形式中寻找生命的本质。这也为个体性开辟了道路。赫尔德相信，在人性的观念中存有一种普遍的发展：人类将从最初的自然状态发展到一切人类力量的最高完善——无论是个人还是民族。成为最崇高、最纯粹的人是一种理想，每个人都可以用自己独特的品质为这一理想服务，因为每个人都可以同时保持自己，甚至必须保持自己，因为他或她应该完善自己的存在。这种人性思想将歌德时代的伟大精神结合在一起：普遍性和特殊性都得到了应有的体现，人们认识并享受着丰富多彩的生活，却没有失去统一性和连贯性。

在这种观念的基础上，新的历史科学在十九世纪初与语文学结成联盟。赫尔德的"人类历史哲学的构想"，歌德、席勒和浪漫派的文学发现和创作，为一种历史感觉扫清了道路，并为其最初的活动提供了最重要的推力。真正的学术研究工作这才刚刚开始，即对原始材料进行艰苦的考证和深入的研究，以及在任何真实表述之前都必须进行的收集和筛选过程。兰克就出生在这一时期的中期，而一切都为他的工作做好了准备。他于是肩负起了新一代的愿望，并在六十年的不懈努力中将史学引领到了独一无二的完满境界。但是，也正是与那些有可能摧毁已取得成就的精神的斗争中——与黑格尔历史哲学的抽象性、与在此期间变得过于虔诚的基督教浪漫派的教条主义、与所有试图使历史再次屈从于世界观的普遍企图的斗争——他的科学方法，也是史学至今仍赖以生存的方法，才真正得到确立。

1795 年 12 月 21 日，兰克出生在距离瑙姆堡（Naumburg）不远的恩斯特鲁特河畔的小镇维埃（Wiehe），当时欧洲正面临着严重的政治和思想动荡。法国大革命战争刚刚开始，而在德意志，"巴塞尔和约"仍然保证了十年的安宁。由歌德和席勒、康德和费希特领导的精神生活正在上升到最自由的高度。当兰克在普法尔塔中学接受当时的人文主义教育时，拿破仑战争毁灭性和唤醒性的风暴也正在图林根肆虐。

这是一个决定命运的教训：没有国家的坚固防线，没有民族的支撑点，精神是无法自由发挥作用的。年轻的兰克当时几乎还没有这种洞见，但后来这一洞见贯穿了他的全部作品。他在莱比锡学习神学和语言学（1814—1818 年）时，对自己未来的职业一无所知。和在中学时一样，《圣经》和《荷马史诗》仍然是他所受教育的象征：这种教育代表了基督教精神和古代精神在个人层面的统一。直到在奥得河畔法兰克福担任高级教师期间（1818—

1825年),他才开始关注历史。他二十岁出头时的信件生动地体现了这一点。他对历史的热爱成了他的一种激情,更重要的是——这对理解他的科学成就非常重要——它成为对上帝的服侍。他当时写道:

> 一定还有一些人,他们的全部乐趣就是他们所掌握的研究,我认为我就是其中之一……你要问这是世俗的吗——世界上有任何世俗的东西,任何不虔诚的东西吗?在一切历史中居住、存在着上帝,并有上帝得以辨出……一切行为都由上帝生发,一切时刻都劝诫宣讲他的名字,而我认为最重要的便是大历史的关联。这关联耸立如同一个神圣的象形文字,在其最外在的形态中被把握和护卫,也许正因如此,它才不至于在未来可见的数世纪中被遗失。好吧,无论我们自己如何尝试或成功揭示这一神圣象形文字!我们也在侍奉上帝,我们同是牧师和教师。

这种"上帝无处不在"的信念给了这位创作者不可动摇的内心支持。这种信念使他不会粗心大意地对待素材,不会草率地评断或拒斥素材,不会让自己的观点代替生命本身。正因如此,他以同样的善意,以一种完全人性化而自然的方式,以毫无庄严肃穆的学者气息的态度热爱着他所面对的一切:

> 陶醉于所有世纪的财富中,目睹所有英雄的风采,再次经历他们的生活,而且几乎是更亲密、更生动地经历他们的生活,这是如此甜蜜,如此诱人!

由于兰克的信仰,他坚定地立足于自身,不需要执着于这样或那样的生命现象,因为在信仰中,他与历史保持着遥远的距离，并从这个遥远的立场出发，以与神灵同样的公正，"俯瞰历史上所有人类的全貌，发现它在任何地方都同样值得"，只有出于这个原因，他才知道自己与所有生命同样亲近。因此，他才可以合理而充分地努力追求他科学的最高任务：

> 找寻世界历史的秘密，将我们这一代人所经历的事件和发展视为历史的真正内容和中心；了解和记录我们这个狂野、激烈、暴力、善良、高尚、平静、污浊而纯洁的造物自涌现到形式本身的所有行为和苦难。

兰克以《1494至1514年的罗曼和日耳曼诸民族史》一书开始了他的学术生涯。他在该书的序言中写下了最重要的一句话："历史往往被赋予评判过去、教导世人、造福后世的使命；而本书做出的尝试并不承担如此崇高的使命，它只想展示事物的真实面貌。"史学的使命无法被定义得更谦虚、更简单了。然而，恰恰是这一看似不言自明的纯粹客观性原则必须得到严格执行，以抵制一切可能的干扰。在这一首次尝试中，兰克反对从一般概念——地理概念的欧洲或宗教概念的一般或拉丁的基督教——中推导出西方民族和文化共同体的实际统一性。他的告诫比他后来认为正确的原则走得还要远。

只有在伟大的外部共同事业中，在民族迁徙、十字军东征和大发现中——也即他所说的联盟无与伦比的三次呼吸中，在共同的习俗和制度中，我们才能看到统一。在这里，他总括现象中事实的力量被运用得更加有效。通过相似运动的节奏，内部看似不协调的事物彼此相遇并融合；对立面不仅分离，而且彼此联结，这是一个非常重要的见解。人类社会的统一性不在于某个特定的原则，而在于一个隐蔽的基础，我们只能感知其外在的、往往相互矛盾的各部分的动态。这一部著作为兰克带来了柏林大学教授的任命。在这里，他继续沿着地中海民族史的研究方向前行了十年。

1827年，他出版了《南欧的王公和人民》，两年后，由于一个巧合，他又出版了《塞尔维亚革命》。1827至1831年，兰克到外国，特别是意大利的档案馆进行了一次伟大的考察旅行，在那里发现了大量的原始史料。由此写成的《晚近四个世纪的罗马教宗史》（1834—1836）为他在欧洲的声誉奠定了基础。现在，他终于抓住了一个世界性课题，这一研究对象也使他更为接近西方历史的思想基础。

在之前的基础上自然发展，兰克寻得了他最成熟作品的素材。在此之前，他几乎只研究外国民族，甚至罗马天主教会的历史。自由解放战争之后，复辟时代给欧洲带来的平静并没有给他研究德意志历史带来特别的动力。在此期间，他晋升为正教授，甚至在职位的要求下接过了新的《史学—政治杂志》的主编工作。在这份期刊中，他希望通过教育纷争不断的保守派和自由派，使他们从夸大的教条主义幻想中解脱出来，认清历史现实，并帮助他们调和分歧。即便这一努力并未获得成功，他也积极参与了当时日益动荡和革命化的德意志政治生活。

1833年的杰作《诸大国》就是这些年努力的最佳证明：这是一部世界史的大纲，将近代政治史的决定性转折展现在读者面前，至今仍是一座取之不尽、用之不竭的研究宝库。最终促使兰克将注意力转向德意志历史的，是他作为新教徒的根本感受：他在《教宗史》中没有对新教信仰的原则做出必要的公正评价。总之，从1839年到1843年，他出版了《宗教改革时代的德意志史》，我们将在其他地方详细介绍这部著作。

他的作品源源不断，涉及的范围也越发广泛。在此期间，兰克被任命为普鲁士国家史学家,于 1847—1848 年撰写了《普鲁士史》(九卷),之后又撰写了关于普鲁士国王、普鲁士王国首相哈登贝格等人的专著。十九世纪五十年代,他再次转向别国:当时他撰写的《法国史》和《英国史》与之前的作品一样,主要涉及十六世纪和十七世纪,同样始终从个别国家对欧洲国家和文化共同体的总体生活所做出贡献的普遍视角出发。因为在所有这些作品中,兰克从未忘记他的特殊目标,即"世界历史的秘密"。他在他的朋友和助手巴伐利亚的马克西米利安二世面前发表的演讲《论近代的各个时代》(1854),表明了这一主题对他的吸引力有多么强烈,而他也已经以多么紧迫的形式对这一材料进行了阐明。它们为后来的《世界史》奠定了基础:这位老人以 86 岁的高龄开始撰写世界史——尽管他在阅读和写作方面早已完全依赖于外界的帮助,但他依然充满了全新的力量和惊人的勇气。

在此之前,他完成了他最重要的任务之一:创办一所科研学校。这所学校自然而然地从他的"柏林研讨会"的历史实践中发展起来,让一代又一代的学生在他严谨的批判工作的原则和"泯灭自我,让事物说话,让强大的力量自己出现"的责任感中得到教育。在他的指导和启发下,一系列有计划的研究——尤其是关于中世纪历史的研究——应运而生。此外,兰克还得到巴伐利亚国王的支持,建立了一个培养德意志历史研究人才的正规机构,即 1858 年在慕尼黑成立的"科学院史学委员会"。兰克通过言传身教,几乎影响了整个德意志史学界。他不能再取得更高意义上的成就了:他渴望的所有荣誉都逐渐取得了。

1865 年,他被授予了爵位,并选择了"工作即快乐"(Labor ipse voluptas)作为自己的座右铭。在他自己的作品序列中,还有 1869 年出版的《华伦斯坦传》值得一提:兰克在这部作品中致力于在普遍历史的主导思想下撰写传记,以说明伟大人物与一般事件进程之间的相互作用。这一切都是他在许多规模较小、鲜为人知的作品之后创作的《世界史》的基石。《世界史》于1880年首次出版,在兰克在世时出版了前六卷。兰克于1886年5月23日去世,这部未完成的作品成了他的遗作。

然而,即使是残缺的文本躯干也足以说明问题。由于兰克的其他作品几乎都是从近代开始对中世纪进行详细的回顾,因此我们在这里也可以克服后续各卷缺失带来的痛苦。然而,从整体上看,他的全部著作是一个统一体:其展示的不是世界本身的发展,而是我们的西方世界直到十九世纪中叶的发展,确切地说,是直到欧洲强国扩张为世界帝国、外国大陆在来自欧洲的运动的推动下唤醒了自身更强大的生命。兰克本人非常清楚自己努力的局限性;如果说他最后一部作品的标题《世界史》似乎超出了作者的能力范围,那么这要归咎于他的出版商对书籍市场的考虑。

这部总结了他毕生工作的作品的原标题是《试论世界史或世界史通观》(*Versuch einer Weltgeschichte oder allgemeine Ansicht der Weltgeschichte*)。如果我们仔细观察,就会更加清楚地看到这位已经年迈的大师对自己的约束。他并没有要求自己的学术达到不可能的境界;相反,在对各个时代进行了足够长时间的研究,拉近了较远处的事物,整巩固了较近处的事物之后,他现在终于指出了普遍历史知识的局限性。对他来说,究竟什么是"世界史"呢?

首先,世界史与宇宙或自然的出现无关,更与人从自然的存在发展为精神的存在的过程无关。赫尔德和与兰克同时活跃的哲人谢林敢于通过纯粹的推测来解决史前史的神秘问题,但这一问题对于以经验为基础的历史科学来说仍然是锁闭的。自然科学和神学可以以各自的方式处理这一问题。然而,世界历史从一开始就以文化的存在为前提:在多变的发展过程中的人类文化才是其真正的主题。那么，这种文化的开端在哪里？我们从史前发现中了解到，在地球上最为多元的地方，其实很早就出现了有意义、有创造力的人类精神。但是，兰克却不愿进入这个充满了无声传承和无关联的猜测的黑暗领域。他更喜欢确定的知识，并因此认为，只有在有可靠的文字记录、在过去的事物已经取得了一定程度的意识、并可以向我们发出声音和言语的地方，历史才真正开始。

然而，即使是这些重要的限制条件，也不足以确保兰克发现和表达具有统一性的影响关联。世界上有许多不同的民族，每个民族都有自己的生活法则和天赋；他们散布在整个地球上，产生了一幅丰富多彩的图画。但是，"这种民族史的集合并不构成世界史"，它不是世界史学家的实际任务——让人们直观到宏大的世界事件的共同和内在统一的特征。因此，兰克的尝试只能局限于人类取得了明显共同发展的历史领域。启蒙运动已经表现出对外国，尤其是异域人民的浓厚兴趣；浪漫主义紧随其后，在了解外国民族方面取得了非凡的成就。

十九世纪初，以欧洲为思想中心的世界图景至少在文学领域已经遭到了无可挽回的破坏和摧毁。兰克有意识地反对以个体为对象的历史科学，要求排除所有无论是通过思想还是行为对西方文化的发展毫无贡献的民族，似乎更加令人吃惊。因此，整个美洲直至埃及和北海岸的非洲，以及包括了中国、印度和马来诸国这三个巨大文化中心的亚洲，都被完全排除在兰克的世界史之外。然而，这么做的意图是明确的：画面变得狭小，内在统一性却更加清晰和真实。我们由此被引向了对自身发展本质的理解，了解我们是什么，以及我们的精神遗产包含什么。这部作品并没有让我们在毫无关联的陌生生命的多元化中得到娱乐和消遣，而是给予了我们对自身存在的收集和思考。

然而，千百年来，在不断的复兴和变革中，今天仍然支撑和围绕着我们的这种文化又是什么呢？它不仅仅是精神、思想和图像的领域，不是悠闲度日的结果，而是决定性的斗争。精神不会在孤立的人类身上发挥作用，伟大的生命产生于部落和民族的共同体。

> 世界历史如果想脱离民族历史的坚实基础，就会堕落为幻想和哲学……人类历史出现在民族之中。

文化的整体在不同的共同体中得到塑造。然而，民族的本性越是原始和自然，它们就越是为了争夺土地、权力和统治权而相互竞争；这种斗争导致它们相互对立，从而也把它们联系在一起。否则，如果没有新生命的涌入，它们就会在孤立无援中走向消亡。这种争夺统治权的斗争对于人类普遍意识的发展至关重要。世界国家将各民族置于自己的领导之下，并将它们结合成一种单一的生活形式，从而使人类文化的存在成为可能。因此，人类精神生长的过程不是自然的、和平的发展，不是从无到有、从小到大的悠闲的进步，而是杀戮和英勇斗争的结果。

在兰克的作品中，精神和政治总是相辅相成：一个是另一个的条件和推动力。他笔下的世界史充满了行动、战争与战斗、以及国家的建立和毁灭。但这些本身并不是目的，而是为了解释事件的总体进程。但这种进步和发展并不是抽象的进步。兰克在给马克西米利安国王的演讲《论近代的各个时代》中，更详细地针对黑格尔及其关于进步的信念展开了论辩。在这里，我们可以得出一个大致的结论。兰克也在一定程度上相信进步，在演讲结尾，他揭示出人类在几个世纪中"获得了一种遗产"，即当今观念的总和。但他认为历史的意义并不在于实现这种知识、文明和观念的积累——这一假设将不能帮助他坦率地理解过去各个时代本身既有价值的成就。"每个时代都直接与神产生关联"，没有一个时代比另一个时代更接近永恒。然而，历史代表着为新的生活形式和内容而展开的躁动不安的斗争，除了政治上的权力驱动之外，还有精神上的原因。从根本上将一个历史时代同所有其他时代区别开的特殊性，不仅是在特定人民的领导下盛行的某种政治条件；它本质上更是一种"思想"，一种在其中得到显现的"原则"，一种以极其特殊的方式塑造并指导生活的"精神力量"。正是这种思想首先创造了这一时代的内在统一性。

但是，世界不可能永远处于同一种思想的统治之下。取之不尽、用之不竭的历史比任何特定观念都更丰富、更生机勃勃；世间万物的有限性是推动历史发展的动力，"因为人类状态赖以建立的理念从来没有完全包含过它们所源于的神圣和永恒"。在一段时间内，它们是有益的、赋予生命的，新的造物在它们的气息下产生。但在地球上，没有任何事物能够达致纯粹和完美的存在，因此没有任何事物是不朽的。在时间终结之时，从衰败中升起的具有更广泛精神内涵的追求会将它们彻底打破。这就是上帝在世界上的命运。

兰克的总体历史观就讲到这里。阅读作品本身便能知晓，世界历史的进程是如何在这一信念的基础上得到展现的。简要概述其内容对于理解并无太大帮助，只会不充分地投射这部作品的伟大之处。本文的目的也即是将我们"引向"大师。愿他亲自带领我们穿越过去的领域，愿他引领读者走向我们历史存在的起源，走向当今遗产的祖先和奠基人，走向西方历史的决定性转折、兴起和衰落，走向我们世界的生成。欧洲已经不再是一个仅为自身存在的世界；但如果欧洲面对外来的事物和精神失去了自我，我们所生长进入的更大的民族共同体也将走向贫乏。正如兰克一再表明的那样，普遍性和特殊性相互制约、相互促进。

今天，人类活动在不可分割的互动与影响中遍及全球，同时也在重新塑造我们欧洲生命的基础和形态;一个不同的欧洲将从这一巨大的争辩和碰撞中产生。然而,遗产必须在其中得到保存;反过来,欧洲也必须纯粹地保存自己的思想和力量,以便为全人类做出自己的贡献。为了在精神上抵御所有这些外来因素,我们需要反思自己。愿我们对这部《世界史》的关注能够服务于这一目的。

兰克《世界史》导言

尤斯图斯·哈斯哈根（Justus Hashagen）

现代精神伟人能够在更广范围内产生强大影响，往往各有其原因。这在某些情况下说明，这些精神伟人在生活和工作中以一种完美的片面性体现和表达了某种方向。他们的整个人格具有这样一种性质，即他们只能在非常明确的、或多或少受限的意义上形成自己的精神和心灵财产。因此，从他们的精神环境和他们的前辈那里，他们往往只能接受适应他们这一片面特性的东西。然而，正是通过这种由富有个性的自我意志赢得的自我克制和自我肯定，他们的精神成就获得了无与伦比的推力。

但是，广泛的影响也可能出自一种全然不同的原因。除了那些主要以片面的方式获得发展的人之外，还有一些人的性格更加柔弱。他们并不是毫无个性地接受一切外来影响，从而危及甚至失去自我。相反，即便在他们身上，一种坚强的个性也得到了实现。然而，与第一类人相比，他们的个性更加多变，在这方面也得到了更加丰富的发展。他们还有更多有效的感官来处理各种不同的影响，因此视野通常也非常宽广。他们不拘泥于个人，而是将个人置于更大的关联中：他们是天生的普世主义者。如果他们被赋予了强大的塑造力，他们就会在"综合"（Synthese）中庆祝自己的胜利。在他们身上，一般的，往往也是最为不同的时间发展方向也能够彼此交汇。在这些具有创造天赋之人的精神工坊中，这些时间发展方向被置于新的相互关系中，并被富有成效地再创造了。具有不同偏好的同代人可以很容易进入并停留于这种综合性人物的圈子，他们在后者身上找到了与自己追求的充分共鸣，同时也享受着与重要人物交往的欢欣。

几个世纪以来，史学史上的这两类人物此消彼长，更迭不断。如果要找寻出一位真正伟大的史学家，能完全以"综合"为生，并为意义深远的综合性任务牺牲了片面性，那么，我们必须要回到兰克，并首先努力对其生平和作品进行非常概括的描述。无论是在他之前还是之后，都没有任何史学家能够以这种方式成功地接纳不同的方向，然后创造性地将它们统一在一个广泛的普世性框架内，使其成为一个新的、和谐的、且正是因这种创造性的和谐才富有吸引力的精神形象。正因如此，把兰克丰富多彩、具有普世性的精神发展归结于某种单一的推动力是不可能的。任何试图这样做的人都容易走入歧途。兰克综合性的普遍主义的源泉并不止一个。更重要的是将这些来源在场化，同时阐明兰克赋予这些来源的新的艺术—科学表达。只有这样，我们才有可能达到欣赏和崇敬其高贵人格的必要高度。

兰克不是一个狭隘的学者。他极其认真地对待自己的科研工作。他深信，只有将自己的大部分时间都投入科研工作中，科研工作才能蓬勃发展。然而，他从一开始就赋予了这项工作一种多面性。他的研究范围远远超出了狭义的史学，而且从不回避历史哲学性的思考。他深入研究过神学，并对优美的文学作品情有独钟。尽管他没有学习过法律，他的著作却为公共法提供了重要支持。他还一再证明自己是一位科学组织者：他努力为现实生活服务，成功地揭示了当代历史的重要片段，并从事新闻工作，有时还从事政治活动。他的整个职业生涯都不存在任何片面性。

然而，人们最初的印象却是，青年时代的兰克完全是朝着一个片面的方向发展的。这在十九世纪初其实是高度现代的：因为他以全部的爱和忠诚投身的思想和精神领袖，首先是前浪漫派和浪漫派。年轻的兰克满怀激情地加入了这个规模宏大、装备精良的阵营，在这里，反对所谓无信仰、无历史的启蒙运动的有力武器逐渐发展成熟并被传播开来。在这个前途无量的阵营中，飘扬着两面旗帜：一面是宗教的旗帜，对兰克而言，这是由他一直崇敬的古老家族传统所哺育、并得到了完全内化的新教旗帜。另一面则是历史的旗帜。只有最终摒弃启蒙运动中理性的骄傲和自负，让统治人类和人与人关系的非理性力量恢复名誉，这些旗帜才能树立起来。年轻的兰克便是这么做的。面对盛行的理性主义，他得以向这种新的非理性主义求援：这种非理性主义充满了对宗教和历史的敬畏，常常热情洋溢地发展，毫不避讳情感的奔放。在这场精神斗争中，他也不必仅仅依靠自己，而是能够与自己的思想和精神的前辈结盟，如历史哲人赫尔德、皈依内在宗教的瑞士史学家穆勒（Johannes v. Müller），甚至还有情感哲人雅各比——兰克在 1824 年关于日耳曼和罗曼民族的第一部著作的著名序言的结尾，明确引用了雅各比的话。当兰克开始投身于对宗教和历史的内在探索时，前浪漫派的光芒照亮了他。

任何像青年兰克一样热衷于前浪漫派的人，都为对浪漫派本身充满爱意的接受做足了准备。在兰克的遗稿中新的、有价值的发现特别有助于我们更深入地了解他在莱比锡的学生时代，我们在此用"莱比锡片段"（Leipziger Fragmente）这个名称来概括这些材料。它们清楚而生动地揭示了当时兰克身上的浪漫派元素有多么牢固，这一点是我们以前无法想象的。这位年轻的学生以浪漫派领军人物之一弗里德里希·施勒格尔（Friedrich Schlegel）为榜样（他将越发频繁地出现在兰克的作品中），在"片段"中以箴言的方式讲述了他所关注的精神问题；他甚至写下了一部关于十六世纪德意志的浪漫化中篇小说。浪漫主义的新宗教观、国家观和历史观在其作品中得到了呼应。在兰克的最晚近的作品中，我们依然可以感受到其对过去的静谧之爱以及对多彩、生动描绘的偏好。兰克不想与天主教化的浪漫派扯上任何关系，他也从不认同浪漫派对中世纪的高估。他选择的第一个宗教史的责难对象是当时得到复兴、并被赋予了更加深厚基础的路德。路德早就是兰克作品中的常客：早在莱比锡时，兰克就被路德背离旧教会所带来的道德和思想危机所吸引。重要的是，他强调了路德"与他所面对的智识主义的斗争"。对德意志历史在宗教改革时代的根源的兴趣可以追溯到他在莱比锡的学生时代。兰克是一个新教徒，他的人文主义也是彻底的基督教关怀。兰克从未失去对历史秘密的尊重；他毕生追寻非理性力量并对其心存敬畏，尤其是几乎被浪漫主义重新发现的民族精神。而他正是在个人性格中的影响中展现这些力量的大师。正因如此，他无法不加批判地追随黑格尔理性的历史哲学和当时流行的进步思想。

相反，兰克创造了一种特殊的历史思想理论，而浪漫主义的同路人一直是他最好的朋友：拉赫尔·瓦尔恩哈根（Rahel Varnhagen，1771—1833）和贝蒂娜·阿尔敏（Bettina von Arnim，1785—1859）、普鲁士的弗里德里希·威廉四世（Friedrich Wilhelm Ⅳ）和巴伐利亚的马克西米利安二世，以及最重要的历史法学院院长萨维尼（K. F. v. Savigny）。对兰克来说，人类历史是神启的一部分。他在历史中寻找并发现了神性。通过对过去的探索，他很快就达到了难以想象的深度和广度，他觉得自己是至高神的祭司。兰克的职业精神，就像布克哈特的职业精神一样，带有宗教色彩。当他认识到自己的职业是史学家，并意识到这一职业要求他完成的任务的伟岸性时，他感到一种震撼，同时也感到振奋。他正是在这种负重中得到了磨练和成长。

然而，如果兰克想要从更高更深的意义上探索过去，创作出能够超越当时需求、利益和观点的作品,那么他就必须努力只说真实的东西:他必须为真理服务,并在这一服务中——这对他来说是一个良心问题——深入真正的、不掺杂任何杂质的原始史料。1817年宗教改革周年纪念之际,一些肤浅的通俗教化文学作品给了这位具有批判精神的学生第一股深入探究真正真理的冲动。在他的萨克森—图林根故乡的普法尔塔高级中学里,他就已经对古典文物有所了解;作为古典学善解人意的朋友和出色的古典文物鉴赏家,他早已青睐于来源和原始材料:他想要追随 ad fontes [回到源头] 的呼声。这也是他的心声:在奥德河畔的法兰克福担任高级教师期间(这一时期对他而言本身即被浪漫派的氛围笼罩,也给我们留下了激动人心的信件),他在柏林图书馆看到了威尼斯公使馆的报告,在这些报告的帮助下,他将中世纪末期和近代初期的历史置于一个全新的、与原始史料相符的视角中,并发展出了全新的认识。他相信,他在这些报告中找到了可靠又生动的素材,其闪烁着现实生活的各种色彩。

兰克由此为文艺复兴时代注入了新的活力。从那时起,他一次又一次地回到这样的外交档案中。在漫长的研究生涯中,他处理过的外交文件数量难以估量,在对这些档案近乎直观的利用中,他取得了令人钦佩的准确性。这些档案对他的影响如此之大,以至于常常给他的科学工作带来全新的方向。1843年,兰克前往巴黎,决心在他的自由主义朋友米涅(Mignet)的帮助下为编写一部法国大革命史展开档案工作。但兰克偶然发现了法国驻弗里德里希大王宫廷特使瓦洛里的信件。在他看来,这些信件的价值足以使他完成从法国史到普鲁士史的过渡。

兰克最初是从宗教和历史哲学的角度开始考据性历史研究的。尼布尔首先在他的《罗马史》(*Römische Geschichte*)中指明了这一方向并为其铺平了道路,而兰克则当之无愧地成为十九世纪该领域的新的创始人。外行圈子中普遍存在着对夸大其词的轻信和不假思索的怀疑，这使得兰克在历史研究中更加深刻地认识到考据方法的不可或缺，并在具体实践中取得了巨大成功。从这个意义上说，兰克在奥地利、意大利、法国、英国和德意志找寻档案的旅行成为他科研自我教育的重要阶段。这种自我教育的不懈努力不得不阻止兰克在其历史书写中加入任何特定派别的主张。法国史学家吉兰（Guilland）在1899年出版的《新德意志及其史学家》（L'Allemagne nouvelle et ses historiens）一书中，大胆地将兰克与尼布尔一起塑造成以蒙森（Theodor Mommsen，1817—1903）、西贝尔（Heinrich von Sybel，1817—1895）和特赖奇克（Heinrich von Treits-chke，1834—1896）为代表的倾向小德意志民族主义史学（kleindeutsch-nationalistisch）的先驱。但这是一种不合适的尝试，吉兰的努力也无法达到其目的。

最终，这位德意志史学家却必须要战胜他这位多疑的法国翻译家：吉兰关于兰克的一章，尽管对小德意志学派史前史的深入过于片面，结果却相当公正，并因此给人带来了一种舒适的失望情绪。在追求历史真理的过程中，以及兢兢业业地实践他认为牢不可破的批判原则直到耄耋之年的过程中，这位献身于伟大任务的青年研究者越来越朝向一个未被预见到的新领域努力。在这个领域中，前浪漫派和浪漫派的大师已经不能再给他提供任何指导和帮助。他本可以沿着更古老的方向追求真理：十七世纪久经考验的法国前辈已经对本笃会、摩尔人公会的资料进行了堪称典范的批判性研究；甚至是被他彻底拒绝了的启蒙运动史学——其尽管有各种明显的夸张和畸变，无疑也已经在很大程度上增强了批判意识，尤其是对《寓言集》的批判。因此，从一般思想史的角度来看，兰克为批判史学和历史研究奠定的基础，在某种程度上可以说是他广博的接受能力所特有的创造性的综合行为。

然而，在此期间，兰克与史学、实际上是启蒙运动史观之间形成了另一种关系。"莱比锡片段"以一种令人惊讶的方式表明，这位具有爱国主义情怀的年轻人没有受到浪漫主义特定方面的影响，而是对政治兴趣敞开了他的心扉，这一兴趣从那时起就没有离开过他。1833年，兰克还未满四十岁，就在他自己编辑的《史学—政治杂志》(Historisch-Politische Zeitschrift)上发表了关于"诸大国"的精彩文章。这篇文章以其综合性的概览成了兰克的奠基之作，而兰克在之前的著作中已经为此做好了准备。在这篇文章中，大国作为自主的权力政治存在的不同特点得到了认可，这些生命体的结构和活动被巧妙地揭示出来。

通过兰克——一个具有开放世界眼界的现实者的研究，人们对真正有效的政治力量的认识得到了提升，从而超越了一切武断的建构。这种对大国的假想当然离不开浪漫主义的启发：因为浪漫主义已经沉溺于这种往往会幻化成神秘的、摇摆不定的形象的假设。即使看上去是兰克的独到见解首次"发现"了大国，这些大国也早已存在。然而，它们从未像在专制主义和理性主义时代那样大规模地出现过。在这里，兰克可以找到其艺术理论建构的最佳范本。而这些大国也已经触及启蒙运动史学：正如后者一样，兰克如今也成了内阁政治的史学家，当然是在更深远的意义上。

兰克有时甚至是一名政治家，他与外交官和高级军官关系友好，并首先献身于发展政治的史学与理论洞见。他从不掩饰自己充满了热情民族精神的右翼政治观点，这一点在他的一些历史著作中也有所体现。他越来越多地将国家作为权力政治实体置于其史学的中心，而他年轻时写下的更为广泛的文化描述则不得不退居其次。兰克现在也成了德意志政治史学的新创始人，其政治史学已经提升到了很高的水平。在他的几乎所有作品中，国家生活在内部和外部政治、外交和战争中的多方面影响都得到了充分体现。外部政治高于内部政治的观点一次次得到了有力的证明。兰克特别钟情于分条缕析地解开最复杂的外交谈判，并往往取得巨大成功。特别是在外交史方面，他为同行树立了一个难以企及的榜样，却从未像其他人那样面临被疏远的危险。兰克的政治兴趣在其早期作品中就已得到了丰富的发展。尤其是在教宗史方面，除了对事态引人入胜的描述和对天主教复辟运动的深刻洞见之外，其历史书写也被赋予了永不过时的品格。

当然，帕斯托男爵（Baron Ludwig v. Pastor）在其关于教宗史的大量著作中，对个体研究的推进远远超过了兰克所能取得的成就。梵蒂冈档案馆对老一代人一直封闭，而对年轻一代学者则是开放的；但在所有的新材料中，精神本身是贫乏不足的。而恰恰是这种精神将兰克的教宗史提升到了超出一般历史的高度。后来，兰克的《普鲁士史》《法国史》和《英国史》以不断地给古老的政治主题花样翻新，每一位实干政治家都可以从这些和其他作品中汲取大量宝贵的灵感。我们知道，俾斯麦就对兰克的作品非常感兴趣。这当然不是巧合：迈内克（Meinecke）曾出色地指出，兰克作品中的总体政治观点在某些方面可以被视为铁血宰相工作的理论基础。

作为史学家，这位浪漫主义的后裔成了民族国家的政治导师。非凡的现实性、冷静清醒的态度和对真理的纯洁热爱、对政治力量和斗争的深刻洞察力——这些和其他优点使兰克的政治史著作在众多同类尝试中脱颖而出。但是，在处理政治史时，兰克从未失去他对不可衡量、在根本上不可研究之物的浪漫主义感受力。即使作为一名政治史学家，他也从未忽视过这些问题：这些事物总是引起他的深刻反思，而这种思辨的形式正是他史学的主要魅力之一。在他的史学中，各种不同的刺激结合起来，形成了一种新的、富有创造性的综合体。

如果更仔细地研究这些灵感来源以及它们在兰克作品中得到的处理，我们就会逐渐靠近形成兰克著名的"客观性"（Objektivität）的要素。这并不是说他抹杀了自我，虽然他曾一度希望在为谋求真理的神圣使命而奋斗的职业精神中消弭自我。兰克从未完全抹去他伟大的自我，即使他通常让自我谦逊地退却，让远处的旁观者留下毫无个性的胆怯印象。事实上，兰克客观性的秘密似乎不在于消解，而在于有条不紊、负责任地发展自己的个性。阅读兰克作品的人都会感受到一种客观性，这种客观性几乎始终凌驾于各个派别之上，这首先是因为他发现了各种处于全新关系中的不同元素，并不是为了任何特定的派别，而是为了完成还原历史真相的使命。兰克的作品给读者带来了一种综合的多面性，在这一领域中，任何狭隘的片面性都不能再盛行。

兰克无疑具有贵族精神。但他对宗教或政治领域的不受理解的反动大多持敌视态度，尤其是基督教。在他的理解中，基督教似乎要求对每一种僵化的社会秩序进行有益的松动：

> 越多人从底层崛起，基督教的原则就越能得到实现。即使公侯国通过其个人原则获得了与贵族势力更大程度上的可比性，但就其本质而言，它还是与下层阶级结成了同盟……由此，公侯国履行了基督教规定的使命。

此外，兰克的作品形式古典，语言处理精湛，这使他跻身于伟大的德意志风格派艺术家之列。兰克的学生里特尔（Moritz Ritter）说得好：

> 在兰克身上，求知欲与对表现之美的渴望结合在一起。在寻找模范的过程中，他从歌德追溯到路德，从路德追溯到修昔底德和塔西佗。他曾说与他意气相投的塔西佗是所有史

学家中最如诗如画的一位。那种个性化的表现手法通过生动的个体特征来展现总体，时而用简短、松散的句子，时而用概括性的时段紧跟风云变幻的事件进程，通过插入性的观察，将读者带入人类同情心的深处，或带入所有历史的最高意义——这是一种艺术，而兰克在这一艺术的实践中确认了自己驾驭前者的能力。

每位对艺术感兴趣的读者都可以反复欣赏他的历史作品的结构：他的作品清晰明了、易于理解，但又巧妙地进行了归类，绝不是僵化的年表，且在决定性的转折点上往往还插入了生动的人物描写。当然，兰克知道的总是比他说出的要多得多。这就解释了为什么他的写作风格和结构呈现出某种格言警句式的倾向。人们常常需要在字里行间读出他的暗示。因此，追求快速做出价值判断的肤浅读者并不能从兰克那里得到他期待的收获。兰克不为大众写作：在风格上，他证明了自己是一位杰出而可亲的贵族。他远离任何形式的滔滔不绝，更远离任何形式的喜怒哀乐。他喜欢用文体来表达自己的克制，只有在他不试图通过神秘的风格来充分表现世界历史本身的秘密时，他才会屈尊于细腻的阐释。这也与之前提到的兰克的箴言式倾向有内在联系。因此，我们不难从他的作品中撷取金色的光芒来描绘事件、状态和人物的特征，同时也撷取普遍的国家和人生智慧的珍珠。这时，兰克的职业精神便上升为一种普遍精神，在这种精神庄严的肃穆面前，嘲笑者也必须沉默。

虽然兰克逝世已近半个世纪，但他的杰作在今天看来仍像写作和首次出版时一样生动有效、震撼人心。这位耄耋老人的《世界史》在许多方面（谁会感到惊讶呢？）都带有时代的痕迹。随着生命走向终结，他已不再愿意跟上最现代研究的步伐。然而，

《世界史》无疑可以与他成熟期和青年期的杰作相媲美。其西方视野的广度、历史观的深度、对庞大主题的精神穿透力，理所当然地引起了人们的钦佩。这不禁让人想起兰克在他职业生涯的高峰，在1854年三个秋高气爽的星期里，为他的王室朋友巴伐利亚的马克西米利安所做的《论近代的各个时代》的讲座。这几乎是《世界史》之前一个代际的故事。而另外两部作品，即几乎又一个代际之前的《教宗史》和《普鲁士史十二卷》，至今仍是德意志史学最杰出的成就之一。

这篇序言仅仅涉及了几个要点，我们因此无需向兰克道别。每一位认为史学不过是史料的混乱堆砌或感觉的快速流逝的朋友，都会在兰克的作品中发现最丰富的历史政治指导、内化和提升的源泉，而这种源泉几乎从未被完全穷尽。当然，自兰克以来，历史研究和史学在一定程度上走上了新的道路——若非如此，我们只能说是两者走向了贫乏和无力。兰克本人远没有以教条主义的方式束缚他的学生和朋友：在他著名的"柏林史学研讨会"上涌现出了最为多样化的精神。领导者的综合开放思想也在他身上得到了体现：他在慕尼黑科学院成立的历史委员会便是如此。如今，大多数史学家仍怀着无穷的感激之情对兰克这位大师推崇备至，而世界大战更是增加了他门徒的数量。后继者对他心存感怀：他们遵循兰克的座右铭"工作即快乐"（labor ipse voluptas），并将由兰克首次实现的"全面客观"的崇高理想作为自己的指路明灯，努力偿还这笔恩情。

兰克史学的世界图景

特奥多·席德（Theodor Schieder） 著

今天谈论兰克，在许多层面上似乎都是鲁莽之举——尤其是要谈论兰克的历史性世界图景，而非直接处理他的史学成就。兰克其人，以及他在修史甚至整个人文精神世界中的地位，在他逝世七十余年后仍无须赘述。他的主要著作，尤其是《晚近四个世纪的罗马教宗史》，① 《宗教改革时期的德意志史》以及《法国史》，均是通识教材，一再重印后仍以摘录和引文的形式广泛传播。但兰克本人以及著作是否仍是无可非议的精神财产？他对当下世界是否还有吸引力？

若一览过去数年的出版情况——这些出版物在多大程度上从事于与兰克相关的研究，以及十九世纪最为重要的史学家在多大程度上将兰克视为历史政治洞见的见证者，那么，兰克并不会经常出现在视线之内。他曾经的学生但与他意见相左的同侪布克哈特（Jakob Burckhardt）反倒经常出现。兰克似乎被重新限制在了科学研究和兴趣的狭小领域，而他一开始正是从其中走出来的。有时他似乎也被裹挟在价值重估、甚至"贬值"的漩涡中，而一个世代以来，这一漩涡越来越多地吞噬了我们的整个过去，给人们留下了可怖灾祸的印象。后继的评判总是扬弃先前者，于是，

---

① Leopold von Ranke, *Die römischen Päpste in den letzten vier Jahrhunderten*，以下简称《罗马教宗史》。

击中兰克命运的正是这种多重意义上的谴责：在德意志统一政策的同代人和奋斗者眼里，兰克作为史学家对祖国事业的淡漠和疏离成了尖锐指责的对象；与尼采革命性的哲学激进主义相比，兰克作为保守派史学家则成了现存秩序的代理人，是与强者对立的一种放任机巧的典型，是天生的、典型的"大事"拥护者，能在一切清楚的事实中看到最为清楚者；新近影响下的极端民族主义则将兰克所谓的普世主义抨击为政治主张，称其"客观性"为科学的原罪。

今天，我们更倾向于将兰克视为大国、甚至任何国家的修史者，视其为欧陆专制政体，尤其是普鲁士政体的美化者——这自然是一种全新的、形式不同于以往的审判。他对"真实—精神"的修史成了世纪初唯心主义和世纪末生物—自然科学唯物主义的联结点，而他本人则成了德意志史灾难性倾向的先驱。从这一系列历史评判中可以看出一点：我们这位史学家从未流行过，而在他的世界——十九世纪初的、1815年欧洲政治格局所决定的世界——已然湮灭的今天，他更不可能重新流行起来。自那时起，我们已不能期待从他的著作中得到任何解决当下政治与精神困局的措施、方法甚至关键词。我们必须更加深入其作品才能听到那些永恒的声音；而我们之所以听从这些声音，是因为它们在当下这个被惊怖笼罩的世纪里为我们树起了希望。

伟大的修史者并不满足于在好奇心的引导下完成的古典研究，而是在更深的意义上成为世界的阐释者，并因此而区分于平庸之辈。在他们的手中，每一个局限的历史事件生发出来，汇入了对人类存在和其在时空中命运的阐释。他们的创造永远保持着自身的质料性（Stofflichkeit），这一质料性构成了历史事实的特性，却似乎同时被精神力量、其个别的特征和个体性照亮。布克哈特自然是从他的果决中获得了不朽的影响力：以这一果决，他以每一个历史情形为契机，将我们引向人类存在的永恒条件；在兰克身上，这一倾向却更加隐秘，不易被直接察觉。但仅仅将兰克的历史艺术视为考据性的事实研究，则是一个重大却十分常见的误解。兰克历史研究的功绩不在于对于运用原始材料（Quelle）的新的、考据性的方法，而在于将新的精神原则引入了修史，从而从本质上改变了史料的性质，将外部事件和内在整体统一起来，将历史人物置入与更高思想力量的关系之中。即使是粗浅地阅读兰克的作品，读者也能够感受到材料、事件的实际关联在其全部的意义上得到了严肃的对待，而材料和关联同时又只是字符，是一个更高秩序世界的"象形文字"（Hieroglyphe）。

今天，我们对兰克的兴趣正是生发于此：我们探究兰克贯穿其作品、用以重新激活遥远年代中的事件的历史观点：他的世界图景是如何被创造出来的？这一图景在何种力量下统合自身，又如何回答了我们关于人与历史的命运力量的迫切问题？伟大的修史，如同十九世纪在欧洲各民族中以令人讶异的范围和规模发展起来的一样，并不是在任何时代都能生发，它要求一种特定的精神和政治的根本倾向。正如它在伟大的希腊内战、一世纪的罗马皇帝时代，或者文艺复兴诸侯混战时代发展起来的一样，这些时代见证了一个代际与其父辈延续意识（Kontinuitätsbewusstsein）的中断和精神，以及政治总体存在的危机时刻。这既适用于修昔底德和塔西佗，也适用于马基雅维利。

1789年以来的历史正是这一原则的典范。在西方历史上，人第一次尝试以顺应理性的根本原则的理智秩序来取代现存的、世代延续下来的秩序。在鲜血与恐怖的狂欢中，旧秩序覆灭了；正因如此，对于启蒙运动政治理性主义的信念和希望，连同整个新世界，才能在理性人的意志下被重新创造。而对兰克而言，历史和历史知识则被创造出来以应对将世界教条化、理性化、和去历史化的失败尝试。历史成为一种被旧日已形成秩序的捍卫者呼唤出来的精神——政治力量；历史知识能够在混乱中起到护卫甚至疗愈作用。而历史之所以能在如此的范围内取得其政治诉求的合法性，正是因为在此期间，历史本身成为一种独立于外部形势的精神力量。在德意志的土地上，反对启蒙运动理性狂热的大革命完全爆发出来，而历史性的独特意义则将自身建构为新的世界和生命原则，正如我们在青年赫尔德身上看到的一样。

自然，一切发展成熟的文化都能够让我们在人类建构中看到历史的要素，但直到现在，人类存在才第一次在其本质上被历史性地理解。一切都是发展和没有终结的生成（Werden），因此只能从其自身、从其作为个体的特殊条件中被理解。人摸索着回到了本源：民族、语言、诗的本源。修史朝向原始材料——一个最高意义上的浪漫派概念——和其批判视角的科学转向在这里保有其根脉：罗马的修史者尼布尔（Barthold Georg Niebuhr, 1776—1831）是先驱之一，兰克马上跟随了他；尼布尔的《罗马史》，据他自己的声明，是"第一本德德意志历史著作"，正是这一著作给兰克留下了深刻印象。

兰克如何以其自身的发展进入并参与了这一精神运动的场域，又如何将其影响力提升到迄今为止无人企及的高度，则是我们接下来的关切。兰克出生于德意志中部的一个牧师家庭，在十九世纪混合了人文主义和基督教因素的独特的北德新教氛围中接受教育，先后就读于著名的普法尔塔高级中学（Schulpforta）和莱比锡大学。在两所学校就读期间，兰克的哲学和神学兴趣占据了主要地位。他此时阅读古代史学家还并非出于对历史的激情，而是出自阅读拉丁文和古希腊原典的要求。是古典语言学的研究最终唤醒了兰克的史学家精神。

兰克历史倾向的古典语文学源头再重要，也无法提供充分的解释。因为当历史的世界作为颇具吸引力的目标第一次展现在兰克眼前时，触动这位史学家的是多种更加深刻的本质存在。此处我们必须记住，兰克也曾是神学家，并汲取了多代神学研究的遗产。在兰克那些年间给自己的兄弟海因里希（Friedrich Heinrich Ranke）所写的极富启发性的信件中，我们得以深深窥见他的精神生活：在其中，为了赢取针对新近成为他职业的修史者的道德和宗教辩护——尤其是相对于在视域之内的神学家和教育家而言，一种强硬的争斗正在发生。在这里，兰克新近从事的费希特研究得到了急迫的表述，这一表述可以视为他所有历史著作的主导动机：

> 在一切历史中居住、存在着神，并有神得以辨出……一切行为都由神生发，一切时刻都劝诫宣讲着他的名字，而我认为最重要的便是大历史的关联。这关联耸立如同一个神圣的象形文字，在其最外在的形态中被把握和护卫，也许正因如此，它才不至于在未来可见的数世纪中被遗失。好吧，无论我们自己如何尝试或成功揭示这一神圣象形文字——我们也在侍奉神，我们同是牧师和教师。

为了澄清它对一种更加晚近的关联的意义，我们需要保留这些句子并暂时断定，这些表述的基础是一种基督教的、由新柏拉图主义思潮贯穿的历史图景：神意支配历史进程，对于人类却是隐匿的，是一种象形文字——这里兰克回应了赫尔德和路德的表述，认为历史是上帝的"面具"，是"我们神主的哑剧"。从历史中读出这一神意，对于青年兰克已是史学家最为神圣的任务。但兰克从未将其视为一种教条式的历史哲学，而是一种在移情的献身中让历史生命获得现实性的方法。由此，从他身上生发出来的便不再是对于囊括了在一切形式和无尽现象的变革中的一切历史生命的大关联的理解。兰克领先了对这一关联的信念和一切修史；它缺席之处，历史便成了"无意义的意义"（Sinngebung des Sinnl-osen），坍裂为无数彼此没有关联的个别事件。从这一信念中却发展出了一种能力：在世界史的有力关联中将个别的时期、个体、民族和时代运动总结为历史整体。

兰克在无比杰出的意义上拥有这一能力。由此出发，我们将以最为直接有效的途径进入兰克的史学思考。使兰克一鸣惊人的第一部作品，《1494 至 1514 年的罗曼和日耳曼诸民族史》，直接展现了他这一决定性的把握。这里，兰克为了挽救一统思想做出了冷静的尝试：现代欧洲在多种意义上四分五裂，崩落成为一个由互相竞争、在残酷斗争中只为你死我活的国家构成的系统，而兰克则尝试通过展现现代国家体系的诞生时刻而为欧洲的存在提供历史根据。

因此，他写下了著名的导言章节《日尔曼与罗曼民族统一论纲》。在这一章中，兰克描述了分裂的西方民族在其伟大的世界史事业中的历史统一点：民族迁徙、十字军东征、"种植"（即外国殖民）。他在此中看到了一个不间断的运动进程；在这一过程中，西方世界进行了三次大呼吸。

我们必须牢记这一论题在 1824 年诞生时的重大意义。在神圣同盟中再次被重塑的西方基督教的政治统一的思想正在瓦解：现代强权国家的主权观念从内部将其摧毁，而这一观念仅凭自身却只能建立起社会和独立国家机构组成的体系，旧有的一统思想则逐渐消失在共同文化和文明的记忆中。在大革命的精神和政治危机中，国家主权思想与民族自决观念的联合最终增强了欧洲的爆发力，1815 年的复辟则试图通过压制民族原则再次打破这种联合。历史思想家兰克意识到这一与时代精神背道而驰的事业的不充分性，并因此寻求一个全新的基础，即从一群国家机构共同的扩张性、外向型努力中发现欧洲的统一。这就是对外关系的优势，即后来所说的"外交政策的首要地位"，也是兰克为各个国家制定的规则。西方的统一性在于共同的效力而非宪法，因为前者的基本法则是一个权利平等的国家体系中的适度竞争，这些国家汇聚在一起，旨在共同抵御任何单一国家的霸权。对兰克而言，这些国家最多只能被视为一个整体，"如同一个国家"。在1832年发表的《诸大国》一文中，兰克对此进行了完美的描述。西方政治统一性的丧失及其分裂为多个国家的现象，并不是一种有待克服的紧急状态（这里，拿破仑的霸权企图产生了明显的影响），而是欧洲不可改变的存在形式，实际上也正是欧洲文化的先决条件。

从他的基本概念中，兰克获得了进一步得出一系列思想结论的可能性：大革命前后的国家与国家制度在根本上别无二致；它们的游戏仍然是吸引和排斥的交替，是在防御统治中寻找自我，在他们身上占主导地位的是同样的倾向和利益。自由主义思潮总是把诸侯时代与人民时代相对立。兰克以法国的旧政体和大革命为例，指出了在内部动荡的巨大鸿沟的两侧，大国的外交政策在多大程度上是一致的。如此一来，越过欧洲历史迄今为止的最大动荡，历史的连续性得到了拯救，而兰克对"事物的相互关系"，对"联系并统摄所有民族的重大事件的进程"的信念在他所处时代的核心政治问题中得到了证明。

自1789年以来，民族及其主张的出现是否意味着一种新的要素进入了历史？兰克实际上否认了这一点。现代民族主义的终极目标，即国家与民族的融合，在他看来遥不可及；早在民族国家学说的纲领性要求出现之前，他就已经断定，在伟大君主国的形成和发展过程中存在着内在的民族力量。民族原则至少使国家重新焕发了活力：在他看来，民族甚至一度成为国家的"道德力量",没有这种力量,国家就无法存在。兰克以谨慎的态度,试图阻止充盈了他的世纪的强有力的、四处泛滥的河流,并将其引导到现有国家体系的渠道中;他既不是一个复辟者,也不是一个革命者,而是一个具有非凡的综合和连续性意志的精神。他不愿像其他人那样,只把解体的力量和趋势归功于他的时代,这一时代同样创造出了"最积极的结果":它使大国首次出现在了历史舞台上。

诸大国!由此便引出了兰克词汇中最重要的一个历史术语。兰克并不是不加区分地将其应用于每一个强国,而只是用其指代1815年后在政治体系中形成所谓"五国共治"(Pentarchie)的国家:英国、法国、普鲁士、奥地利、俄国,也即是他在1832年的文章中提到的诸大国。在兰克看来,它们的出现是自1680年左右以来近代史的世界史内容,是"法国大革命爆发前一百年的重大事件"。因此,大国是现代强权国家的表现形式,是西方现代史的具体要素。在这一过程中,"民族独立性"产生了历史效果,但这些独立性不能以带有霸权诉求的无限权力斗争出现,而是形成了一个"联盟",一个体系。兰克的"大国"概念并非指霸权,而是指与其他国家处于平衡竞争状态中的国家,兰克多次将大国在整个体系中的地位比作行星系统中的天体,它们"不断地相互依存和并行,有时结合,有时分离"。

大国的兴起和发展是兰克史学的一大主题,与之并列的还有《罗马教宗史》的宗教—教会原则和《宗教改革史》。他的三部重要著作:《法国史》《英国史》和《普鲁士史》都以十七、十八世纪作为现代国家形成的时代为主要论述对象。他对大国体系及其运作形式的直观看法对整个现代意识都产生了持久的影响,当十九世纪谈论"历史政治"时,它所指的正是大国的历史基础。马克斯·伦茨(Max Lenz,1850—1932)和瑞典人契伦(Rudolf Kjellén,

1864—1922)等人曾多次尝试在世界历史的新层面上延续兰克1832年的方案，但兰克思想中的理想—精神光环逐渐被褪去，最后只剩下一种自然主义—生物学的权力理论：绝对权力国家被提炼出来，打破了西方国家共同体的统一，与其他所有要素分离开来。在这种尝试中，兰克精神只剩下了残余：他的大国仍然形成了某种宇宙，而非一片混沌；但新的世界国家体系却面临着完全解体的风险。因此，路德维希·德约的批判性怀疑不无道理：欧陆平衡体系的标准是否适用于世界政治的最后一个阶段：内在具有统一趋势的巨型国家？

事实上，我们正站在一个所有先前的概念、传统观念和思考习惯都必须被拒弃的节点上。而兰克作为"实体—精神"思想无与伦比的教育者陪伴着我们：他看到了在政治权力的背后正在为之奋斗的精神力量。但他并没有预感到权力之间的竞争会导致相互的毁灭，而是始终相信，"错误的意图将会在自己身上找到纠正的办法"。他没有像他所处世纪的其他历史政治思想家如托克维尔和康斯坦丁·弗兰茨（Constantin Frantz, 1817—1891）一样，看到两个世界大国导致的全球二元论的出现，而是始终将目光限制在欧洲，视其为十九世纪世界政治的枢纽。

总体而言，兰克与斯拉夫世界没有直接关系：与罗曼—日耳曼民族相比，斯拉夫民族作为西方世界的有效力量，在他的体系中并不存在。他只有一次深入研究了斯拉夫民族的历史，从而写出了《塞尔维亚革命》。总的来说，俄国只被兰克视为欧洲的边缘强国，其存在的唯一力量来自与欧洲的联系。亚洲大陆的开拓在兰克世界体系所起的作用则完全模糊不清。在兰克为其所开展的第18次关于近代史时期的讲座后，巴伐利亚国王马克西姆二世（Max Ⅱ）将兰克关于彼得大帝治下的俄国的崛起的论述，与一个他经常听到的说法联系起来，即彼得大帝将俄国塑造成欧洲强国并没有给俄国带来任何好处:"有些人认为,将自己塑造成为一个亚洲强国更符合俄国的利益。"兰克在他的回答中绝对否认了这一点:

> 既然这是向俄国传播文化的问题,那么这样的努力就是无稽之谈……彼得大帝别无选择;为了使俄罗斯伟大,他不得不这样做。如果把主要注意力转向亚洲,俄罗斯只会成为一个野蛮人的帝国。

如果对照地球另一端北美洲的美国,就会发现这一观点得到了证实:兰克在他的史学中并没有对那里出现的世界史发展的独立时刻给予应有的重视。在《贝希特斯加登讲演录》(*Berchtesga-dener Vorträgen*)中,北美联邦的出现,首先被视为"在罗曼—日耳曼传播"的人民主权学说成了世界范围内前所未有的大革命。1760年代末的[美国]内战结束后,重新建立的联邦作为原始力量变得更加清晰可见。此时,兰克在他的《英国史》的最后几页里用了至少一句话来赞颂这一联邦在世界上的重要性:

> 北美殖民地自获得独立以来,超越了"独立"这个词的限制,成为一个世界强国。这个世界强国把提供给盎格鲁—撒克逊部落的广袤领土改造成了自己的家园,并通过创造新的社会生活形式,在西半球取得了统治地位。

但兰克并没有在他著作的任何段落详细阐述这一论点。

到目前为止,我们几乎完全绕过了"权力"作为语词和概念所包含的内在问题。"权力"的含义本身就具有双重性:它首先可以指集中于国家的一种客体化的政治力量:兰克主要就是在这个意义上使用这一概念的。我们在《普鲁士史》中读到:"国家与权力或许本身并无区别；因为国家的概念源于一种独立的概念，而这一独立没有相应的权力是无法实现的。"同时，"权力"在更一般化的意义上也可以指涉一种在国家中被"系统化"了的人类能力，即对他人行使权力、将自己的意志强加于人的能力。正是在这个意义上，布克哈特认为所有权力本身都是邪恶的。这种双重应用实则源于不同的价值体系：布克哈特主要——但绝非唯一地——将权力视为人类迷狂的一种形式，其原始形式导致对个人自由的践踏，进而导致对文化的践踏。在此意义上，布克哈特所能赋予权力的最高境界是对文化的保护。而对于兰克而言，

> 即使是经常如此可疑的对文化的促进，也不是世界史的唯一内容。历史的发展绝不仅仅基于文化追求，它与另一种全然不同的冲动相符合：这首先是各民族之间的对立，它们为争夺土地和优先权而战；在这场始终囊括文化领域的斗争中，历史性的世界大国正在形成，并不断与彼此争夺统治权。

《世界史》序言中的这些描述，甚至在字面上与《诸大国》一文最后几段的思想相呼应：在这里被描述为"道德能量"的东西，现在则被称为"历史性的世界大国"，这个术语既包括国家政治现象，也包括思想权力。"权力"对于晚年和青年兰克而言均是一种"现实—精神"现象。在权力中出现了一种"原始天才"，一种精神存在，而兰克用"现实—精神"的概念来描述其物质和非物质特性："突然以超乎想象的原创性出现在眼前的真实—精神，绝不可能来自任何更高的原则。"我们由此站在了兰克的史学思考的重心上：国家这个伟大的力量，在这里以一种个别的方式转变为一种最高级别的历史力量，它实现了其内在的精

神原则,不仅体现了自然的暴力,而且体现了并非源于其自身个性的抽象的普遍理想。在兰克看来,每一个国家本身都是一种理念,是各种驱动力的独特创造性的综合体,是一种"精神实体",从宗教角度来说,就是"神的思想"。

通过这些文字不难看出,将个性概念应用于政治领域,是兰克最为果敢的精神成就。鉴于现代大国所固有的无限权力和对所有其他驱动力的彻底铲除,我们在今天很容易认识到这一直观形象的问题本质。兰克属于这样一代人:他们受到了一种令人欣慰的意识的鼓舞,认为自己已经驯服了以追求统治欧洲的至高无上权力的拿破仑为化身的恶魔。兰克坚信,我们可以放心地信任仍在保护欧洲不受任何单方暴力统治的天才精神。他将大国理解为自由的保障,甚至是文化的保障。

然而,兰克又是如何在权力与道德相遇时所产生的谜题中寻得出路的呢?如果我们正确理解他的意思,那么权力原则的理想化已经让这些问题失去了实际意义。如果主张自身利益是一个权力、一个国家的最高法则,而政治家依照这一法则采取行动,那么这种自我主张就脱离了纯粹行使武力的盲目利己主义,而成为一种普遍的主张,可以说是"思想的自我主张"。这只适用于在个人的事业中捍卫普遍性,正如兰克的《英国史》在评价奥兰治的威廉三世(Wilhelm III von Oranien)的政治时所说的那样:"然后,个人存在扩展为一个世界史时刻。"只想获取土地的征服欲并没有达到这一境界,在兰克看来,这种征服欲就像欲望和对黄金的贪婪一样永不餍足。

问题是,史学家是否总能在个例中将较高的动机与较低的激情区分开来。兰克明确否认路易十四"对土地的放荡贪欲";但在拿破仑的问题上,他越来越倾向于从"事件进程"来解释他的政治和军事行动,并洗清他"征服野兽"的恶名。在必然性

（即决定一个时代的主流趋势）意义上的行动，也即是从更高意义上的道德行动——兰克直到最后一刻才明白这一信念的巨大后果，而这正是因为他一直试图将必然性与道德世界秩序统一起来。

这可能也适用于兰克认为与西方近代史最接近、也最符合他本人的情况：总体利益与个人利益相一致，伟大人物与他所代表的国家相一致。这就是绝对君主制的本质，是兰克在修史中偏爱并不断处理的主题。因此，在《法国史》第三卷中，他将路易十四的王权描述为"人在世上所能占据的最伟大的地位之一"：

> 它意味着巨大的责任，也预设了无限的能力。个人将自己视为整体利益的缩影；自我变成了国家。它是否有能力完成其为自己设定的任务，是否能够扩展个体的人格，使国家的思想融入其中？

在这里，路易十四的个人存在是否能够帮助实现其更高标准的考据性质疑是明确无误的。与他更伟大的前任黎塞留红衣主教相比，他几乎完全沉默了：在结尾处对黎塞留红衣主教个人地位的反思中，兰克描述了伟大的政治人物与他为之献身的国家完全融合的经典范例。但是，在兰克为他勾勒的完美的政治家式的伟大形象的背后，尽管有温和的光辉笼罩，却仍留有一丝阴暗和无情的暴力：

> 黎塞留除了自己的权利之外，不承认任何其他权利；他以同样的仇恨追逐法国的敌人，就像追逐自己的敌人一样；这些敌人没有表现出灵魂追逐人类存在最高目标的自由推动力；他们完全被国家的视野所限制；但他们见证了一种敏锐的洞察力，这种洞察力能看到预期最远处的后果，知道如何

在可能的事情中区分和确定什么是切实可行的，在许多好事中确定什么是更好和最好的。

这里，片面的政治家式的伟岸的短暂地显露出其反面，而最后的结论则又有了积极的转向。史学家刚刚在遮蔽这个世界上人类生存和行动的阴暗面的帷幕上揭开一个小小的缺口，就又马上恐惧地把它拉合了。

如果一个人在面对更高的必然性时没有最终的决策自由，他还能以道德严谨的标准来对待历史、对待历史中的伟大个体吗？细心的读者在阅读兰克作品时会注意到，尽管具有出色的个性特征，个人作为历史生活的因素，在兰克所称的"事物的轨迹""伟大的进程""事物的必然性"以及永恒的世界秩序呈现在面前时，却往往退居其次。兰克的灵感并非来自对历史进程的可辨认的预先确定性的信仰——这种信仰会使史失去创造性的自我实现的特征，也不能使伟大的历史学得以展开；他的灵感也并非来自黑格尔哲学中的"一切历史事件都指向有形目标"的观念。

相反，兰克认为，历史的巨大推动力，即"主导思想"或趋势，内在具有一种不可抗拒的力量，从而迫使一切事物沿着它们的道路前进。如果个人与这些力量和谐一致，他就会站在世界历史成就的顶峰；如果个人与这些力量背道而驰，他最终就必然失败。与总体的铁律相比，微小的波动和不平衡，如个人性格在不可预知的时刻产生的波动和不平衡，又有什么意义呢？在总体的铁律背后——这一点对兰克的思想具有决定性的意义——隐藏着"不可理解的、内在有效的、毫发无损的永恒世界秩序的原则"。毕竟，正如兰克在《罗马教宗史》一书中所写的那样，人们无法撼动他们赖以生存的"精神世界秩序的法则"。"它以必然性支配着他们，调节着天体的运行。"后来，在讲述普鲁士王国首相哈登贝格（Freiherren von Hardenberg）的生平时，兰克再次提到了这一思想：

> 我不知道人们是否可以正确合理地谈论所犯的错误、错过的机会、造成的疏忽，正如它们实实在在发生的一样。所有事情的发展都有其超越个体的必然性，就像命运一样无可避免。

这句话出自兰克仅有的两部主要传记作品之一《国家首相哈登贝格大事记》（*Denkwürdigkeiten Hardenbergs*）的附录《哈登贝格与普鲁士的历史 1793—1813》。如果说兰克传记作品的数量之少已经表明了他"反传记"的态度，那么在阅读他为数不多的专门论述单个人物的作品时，这种印象只会更加强烈。《华伦斯坦传》以占星术和星象为出发点，在此书的开头，兰克就暗示了他对传记这一题材的深切怀疑：

> 在不间断的潮流中充斥了几个世纪的一般生活，要比个人生活强大、深刻、全面得多，因为个人生活只有一个时间跨度，似乎只是开端，而并非完结！决定人的是一般境况所提供的各种可能性；决定性的成就只有在同质的世界元素的共同作用下才能取得：每个人几乎都只是他所处时代的产物，是在他之外存在的一般趋势的表达。

兰克最终消除了他的疑虑，因为他认为，个性毕竟也属于一种道德世界秩序，

> 在这种秩序中，个性是完全属于自身的；个性具有独立的生命，具有原始的力量。正如人们惯常说的那样，个性代表着自己的时代，但又通过与生俱来的内在冲动，以决定性的方式介入了这个时代。

同样，兰克《哈登贝格大事记》一书的序言中也写道：

> 公共生活的要素是如此繁多，对每一个个体来说又是如此重要，以至于它们通常比活跃在其中的人物更能引起人们的注意；人们应该更善于发现这些要素的缺乏。一般的、总体的运动才是历史中真正有生命力的东西；政治家真正的重要性只在于他推动并在他的位置上引领了总体的运动。

构成兰克历史传记指导思想的不是生命的历程本身、个体的发展以及个人与环境的相遇，而是时代条件在个人领域的影响，或者是那些个人生命上升到世界史意义的时刻的突出表现。

这不应该被视为晚年兰克描画人物的失败：他选择这种形式正是因为其符合他的本质洞见。他曾这样区分个人人格和历史人格：

> 前者基于一般的生活条件、家庭、所从事的特定研究和课题、所处的职位、先天的气质；后者则完全不同：它基于一个人与占据并激荡着他所处世纪的重大问题之间的关系，以及他能赋予所领会的思想的效力。它是在精神氛围中的一种生命立场。

现在，兰克希望看到的正是个体生命在其与一般观念的日益渗透中的增长：

> 普遍关系被理解得越深刻，在时代冲突中和面对争议问题时被发展得就越充分，它与个体生命的渗透就越多，这就赋予了它一种新的、独特的价值。人们在文学或生活中为自己所信奉的原则留出空间的程度构成了留在记忆中的历史人格。

即使是最伟大的个人的命运和意志也要服从于必然性的伟大进程,这是兰克最深刻的信念,也是他的宗教性神意信仰的一部分。这一信仰在一个世纪平稳滑行的历史运动中,经过几个激流险滩,最终凝结成对"世界历史规律发展"的信仰。从这种信仰出发,历史进程中的巨大灾难性动荡和革命性危机都沐浴在平静的光辉之中;它们仿佛被吸收进入了这种平静、安详、进化论的观察视角。

我们还可以用一个特殊问题来检验兰克的基本观点,即他赋予偶然性在历史中的作用。任何一种历史观,只要没有坚实的基础,或者只是简单地坚持现象的丰富性,都必须在他面前屈服。因为这些历史观的结果最多只能从行为主体的原始动机中,基于实践原则被推导出来,于是一切都变得偶然,而失却了更高的必然性。兰克从一开始就反对十八世纪实用主义的观点。他在《诸大国》的草稿中已经希望能够消除国家政治史中的偶然性,并将其理解为合法必然性的体现:

> 世界史并不像乍看起来那样,是国家和民族之间随意的冲撞、相互倾轧和继承……世界史是力量,而且是精神的、产生生命的、创造性的力量,是生命本身,是发展中道德能量。

但是,正如从总体上看,历史不可能是没有意义关联的混乱的多种驱动力的结果,偶然性在个别情况下也不可能给服从于历史观念强制力的事物发展以新的方向;对兰克来说,它永远不可能获得历史的决定权。因此,在他描绘的历史中,巨大的巧合、统治者的英年早逝、意想不到的人类灾难从来都不会导致历史发展进程的中断,世界史上皇帝奥托二世的死亡、1610 年法国亨利四世的遇刺、德意志 30 年战争中古斯塔夫—阿道夫的战死均属此列。尼采把兰克的这种做法称为"以溜须拍马的方式把巧合统统描绘为可怕的无稽之谈"。

历史中伟大的个体人格与总体趋势之间的紧张关系，实际上是特殊性与一般性之间紧张关系的一个特例，必须被视为兰克史学思想的核心。对他来说，"一般"从来都不是一个普遍适用的概念，比如自由——在这里，他显然以批判的眼光将自己与当时的许多政治教条主义者区分开来。"自由"是在一个时代的一般趋势中个体、特殊的最高形式，或者说是所有历史个体（即国家和民族）相互接触，并在相互影响中构成普遍历史、世界史、"历史人类的总个体"（梅尼克语）的那个领域。兰克从德意志运动中继承下来的个体性历史理论，第一次被连贯地应用于世界史这一伟大主题。其核心句子出现在《政治对话》中，这句话受歌德影响颇深：

> 从特殊性出发，你完全可以深思熟虑地、大胆地上升到一般性；而从一般性理论出发，却没有通往特殊性概念的道路。

兰克从对这一根本性原则的坚持中得到了在修史中始终保持客观叙述与以解释性思考为重心的力量。人和事作为具体的个别现象，以其独特的、一次性的方式运动，却都反映着更加普遍的事物。在叙述的过程中，我们会读到一些晶莹剔透的句子，其中蕴含着最珍贵的"一般性"的思想内容：这些深不可测的智慧之言突然从叙述中脱颖而出，却又理所当然地概括了叙述的内容——"普遍性"。兰克曾说："一切都是一般的和个体的精神生活。"然而与哲人相比，他从特殊性入手，揭开了这种生活的秘密，"对个别生活的欢欣"才是他真正的激情所在。

但是,个体观念也适用于更高的层面,实际上是历史思想家所能站立的最高层面,即他从中获得对整个世界和人类历史的看法的层面。在这里,兰克讲出了这个著名的段落,同时也并没有否认它的神学根源:

> 我认为每个时代都直接与上帝产生关联,它的价值根本不在于它所产生的东西,而在于它的存在本身,在于它自身。因此,对历史的思考,实际上是对历史中的个体生命的思考,因而获得了一种相当奇特的魅力,因为现在每个时代都必须被视为本身有效并最值得思考的东西。

在这里,我们可以真切地感受到,这种对具体、特殊事物的思考是如何使个体化的历史艺术的力量和能力得到解放,并为我们带来了十九世纪,尤其是兰克本人的伟大成就。然而最终的结果却是,反历史学家将不得不迷失于个体,正如自然科学家如果没有探寻规律的冲动,如果没有将特殊性置于更普遍的关联中的意愿,就会迷失于单个的植物。兰克在其最后一部著作《世界史》的序言中写道:

> 但这正是世界历史科学的任务:认识这种联系,证明连接和支配所有民族的重大事件的进程。

它不可能存在于一种统一的趋势中,比如一种普遍的、持续的进步。

> 从神圣理念的角度来看,我不能以任何其他方式来看待这个问题,只能说人类自身包含着无穷无尽的发展,这些发展按照我们未知的、神秘的、比人们想象更伟大的规律逐渐显现出来。

此时此刻，我们回想起青年兰克对史学家这一职业的评价。当时，在对世界史事物的第一印象中，他为自己设立了挑战，要为揭开神圣的象形文字做出贡献，因为它们最为极致地描绘和呈现了历史。即使到了晚年，他也从未放弃历史的崇高使命，那就是寻找世界历史的秘密，尽管神性在更多认识者的注视下越发模糊。如今，对知识的陶醉已让位给更为冷静的思考：现在的任务是"实现全部真相"，或者"紧扣对象"，展示"实际情况"，只有经过考据性研究的历史才能被视为历史。但兰克对科学客观性的要求，对放弃在历史工作中纳入当下或民族利益的要求——正如历史的缪斯"充满妒忌地要求他的服务"——并不像他的同辈人那样，来自对事实的实证主义信仰，而是来自一种内在对神秘的自我消融、对沉浸在神的命运发生的世界历史中的渴望。为此，他还在热情洋溢的青年语言中道出了可以超越他一切作品的话语：

> 最终的结果是同情，是对宇宙的共同认识。很多时候，人们几乎不再知道自己拥有人格。人不再是自我。永恒的万物之父赋予万物生命，他毫无阻力地将我们引向他自己。

布尔哈特在《世界史研究》的结尾部分借鉴了叔本华的观点，听起来既亲切又遥远：

> 人类的精神盘旋在所有这些现象之上，却又与万物交织在一起，正在为自己建造一个新的居所；如果能以一种明察秋毫的方式追随这一精神，那将是一出奇妙的戏剧，但这肯定不是当代人所能做到的。无论谁对此有所领悟，都会完全忘却幸福与不幸，生活在对这一境界的纯粹渴望之中。

这两位十九世纪最伟大的德语史学家都认为，对历史和历史之中事物的研究的终极意义在于：认识世界的人类与整个世界进行精神交流，从而获得终极自由，克服人类的束缚。虔诚的基督徒兰克在"永恒的万物之父"那里找到了沉思和归宿；而克服人类生存疲劳、作为一个认识者把握整个人类精神和思想的渴望最终吞噬了布克哈特的阴郁悲观主义。

毫无疑问，兰克和布克哈特对我们当下的真正意义在于将历史事实不断导向人类生存的根本问题。布克哈特首先满足了我们以对历史的深思对抗困惑的需要，因为他总是直接谈到对我们而言已经成为现实的危险：可怕的内在和外在毁灭时代的来临。在这个时代中，人类精神所能创造的最珍贵和最神圣的东西，即人类艺术和文化的创造，似乎注定要灭亡。这就是为什么今天我们能够更加清晰地听到布克哈特而非兰克的声音。兰克仍然完全相信他所处世纪的"天才"，而布克哈特却否认这种"天才"的内涵。兰克认为生活在这个时代是一种幸运：他没有清醒地看到笼罩在这个时代的制度和权力之上的厄运。他对时代联系所作出的诸多判断比他长期以来所愿意承认的要紧密得多。如果出于被误解的虔诚而隐瞒这一点，那就大错特错了。引用兰克自己对莎士比亚时代的评价，他是在"暴风雨之间的海面平静的日子"——就像人们常说的"光辉灿烂的时代"中成长起来的。兰克曾在他的《宗教改革史》中说：

> 在我们立足的这片土地上，不羁的因素发出沉闷的咆哮。

如今，这种咆哮已膨胀为可怕的飓风，而柔和的声音被威胁着将要消失殆尽。这位史学家虽然对我们的苦难一无所知，却在他的历史画卷中成功地"从毒蛇的口中夺取了光明",告诫人们在最混乱的表象下要"追寻在深处起作用的精神法则",难道我们不应该时时回到兰克身边吗?兰克也许是最后一位还没有被对西方未来的忧虑所击溃的世界级历史政治作家,如托克维尔、布克哈特、尼采、康斯坦丁·弗兰茨、卡尔·希尔德布兰特,更不用说斯宾格勒、赫伊津哈和汤因比等新近的作家了。这是他的伟大,也是他的局限。在歌德时代晚期成熟文化的熏陶下成长起来的他,对精神引领世间万物向善的力量仍然充满无限的信心。因此,兰克于我们而言成了记忆中的给予慰藉的史学家。我们听到他的声音仿佛来自被激流隔开的彼岸,但他的声音勾勒出一个我们知晓的世界:那是我们的世界。我们以它的遗产为生;如果我们想继续存下去,就必须让它的法则重新成为我们的法则。那就是他所描绘的西方世界的多样性、分裂性,以及在其中仍未失去的统一性;它以无休止的运动和张力在我们面前铺展开来,只是有时在其文化的顶峰上稍作停顿。

兰克史书中的文学现实主义修辞

卡瑟琳·毛瑞尔（Kathrin Maurer）

约翰·阿克顿在他的《现代史讲义》(Lectures on Modern History) 中评价说：

> 利奥波德·兰克是开创了现代历史研究的时代的代表人物。他教会了史学要有考据性，要无色彩，要有新意。①

这一评价反映了剑桥历史学派在十九世纪下半叶对利奥波德·兰克的高度赞誉。即使在今天的学术界，兰克也被广泛认为是德意志史学现代化的核心人物，他奠定了德意志史学作为一门学术和学科的地位。兰克的著作浩如烟海，共有五十四卷，另有九卷口述《世界史》；因此，他作为"德意志学术史学奠基人"的称号不容质疑。正如阿克顿所言，这种史学的学术意图不仅在方法论上具有"考据性"，而且是"全新的"。

兰克著作的创新之处，主要是在学院体制内尝试建立史学：兰克意图将史学塑造成一门专业学术学科。尽管他的努力区别于自然科学和系统哲学等已确立的学术学科，但在这一历史时刻的史学的确在争取同等的学术地位。史学向着专业的转变同样影响了其语言和文体外观："新"史学必须改变写作模式，才能被学术环境所接

---

① John Emerich Dalberg-Acton, *Lectures on Modern History*, London: Macmillan, 1930, p. 18.

受。正如阿克顿所说，为了以学术目的修史，史学家必须避免行文中的"色彩"，即辞藻修饰和诗学创新。在兰克看来，色彩总是与非专业史学、与辞藻修饰和诗歌创作联系在一起。兰克的写作目标则是，"严格陈述事实，尽管这些事实可能有争议且不具吸引力"。①

虽然读者可能不会欣赏兰克对色彩运用的吝啬，甚至可能渴求一部沃尔特·司各特（Walter Scott）式的生动而刺激的历史小说，但正是这种语言的简朴为兰克铺就了一条成名之路。事实上，通过剥去史学缪斯克里奥（Clio）的诗意光彩，兰克提升了他作为史学这一学术学科创始人的地位。克里奥和她的妹妹卡利俄普（Calliope）原本是英雄史诗的缪斯女神，后来在荷马和奥维德那里成为诗歌的守护神，最终在兰克"去色彩化"（de-colorization）的尝试中被完全区分开了。在兰克专业化的修史中，卡利俄普没有一席之地。然而，兰克并没有就此放弃以"好战"著称的卡利俄普，后者不仅重新出现在兰克对学术化史学作为"科学与艺术"之综合的定义中，② 还出现在其史学的文学策略和修辞技巧中。然而，为了接近克里奥，卡利俄普不得不付出代价，顺应学院派对诗歌和修史的观念。

本文意在通过追溯兰克以修辞学展现历史的尝试，阐明和分析兰克史学中克里奥与卡利俄普之间错综复杂的姊妹关系。这一分析基于海登·怀特（Hayden White）关于十九世纪欧洲学术史学的

---

① Leopold von Ranke, "Zur Kritik neuerer Geschichtschreiber" (The historian's craft), in *The Secret of World History: Selected Writings on the Art and Science of History*, ed. and trans. Roger Wines, New York: Fordham UP, 1981, p. 58（以下引用简称"技艺"，随文注页码）。

② Leopold von Ranke, "Idee der Universalhistorie" (Idea of universal history), in *Vorlesungseinleitungen* (Prefaces to lectures), ed. Volker Dotterweich and Walther Peter Fuchs, Munich: Oldenbourg Verlag, 1975, p. 72.

"诗意预表"(Poetic prefiguration)的论点。① 怀特将史学家称为"故事讲述者"(storyteller),这投射出一种相对主义的史学理论。在这种理论中,历史知识和史学表述取决于史学家的文化倾向及其对历史叙事的语言建构。"故事讲述者"这一概念也消弭了随着十九世纪史学作为学术学科的兴起得到了确立和加强的历史与虚构的界限。

本文更深远的意图则是追溯学术性修史与虚构模式之间的话语模糊性。对兰克写作中的修辞和诗意元素的分析颠覆了兰克作为客观、真实的修史纲领的口号——"真实地书写历史"。更具体地说,兰克使用的现实主义修辞超越了怀特对兰克展现历史狭义、形式主义的判定——"教条现实主义"。怀特的现实主义概念本质上包含一个"部分—整体"模式:在这个模式中,特殊性可以归结为整体性,整体性又被定性为有机性、提喻性和喜剧性。因此,他按照古典美学的传统来看待现实主义,从而将现实主义与理想主义融为一体。②

---

① Hayden White, *Metahistory: The Historical Imagination in Nineteenth-Century Europe*, Baltimore: The Johns Hopkins UP, 1973; Hayden White, *Figural Realism: Studies in the Mimesis Effect*, Baltimore: The John Hopkins UP, 1999; Hayden White, "The Historical Text as Literary Artifact", in *Tropics of Discourse: Essays on Cultural Criticism*, Baltimore: The John Hopkins UP, 1978, p. 81-100.

② 怀特虽然在《元史学》中将兰克的叙事描述为"作为喜剧的历史现实主义",他仍将现实主义归入综合了现实主义与理想主义古典美学的传统。下述文献将歌德时代的美学视为兰克史学的奠基话语体系:Daniel Fulda, *Wissenschaft aus Kunst: Die Entstehung der modernen deutschen Geschichtsschreibung 1760—1860* (Science out of art: the emergence of modern German historiography 1760—1860)(Berlin: Gruyter, 1996); Johannes Süssmann, *Geschichtsschreibung oder Roman? Zur Konstitutionslogik von Geschichtserzählungen zwischen Schiller und Ranke* (Historiography or novel? about the structure of historical narratives from Schiller to Ranke)(Frankfurt: Steiner, 2000); Uwe Hebekus, *Klios Medien: Die Geschichtskultur des 19 Jahrhunderts in der historistischen Historie bei Theodor Fontane* (Clio's media: the historical culture of the nineteenth century

毫无疑问，兰克的写作借鉴了这种"部分—整体"模式，但他的写作还涉及其他现实主义策略：兰克使用的现实主义修辞旨在模拟事实性、学术性和真实性。兰克的史学使用了大量"现实主义效果"（realist effects），这些"现实主义效果"是在文本试图暗示非文学世界的高度指涉性（referentiality）时使用的。正如罗兰·巴特（Roland Barthes）所说，这些指涉性、或"指涉性幻觉"的时刻，均是基于文学策略的修辞性构造。① 兰克的史学以诗歌和语言的方式进行虚构，因此否定了史学自身作为再现（representation）的地位。兰克旨在展示历史，让历史仿佛发生在读者眼前，是当下可以目睹和见证的"真实"事件。

为了模拟这种真实感，兰克在写作中运用了现实主义的经典修辞策略，它基于十九世纪自证概念（self-evidence）的转变。兰克使用现实主义修辞主要是为了设计史学的叙事，具体方法是使用目录、档案效应和特定的隐喻。兰克作品中修辞现实主义策略首先证明，尽管他实施了"去修辞化"计划，其学术史学仍以修辞为基础。其次，与怀特等人的说法相反，兰克的著作深受现实主义技术性修辞的影响。本文接下来将首先介绍这一技术性修辞。

兰克试图在历史叙事中营造一种"真实的""以一种超乎想象的独创性突然呈现在眼前"的印象。② 这即是说，他试图将历史事

---

in historicist prose by Theodor Fontane)（Max Niemeyer：Tübingen, 2003）。

① Roland Barthes, "The Reality Effect", in *The Rustle of Language*, ed. And trans. Richard Howard (New York：Hill and Wang, 1981), 148. 以下引用为"效应"。

② Leopold von Ranke, *Die großen Mächte：Politisches Gespräch* (The great powers：political dialogue) (Göttingen：Vandenhoeck & Ruprecht, 1955), 45-87.

件和场景呈现在读者眼前。然而,这一时刻的视觉性质,以及它的突然和不可预知性,让理解事件的过程有了一种审美特质。文本意在唤起一种审美体验,在这种体验中,作者和读者都能以一种未经调和的、真实的方式与过去相遇。这种唤起审美体验的方式使阅读主体能在想象中把握史实,也表明了自证概念的转变。在古典修辞学中,evidentia[明晰叙述]属于修辞装饰(ornatus)的一种,其功能是通过特定的叙事技巧和细节描述(energeia, hypotyposis, Illustratio, description 等)等修辞策略来制造证据。evidentia[明晰叙述]是修辞技术(修辞技巧、法则、惯例和规则)的产物,传统上被理解为古典修辞学中的 ars benedicendi[赞颂的技艺]。[1] evidentia[明晰叙述]的技术性概念在十八和十九世纪发生了决定性的变化。汉斯·布鲁门贝格(Hans Blumenberg)简明扼要地描述了这一转变:证据(evidence)不再是规范规则的结果,相反,自证被认为代表了一种知识原则,一种独立于修辞技术而产生的洞察力。[2] 在兰克史学中,自证让修辞变得多余:在这一刻,事实表明它们能够为自己说话,而修辞作为一套经典手法,则不再具有控制历史事实和事件安排的权威。相反,evidentia[明晰叙述]是通过主体的想象力唤起的,创造证据的是自主的个体力量。换句话说,兰克将 evidentia[明晰叙述]移植到美学领域,在这一领域中,个人有能力通过自己的感官创造知识。

---

[1] Gert Ueding, *Grundriss der Rhetorik: Geschichte-Technik-Methode* (Compendium of rhetoric: history-technique-method) (Stuttgart: Metzler, 1986), 200–254.

[2] Hans Blumenberg, "Anthropologische Annäherung an die Rhetorik" (An anthropological approach to rhetoric), in *Wirklichkeiten in denen wir leben: Aufsätze und eine Rede* (Realities we live: essays and a speech) (Stuttgart: Reclam, 1981), 111.

兰克将对 evidentia［明晰叙述］的理论思考融引入了修史的文体改革。他要求历史叙事严格"去修辞化"，这也强调了 evidentia［明晰叙述］在他写作实践中的新地位。兰克在《史学家的技艺》（"The Historian's Craft"）一文中阐明了这一方案，并抨击意大利历史作家奎恰迪尼的史学以话语为基础：

> ［奎恰迪尼的］史书就是这样构建出来的。它与阿里奥斯托（Ariosto）的诗作几乎没有什么不同。此外，它的形式基本上被关于"为什么""如果"和"为什么不"之类的论述扭曲。既有演说，也有离题，至少后者并不总是合适。（"技艺"，83）

［法国的结构主义语言学家］埃米尔·本维尼斯特（Emile Benveniste，1902—1976）的"历史/纪事"（histoire）和"论述"（discours）模型作为有效的启发性手段，可用于强调奎恰迪尼和兰克写作风格的不同。兰克攻击这位意大利史学家撰写的历史总是被演讲和题外话打断：这些中断是奎恰迪尼对历史背景的个人评论和对事件背后的具体动机的解释。简而言之，他的语言使用了大量的"论述"。本维尼斯特认为，论述显示了语言的主观模式，在这种模式中，作者与受众互动，并希望说服受众接受自己的态度。奎恰迪尼在他的著作中扮演了一个积极的历史调解人的角色，他对历史的阐释是为了达到教育和娱乐读者的实用目的。为了实现其写作的"规定性"（prescriptive）特征，他甚至愿意编造一些额外的事实从而为自己的目的构建历史。因此，奎恰迪尼将修辞装饰、虚构的插图、人为的演讲和伪造的文件加入他的史学写作中。在兰克看来，这是一种伪造行为，是修史中最严重的罪过。兰克认为，学术化的史家在修史时既不允许诗意的补

充,也不允许实用的教育目的;他全然拒绝虚构,让修史完全基于真实的资料来源和证据,如回忆录、日记、书信、大使报告和目击者的原始叙述。

关于兰克对其史学风格的描述,本维尼斯特的"史学"(Histoire)概念非常贴切。本维尼斯特认为,与论述(discours)相比,史学构成了客观的语言模式,即纯粹叙述性的语言使用,而没有任何后来者的介入。他的参考是法国现实主义小说中"过去时"(aorist)的非主观语言。他还在古斯塔夫·格洛茨(Gustave Glotz,1862—1935)的史学著作《希腊史》(Histoire Grecque)中发现了这种叙事方式:在其中,"事件似乎是在叙述自身……如其发生时一样……在叙述者之外"。①

兰克将史学叙事"去修辞化"的计划与本维尼斯特的"史学"(Histoire)模式有相似之处:史学应该给人一种自己讲述自己的印象!他的著名论述就阐明了这一目标:"我希望能够消弥自身,让事物自身说话。"② 然而,这一表述显示了兰克愿景的假设性本质。使用动词"希望"(to wish)的条件形式,表明兰克想要在历史叙事中抹去史学家的主观性。然而,兰克清楚地意识到,即使是在最学术化的史学中,史学家也会以说话者的身份再次出现,从而留下——再次使用本维尼斯特的术语——"话语"(discours)的痕迹。

兰克通晓修辞在修史中的永恒性,但他将注意力从作为技术

---

① Emile Benveniste, *Problems in General Linguistics* (Coral Gables: U of Miami P, 1971), 208.

② Leopold von Ranke, *Englische Geschichte vornehmlich im siebzehnten Jahrhundert* (A history of England principally in the seventeenth century), ed. Willy Andreas (Wiesbaden: Emil Vollmer, 1957), 303.

的修辞转移到审美领域。对兰克来说，美学取代了作为技术的修辞学，因此，evidentia［明晰叙述］是体验中的个体的产物，它在叙述中创造性地将历史事实塑造成一种积极而生动的想象。当代德意志史学家约恩·吕森（Jörn Rüsen）将兰克对 evidentia ［明晰叙述］的重新定位解释为审美化修辞学的质变，① 这种审美化的修辞促进了科学与审美领域的合作，对于将史学概念化为一门学术学科至关重要。在吕森看来，修辞学不再作为技术（techné）发挥作用，而是变成了一种自主的、摆脱了修辞方法和惯例的美学话语。修辞学代表了一种可以将理性元素引入修史的载体，并展现出一种能够创造历史叙事之连贯性、合理性和透明度的力量。

毫无疑问，修辞仍然存在于兰克历史观中。然而，这种修辞的功能与吕森所说的不同。由于模糊了虚构与事实、文学与科学之间的界限，修辞的存在破坏了史学成为一门学术学科的稳定性。② 因此，本文对修辞学的研究方法接近于学术讨论中对语言"超验"能力和功能的质疑，围绕后者的研究不同程度上以一个"新修辞学"的概念为核心，强调语言的非透明性，这使得他们与怀特和诺思罗普·弗莱（Northrop Frye，1912—1991）的高度结构主义和形式主义的方法截然不同。尽管这些学者对语言有不

---

① Jörn Rüsen, *Konfigurationen des Historismus: Studien zur deutschen Wissenschaftskultur* (Configurations of historicism: studies on the German culture of science) (Frankfurt am Main: Suhrkamp, 1993), 114-35.

② 参 Frank Ankersmit, *History and Tropology: The Rise and the Fall of the Metaphor* (Berkeley: U of California P, 1994); Stephen Bann, *The Clothing of Clio* (Cambridge: Cambridhe UP, 1984); J. H. Hexter, *Doing History* (Bloomington: Indiana UP, 1971); Carlo Ginzburg, "Ecphrasis and Questions," *Tijdschrift voor Filosofie* 10 (*1988*): 67-91。

同的概念，但他们都认为史学主要是一种文学话语，在我看来，这有损于史学的学术性。吕森对审美化修辞的强调囊括并压制了所有关于修辞技术的问题，从而偏离了班克斯史学中的代表性问题。对兰克使用现实主义修辞技术的研究因此得以阐明，他的文本是如何产生历史指涉性的效果的。这种对历史真实性的文本建构反过来又质疑了兰克在学术性和事实性的支持下再现历史的努力。怀特和吕森对兰克修辞学的研究主要关注他的元文本假设，相比之下，我们反而能够从兰克的实际写作技巧中直接看到一种修辞学技术概念。本文的下一部分将展示兰克现实主义技法的叙事。

兰克第一部作品的书名《1494 至 1514 年的罗曼和日耳曼诸民族史》（以下简称《民族史》），① 似乎恰如其分地反映了这部作品的结构。它所揭示的不是一个故事，而是欧洲十五世纪末的许多故事，如小型军事战役和干预、失利的战斗、短暂的胜利以及众多的政治联盟和契约。在他的作品中，兰克试图将他在档案中发现的大量数据统摄于一个象征性的结构——一个元历史的概念中，以此来浓缩这些数据，并引导人们穿越历史事件多重性的迷宫。这条线索就是欧洲六国统一的概念，一个精神、文化和历史的联盟。这成了他努力理解大量历史事实的基石。兰克的欧洲联盟思想揭示了民族在其史学中的重要作用。

兰克一直是普鲁士君主制的拥护者，甚至在 1841 年成为普鲁士官方史学家；他同时也支持普鲁士国家。尽管兰克是一位保

---

① Leopold von Ranke, *History of the Latin and Teutonic Nations 1494—1514*, trans. G. R. Dennis（London：Bell & Sons，1909）. 以下引用为《民族史》。

守的普鲁士辩护士,但他不应被简单地与德罗伊森(Gustav Droysen, 1808—1884)、特赖奇克和西贝尔等激进民族主义史学家一派相提并论。在十九世纪六十年代及以后,这些史学家将他们的史学工具化,为其特定的政治意图充当传声筒。当十九世纪八十年代这种民族主义史学达到顶峰时,兰克撰写了九卷本《世界史》。大体而言,他的普世史观试图将所有欧洲国家统一到一个联盟体系中,其基础是植根于旧欧洲王朝联盟体系政治传统的保守主义。

与兰克后来的作品相比,他的首部作品在叙事结构上更具实验性。研究者往往批评其简短密集的句子结构以及对古语和粗犷辞藻的频繁使用,兰克自己对这部作品的叙事形式其实也并不满意。然而,这些"缺陷"也使得他的《民族史》成为一个丰富而复杂的文本,非常适合于展示兰克如何运用修辞现实主义策略来传达叙述中所有语句的形象。兰克认为:"必须剥去叙事中的所有词句。"① 然而,这种剥去叙事修辞外衣的想法本身就是一种修辞姿态。通过清除史学的修辞学污点,兰克恰恰运用了罗马古代的一种传统叙事修辞手段,即西塞罗(Cicero)和昆体良(Quintilian)的"叙述美德"(narrandi virtutes)概念。这一概念代表了模塑流利叙事的各类修辞准则。兰克尤其将"透彻"(perspicuitas)作为一种修辞策略,试图用它来说服听众相信叙述的可信性,吸引其注意力和兴趣。在古典修辞学中,"透彻"(perspicuitas)代表了清晰易懂的美德,是演讲者在演讲的所有不同阶段都必须遵守的。在 inventio [创意] 和 dispositio [谋篇] 阶段,

---

① Leopold von Ranke, *Über die Epochen der neueren Geschichte* (The epochs of modern history), ed. Theodor Schieder and Helmut Berding Wien: Oldenbourg Verlag, 1971), 65.

演讲者必须表达清晰的思想,并以准确、经济的方式对其进行排序。此外,思想的表述(elocutio)必须准确、真实、精确,以传达演讲的意图。当语言"精确地表达自己的意思,使人不再知道事情是通过演讲、语言还是思想而变得清晰"时,① 演讲者就达到了"透彻"(perspicuitas)的理想状态[与之相对应的是"晦涩"(obscureuritas)]。

与现代 evidentia[明晰叙述]向主体领域的转移相一致,兰克也重新定义了"透彻"(perspicuitas)这一修辞技术的后续发展。兰克在叙述历史事件的过程中并不试图解释或评价。相反,在他的叙述中,历史人物似乎是为自己而行动,为自己而说话,从而暗示了一种植根于历史"行动者"(actant)主体性的个人逻辑。② 例如,兰克赋予查理八世以个人色彩,描述其性格直率、不拘小节,在确保其政治权力方面十分聪明。他甚至指出了他的外貌,"就个人外貌而言,他瘦弱而畸形,同时又非常热衷于各种骑士游戏和军事任务"(《民族史》,29)。这一点在《民族史》第一章的以下段落中尤为明显,该段落讲述的是查理八世(1470—1498)在1491年开始统治法国时的情况:

> 他以一个高尚而出人意料的举动表明了他执掌政权的决心。一天傍晚,他从普莱西出发,骑马前往布尔日塔。他去释放被囚禁的公爵,而不顾后者曾拿起武器反对他的事实。他把公爵带走了:他们在餐桌上谈笑风生,晚上还

---

① Marcus Tullius Cicero, *Vom Redner*, ed. and trans. Raphael Kühnert Munich: Wilhelm Goldmann, 1962), 148.

② Mieke Bal, *Introduction to the Theory of Narrative* (Toronto: U of Toronto P, 1985), 26

睡在一张床上……他的这一举动结束了男爵与王室之间的宿怨。（页23）

查理八世的所作所为很容易追溯，因为这些事件接踵而至，表明了一种因果关系，而这种关系源于他的思想和主观性。他代表了一种从不怀疑或从根本上质疑其行动的行动主体性。一般来说，兰克笔下的行为主体很少遭遇危机或怀疑自己的命运；他们因此完全认同自己的"角色"，他们的行动也就获得了说服力。这段文字将字面意义的行动作为建立可信性的重要因素：查理八世的伟大行动引发了一连串复杂的新事件，如男爵战争的结束、与奥尔良等强大家族的重要联盟以及对布列塔尼的征服；他个人决定与昔日的敌人结盟，从而为重要的权力联盟创造了先决条件，这就为叙述的顺序提供了一种合理性的逻辑。因为叙述是从查理八世的角度出发的，一切自然都按照他的意愿进行。

尽管兰克将修辞学引入了主体的领域，并宣称自己不受修辞技术的影响，但他对查理八世的描写还是受到了古典修辞范式的制约。Inventio［创意］体现在对查理八世的行为和思想的描述中，让他的行为正是通过否认自身的修辞性而获得说服力的，这种否定本身就是一种修辞姿态。这将兰克的文本与古典的"透彻"（perspicuitas）联系起来，后者意图创造出一种使人难以分辨是源于思想还是语言的可信性。兰克在使用思想的elocutio［表述］时也显示出与古典修辞学的相似之处。他用非常简单易懂的词语来描写查理八世，主要使用指代性言语，以确保读者理解叙述内容。如果着重于内涵性和联想性，语言就会失去描述事件顺序时的清晰性。

经典的修辞策略，如inventio［创意］和dispositio［谋篇］中的perspicuitas［透彻］，形成了一种"重构"（palimpsest），其

将历史事件联系在一起，并试图创造出可信性。从表面上看，这似乎只是通过自主并彼此独立的事件本身创造出来的。然而，这种"修辞性"的重构以考据的方式反映了历史个体的自主性。兰克的叙事在显示其自主地位的同时，也显示了其对现实主义修辞技术的依赖。与自主的历史个体一样，兰克的历史叙事表明它不需要外部评论者（如参与式叙述者）来解释行为和事件。按照本维尼斯特的史学概念，我们可以说，兰克的史学试图传达一种印象：历史实际上是在讲述自己。叙述者的声音从来都不应直接解释，而应尽可能地缺席。然而，这种缺席是一种精雕细琢的效果，它模拟了历史叙事本身的自主性。修辞技术对兰克来说显得多余，这反过来又让他表现为一个天才的故事讲述者：他通过使修辞在叙事中变得多余，达到了对修辞的完全掌握。

兰克不仅在叙事层面使用现实主义技法，还在非叙事、描述层面使用这种技法。为了传达历史事实，兰克使用了名目（catalogue），目的是尽可能多地传达信息。在文学作品中，"名目"这一诗学策略通常被用来充实情节的细节，如对参与者和具体情况的描述。① 然而，名目也适用于学术史学。让我们看一看《民族史》第2章下面这段话中的名目：

> 此时，人们第一次听说和谈论西班牙；这个国家不久前从卡斯蒂利亚和阿拉贡这两个不团结的弱小公国合并成一个统一而强大的王国。关于卡斯蒂利亚，阿隆索·帕伦西亚（Alonso de Palenzia）的手稿记载，特拉斯塔马拉的亨利曾颁布过一条法律，规定未经法国国王允许，英国人不得前往卡斯蒂利亚，

---

① 参 *Historisches Wörterbuch der Rhetorik*（Historical encyclopedia of rhetoric），s. v. "Katalog."。

卡斯蒂利亚人也不得前往英国。这些君主实际上遵守了这种不光彩的约定。约翰一世在战争中对法国人的依赖甚至超过了对卡斯蒂利亚人的依赖;在许多人看来,约翰二世几乎被他的宠臣阿尔瓦罗·德·卢纳迷惑了;葡萄牙人帕切科和吉隆在推翻阿尔瓦罗之后,控制了亨利四世。(页62)

突兀的笔触,顿挫的节奏,对事实、名称和地点的剪辑式拼接,以及用许多逗号分割的长句,都是兰克写作风格的标志。通过这种简化和突兀的写作技巧,兰克的文章不是在描述现实,而是诱导出现实。兰克的重点不在于对历史事件的详细描述,而在于通过语言直接唤起人们对历史事件的回忆。兰克挑战读者的诠释能力,即把史料的单个片段投射到更大的意义视野中的能力:读者必须首先被杂乱无章的文字所吸引,然后将事实综合成一个完整的形象。

在兰克看来,史学家的语言具有象征意义,这代表了当代史学领域的一次广泛创新,并立即遭到了他的同行们的质疑。例如,极端保守的[普鲁士]史学家海因里希·列奥(Heinrich Leo, 1799—1878)抨击兰克的写作风格极其枯燥,毫无生气。在列奥看来,兰克的"赤裸裸的真理"概念不过是对事实的枯燥堆砌,他认为兰克的文风是"解剖学式的准备和复制"。[1] 列奥是兰克最热情的批评家之一,他不仅批评兰克的写作粗暴,还认为积极读者的概念具有误导性。兰克对列奥的批评做出了回应,回应的方式与他对资料研究的方法论信念相一致:"请公正地再读一遍。"[2] 兰克这一回应引出了一种象征性的读法,即读者第二

---

[1] Heinrich Leo, "An Perthes," *Hallsche Literaturzeitung 17 (1827)*: 76.
[2] Leopold von Ranke, "Erwiderung auf Heinrich Leos Angriff" (Response to Heinrich Leo's criticism), in *Sämtliche Werke*, Leipzig: Humblot, 1890), 53: 659-666.

遍通读文章才能理解其全部的含义。

但是，如果我们把兰克的这段话再读"第三遍"就会发现，兰克的"综合"概念实际上受到了一些抵制。正如列奥所言，这段文字通过大量的人名和地名呈现出高度的事实性。从表面上看，这些专名似乎是按照谱系原则组织起来的，它标志着卡斯蒂利亚和阿拉贡两大家族之间的家族联系和权力关系。然而，如果我们在整个段落中追溯这些名字，就会发现家族的模版失去了其家谱的宏观结构，并开始解体为历史姓名、头衔和职业的清单，而没有显示出家谱的自然界限。相反，它们呈现的是名目、无尽的清单和不断累积的信息。此外，引文的第二句和第三句以分类学的方式列出了人名，堆积了人名和国籍（阿隆索、约翰一世、法国人、卡斯蒂利亚人、约翰二世、阿尔瓦·卢纳、葡萄牙人、帕切奥、吉朗和亨利四世）以及地点的专有名称（卡斯蒂利亚、帕伦西亚、特拉斯塔马尔、法国），这些名目试图传达尽可能多的信息，即使与历史叙事情节无关。这一段落似乎只是为了展示多余的数据，但这种信息流却具有建立准确基调的修辞效果。借鉴罗兰·巴特的《现实效应》一文，我们可以将这段文字中的人名理解为他所说的无关紧要的细节的代表。与古斯塔夫·福楼拜的《包法利夫人》中的晴雨表（巴特的例子）类似，这段文字中的人名和地点对情节没有任何意义。然而，这种"无足轻重"（insignificance）恰恰是创造现实主义效果的可能性条件。对无关细节的补充增强了文本在营造（历史）现实印象方面的效果。

兰克对名目的使用揭示了他在写作中用来建立历史参照性的另一种现实主义修辞策略，即暗示一种"档案效应"，它是对史学家收集、发现和思考史料的档案工作的文学模拟。例如，上文引用的查理八世入侵那不勒斯的第一个段落就具有这样的"档案效应"。在这一段落中，读者并没有被拉入历史场景的氛围中，从而直观地看到事件的所有色彩、形状和细节。相反，读者被直接拉到档案馆的书桌前,不得不使用史学家的工具、历史记录和原始材料。这段文字中确切的日期、地点和专有名词给人一种阅读真实文件的感觉。此外,这段文字粗略的句法实际上是在模拟拼凑历史发现的过程。材料本身只提供一些线索,读者需要做进一步的研究才能了解这一历史事件的全貌。这种"档案效应"产生于兰克文本中的原始材料所带来的印象。然而,兰克并没有将真实资料复制和整合到他的文本中;相反,他试图给读者造成这样一种印象,即他或她正在像史学家一样将真实资料拼凑成文本。事实上,"让读者参与到某种研究活动中"成为兰克暗示文本真实性的一种非常有效的策略。

在兰克的写作中,原始材料存在的假象表明了其史学错综复杂的互文结构。虽然他的文本模拟了原始文献,但实际上仅模仿了与史料相关联的风格和阅读过程。这种对历史文献的"模仿"增加了历史的真实性。通过将历史文献融入写作本身,兰克创造出一种历史蒙太奇。兰克更喜欢使用模拟档案等文学手段来营造历史真实性的印象,而非通过脚注证明历史参考性的常见学术策略。将史料提炼成一种文学的浓缩,对兰克来说,能更有效地让读者相信他作为学术史学家的身份。

例如,兰克在《民族史》第二章中描写美洲的发现时,就使用了这种特殊的引用写作形式。兰克是一位天才的戏剧家,他从哥伦布船队的视角出发,对新大陆的海岸进行了首次描写:

> 相传,这些海岸水手在只见海草,不见陆地的天空和水域之间度过了一个又一个星期之后,威胁要杀死他们的船长。而船长白天带着铅块工作,晚上紧盯星辰,甚至在梦中也充满了对成功的憧憬。他始终坚定于目标,并设法平息了一切反对意见。直到最后,若隐若现的乌云燃起了希望,一个水手在夜里喊道:"光明与陆地!"天亮后,人们发现了小

山、高树和绿色的土地;船长流下了眼泪,跪在地上,念起了 Te Deum Laudamus[我们赞美你,神啊]。他们在海岸边竖起一个巨大的十字架,听到了第一声夜莺的鸣叫,看到了胆小的善良的人们。他们以国王的名义占领这个国家,并返回告诉他们的国王。(页 69)

兰克在这段话的开头使用了"相传"(tradition goes)一语,暗示了文本的"引用"特质。哥伦布的故事已被多次记录(或讲述),而兰克生动再现了史料——哥伦布书信——的语言和语气。尽管这位著名探险家的书信有许多版本和译本,但在兰克对新大陆发现的描述中,我们仍然可以找到主题和风格上的相似之处。下面这段哥伦布对其第二次航行的描述就说明了这些相似之处:

在前面提到的星期天的早晨,我们看到船的前方有一个岛屿,之后又看到右侧有另一个岛屿……我们直接驶向我们第一次看到的那个岛屿。到达海岸后,我们走了一英里多路寻找可以停泊的港口。我们看到的岛屿的部分山峦起伏,非常美丽,绿色一直延伸到水面。这让我们感到非常高兴,因为这个季节在我们自己的国家里几乎没有绿色。①

尽管兰克不是以第一人称单数写作,但他模仿了游记的体裁和发现异域国度时的个人化叙述。他的文字模拟了哥伦布写作的日记式笔调,增强了读者真实和直接的印象。兰克同样描写了等待的过程、对天空充满希望的凝视、预示着将到达新大陆的淡淡云彩、那片土地乌托邦式的微光——所有这些都是十九世纪探险和

---

① Christopher Columbus, *The Four Voyages of Columbus*, ed. and trans. Cecil Jane (New York: Dover, 1988), 20–22.

旅行故事中常见的主题。而哥伦布讲述了他的船员们的疲惫和劳累以及到达"应许之地"后的巨大喜悦。这两个段落都试图通过如诗如画的感知方式来熟悉未知的世界。同样，兰克和哥伦布的游记都试图通过使用旅行文学中常用的主题（topoi）来暗示历史的真实性。憧憬和满足的主题（对天空充满希望的凝视、绿色）不仅组织起了兰克的段落，也组织起了哥伦布对其旅行的描述。日记式的语调，以及这些文学模式的承袭，增加了这两个段落的现实效果。兰克通过语言和诗歌的模仿来捕捉原始资料的语气，取代以学术的方式为资料做注脚，从而传达了真实性。

在兰克的笔下，还有另一种修辞策略用于强化历史的指涉性。这一策略在修辞学层面上发挥作用，涉及隐喻（metaphor）的使用。一般来说，兰克尽可能避免使用隐喻；在《民族史》中很难找到任何隐喻。不过，当他使用隐喻时，他只使用一种特定类型的隐喻，可以称之为"谨慎隐喻"（cautious metaphor）。这种隐喻与所谓的大胆隐喻恰恰相反，西塞罗曾对此进行过批判："隐喻应该矜持（pudens），而不是大胆。"① 大胆隐喻的威胁在于其破坏语义指代性的力量。② 兰克意识到大胆隐喻的影响，因此只是谨慎使用：

但是，这个退隐的奇异世界被一场巨大而猛烈的运动所

---

① Cicero, *Rhetorik an Herennius* (Rhetorica ad herennium), ed. Friedhelm Müller (Aachen: Shaker, 1994), 4: 34.

② 参 Harald Weinrich, "Theorie der kühnen Metapher" (Theory of the bold metaphor), in *Theorie der Metapher* (Theory of the metaphor), ed. Anselm Haverkamp (Darmstadt: Wissenschaftliche Buchgesellschaft, 1983), pp. 316 – 340。Weinrich 将大胆隐喻解释为较强的诗学手段，可用于扰乱指代式的语言。隐喻越大胆，指涉和被指涉物之间的距离就越大，其转换的接近程度也就越大。

震撼。海面平静，倒映着天空；然后来了一场风暴；风暴过去后，海面又和以前一样。如果运动和风暴进入了人们的内心，也终会有恢复平静的一天；但与此同时，世界已然改变。(《民族史》，页 39)

引文的背景是十五世纪意大利作为强大帝国的衰落。作为历史变迁的隐喻，"风暴"这一意象的使用非常审慎：风暴可以瞬间破坏"平静海洋与天空相映成趣"的静止状态。然而，海洋始终保持不变，又回到了先前的（本质的）静止状态。海洋上的风暴形象与作为"心灵风暴"的主体内心世界相呼应，这段话因而将自然领域与人类主体领域紧密联系在一起，进而将风暴隐喻为历史的力量：这一形象并不牵强。外在自然领域的"风暴"与内在人类领域的"风暴"之间的语义转换空间既不远，也不近，而是一种中间地带的隐喻。正是在这个中间地带，"风暴"承载了历史隐喻的功能，且不会遏制读者的想象力——这正符合兰克的意图，即让读者容易接受他的作品。此外，用"风暴"来隐喻情感或社会变革，通常出现在日常话语中。兰克不敢让读者面对陌生的语言实验，而是试图建立一种普遍的声音，让读者与作品保持联系，并相信作品的合理性。

《民族史》表明，尽管兰克要求史学严格"去修辞化"，他的写作仍然受到现实主义修辞技术的影响。尽管这些修辞策略，如"叙述的美德"、名目、档案效应和特定的隐喻，在不同的文本层面发挥作用，但它们有一个共同的意图，即模拟历史的真实性，从而表现历史"真实的面貌"。在展示了"现实主义修辞"的存在之后，我们现在可能要问：这种修辞的使用对学术史学的自我定义有何影响？兰克史学中使用的所有这些现实主义修辞策略共同营造了历史指涉性的印象：兰克的文本将史实的再现作为文本创作的媒介，从而增加了其"外部指涉性"。对兰克来说，这种"外部指涉性"的增加代表了其史学学术性的加强。然而，他的史学强调非文本性，通过各种修辞策略来模拟现实，反而以一种自相矛盾的方式将人们带回文本性问题；文本极力掩盖其文本性质的事实也表明了其自身的语言和构成原则。从这一修辞角度来看，兰克的史学暗含了现实主义文本在描绘历史现实时所遇到的问题。

套用罗兰·巴特的话说，兰克的文本具有一种表演性质：

> 与其他任何具有现实诉求的话语一样，历史话语认为它只了解一个双项语义模式，即指称和符号；正如我们所知，指称和符号的（虚幻）合并定义了自指性话语（如表演性话语）。(《效应》，页139)

有鉴于此，兰克史学中包含了一些"文本开始将自身的文本性和修辞构造作为主题"的时刻，这一点在历史细节的名目编纂中十分明显。与此同时，历史指涉性的增加也表明了文本为掩饰自身的文本性所做的巨大努力。正如我们所看到的，兰克的名目主要是通过"无关紧要的细节"来组织的，这些细节试图为所描绘的场景营造一种"现实主义"印象。它们不仅增加了历史指涉性，还指向了文本将语言主题化的线索。人名和其他数据的积累往往只是为了维持信息流；这些数据往往与情节或历史叙事本身的解释无关。相反，名目的作用是为兰克的写作增添"现实主义"色彩，同时突出文本本身的语言构成。

如此一来，以"现实主义修辞"的形式出现的卡利俄普（Calliope），打破了方法论上的清晰性和明确性的先决条件，从而挑战了试图将兰克史学定义为学术话语的努力（如吕森）。就吕森关于兰克史学中修辞学质变为美学话语的主张而言，修辞技术的存在可谓适得其反。在吕森看来，消除修辞技术是将修史理性化为现代学术学科的必要条件；卡利俄普应该接受被学术理性所淹没的命运，应该帮助创造历史叙事的凝聚力、合理性和可理解性。然而，卡利奥普不喜欢这样的角色，因为她是诗歌的缪斯，更愿意为文学话语献身。她的首要任务不是表现历史的真实或虚假；相反，她进行诗歌实验，使用各种手段来建立"现实"的印象。卡利奥普和她的修辞技术大军——叙事、诗歌和现实主义的修辞手法——使历史作为一门学术学科的概念成了问题：史学的语言获得了自我指涉的能力，从而模糊了史学与文学话语之间的界限。

盖世大智兰克

亚历山大·德曼特（Alexander Demandt）①

温玉伟 译

1888年，兰克的第一位传记作者称他为"德意志民族最伟大的史家"。兰克究竟是不是这么一位史家，我并不清楚，但我知道，除了他之外，没有任何人得到过这样的称号。在一些单一领域里，布克哈特（1818—1897）、蒙森（1817—1903）、格雷戈罗维乌斯、德罗伊森（1808—1884）、施罗瑟、兰普雷希特、迈耶尔等人都在他之上。② 但是，从整体上看，就广度和多元、生动

---

① 本文为作者德曼特（1937—，西柏林大学古代史教授）在柏林洪堡大学和图宾根大学所做的讲演（1995年12月14日和15日）。

② [译注] 费迪南·格雷戈罗维乌斯（Ferdinand Gregorovius, 1821—1891，出生于东普鲁士的德意志史学家，代表作为 *Geschichte der Stadt Rom im Mittelalter, 1859—1872*，英译本 *The History of Rome in the Middle Ages, 1894—1902*，重印 Italica Press, 2000—2004 / Cambridge University Press, 2010。

弗里德里希·施罗瑟（Friedrich Christoph Schlosser, 1776—1861），德意志的世界史学家，早年学习神学，代表作有：*Weltgeschichte in zusammenhängender Erzählung*, 9 Bände. Frankfurt am Main, 1815—1824; *Weltgeschichte für das deutsche Volk*, 18 Bände, Frankfurt am Main, 1844—1857（Oskar Jäger 和 Franz Wolff 续写至20卷：20 Bände, Stuttgart 1901—1904）。

卡尔·兰普雷希特（Karl Lamprecht, 1856—1915），德意志史名家，史学理论家，代表作有：*Deutsche Geschichte*, Zwölf Bände in neunzehn Büchern, Hermann Heyfelder & Weidmannsche Buchhandlung, Berlin 1906—1911; *Alte und neue Richtungen in der Geschichtswissenschaft*, Leipzig: Gaertner, 1896;

性和可靠性而言，他们中无一人堪与他相比。没有人可以动摇他作为 Princeps Historicorum［史学祭酒］的地位。

人们熟悉兰克的名字，比如兰克大街、兰克广场、兰克中学、兰克协会、兰克学会、兰克计划、兰克奖、兰克邮票——兰克诞辰 200 周年之际发行，印有 1884 年柏林画家胡梅尔（F. Hummel, 1828—1905）所画的这位科学与艺术学院功勋勋章主席的晚年形象：白须，澄澈的目光。这就是兰克，被完成的"盖世大智"——早在1833 年，海因里希·海涅（1797—1856）就已经这样嘲讽他。

人们熟悉兰克的名号，熟悉他的面孔，可是，人们熟悉他的作品吗？与其他诸多史家所遭遇的一样，兰克最重要的作品因部头巨大而难以传播。兰克曾把自己的时代比作希腊化时期，他本可以将这个对比扩展到丰富的文学产出上，也可以扩展到亚历山大里亚的语文学家卡里马科斯（Kallimachos）的一句名言上：Mega biblion mega kakon［大书即大灾］，因为任何一部书都是对我们当下时代的袭击。不过，我们也可以看到兰克较小部头的著作，他们可以期待过于繁忙的读者一阅，比如散文作品《诸大国》（1833）、《威尼斯人在摩里亚》（*Die Venezianer in Morea*, 1835）、《政治对话》（1836），以及给巴伐利亚国王所作的贝尔希特斯加登（Berchtesgaden）私人讲座《论近代的各个时代》（1854）。

让我们先看看兰克的生平和毕生事业！1795 年 12 月 21 日，兰克生于温斯特鲁特（Unstrut）河畔的维厄（Wiehe），这位来自图

Deutscher Aufstieg 1750—1914, Gotha: Perthes, 1914。

爱德华·迈耶尔（Eduard Meyer, 1855—1930），德国的西方上古史名家，代表作有：*Geschichte des Alterthums*, 5 Bände, Stuttgart, 1884—1902; *Spenglers Untergang des Abendlandes*, Berlin, 1925。

林根古老牧师家庭的律师之子在普福塔（Pforta）读中学，克洛普施托克（1724—1803）、费希特、弗里德里希·施勒格尔（1772—1829）、尼采、维拉莫维茨（1848—1931）等都曾在这里就读，他们学习到的不只是拉丁文。兰克继而在莱比锡和柏林学习神学和语文学，他从未修读过史学，也从未参加过这个科目的考试。

直至在奥德河畔法兰克福做人文高中古希腊文教师之后，兰克才与史学相遇。这段时期（1818—1825）之后是在柏林大学的两年编外教授生涯。兰克在柏林与万恩哈根（Rahel Varnhagen）沙龙圈子交游，人们在这里以相同的严肃讨论保守主义和共产主义的理念。1827—1831 年，兰克游历奥地利和意大利，尤其造访了诸多存有档案之地，1832 年入选普鲁士科学院，次年开办研讨班，为其作为"培育学校"的名声取得了殊荣。兰克成了历史学派的奠基者，该学派包含的大人物有比如魏茨、布克哈特、吉泽布莱希特、西贝尔、瓦滕巴赫，以及雅费。① 兰克曾说过，对历

---

① ［译注］格奥尔格·魏茨（Georg Waitz, 1813—1886），代表作有 *Deutsche Verfassungsgeschichte*, 8 Bände., 1844—1878, Neubearbeitung Bd. 1-4, 1865—1885; *Quellenkunde der deutschen Geschichte*, 3. -5. Auflage, 1869—1883。

威廉·吉泽布莱希特（Wilhelm von Giesebrecht, 1814—1889），代表作为 *Geschichte der deutschen Kaiserzeit*, Leipzig, 1855—1885。

海因里希·西贝尔（Heinrich von Sybel, 1817—1895），代表作有：*Geschichte der Revolutionszeit von 1789—1795*, 5 Bände, Düsseldorf 1853—1879; *Die Begründung des Deutschen Reiches durch Wilhelm I. vornehmlich nach den preußischen Staatsacten*, 7 Bände, München, 1889—1894。

威廉·瓦滕巴赫（Wilhelm Wattenbach, 1819—1897），代表作有：*Deutschlands Geschichtsquellen im Mittelalter bis zur Mitte des XIII. Jahrhunderts*, Berlin, 1858; *Anleitung zur griechischen Palaeographie*. Leipzig, 1867; *Anleitung zur lateinischen Palaeographie*, Leipzig, 1869; *Das Schriftwesen im Mittelalter*, Leipzig, 1871, 3. Auflage 1896, Neudruck (deklariert als„4. Auflage") Graz, 1958。（接下页注）

史学派充满希望的他，憧憬着德意志史学的未来，正如摩西憧憬应许之地。那么，他在我们身上看到这种期待成为现实了吗？

1836年，兰克成为教授，1841年成为宫廷史家。1843年与英国人格雷夫斯（Clarissa Graves）成婚，从此之后，兰克的家人都说英语。1858年，成为巴伐利亚王国历史委员会首任主席，1865年荣膺黑鹰勋章，晋升为世袭贵族。兰克所选的纹章格言是：Labor ipse voluptas［工作即快乐］——这非常不罗马。1867年，兰克被任命为功勋勋章［评委会］的主席。1882年，作为事实上的枢密顾问，他获得"阁下"（Exzellenz）称号。1885年，成为获颁柏林荣誉公民。1886年5月25日，兰克逝世，葬于柏林索菲教堂墓园。

兰克逝世百年之际，当时的东柏林举行了纪念性礼拜仪式，许多西柏林的人士也前来参加。我们来得太晚，因为，边检人员在发现"违禁印刷品"之后，拖慢了位于弗里德里希大街的通行，我的包里有一卷奥索尼乌斯作品，① ［东德］国安人员希望我做出解释。当我们带着花圈（一个来自兰克家族，一个来自历史学会）来到墓前——当时已经改造为儿童游乐场，那里已经放着两个花圈：东德史学家协会献上的饰有蓝色飘带，洪堡大学献上的饰有黑红金三色——普鲁士复兴预示了统一。

兰克的史学著作全集共63卷。人们从他的第一部伟大著作

（接上页注）菲利普·雅费（Philipp Jaffé，1819—1870），代表作有：*Geschichte des Deuts-chen Reiches unter Konrad III*., Hannover 1845；*Bibliotheca Rerum Germanicarum*, Hannover, 1864—1871。

① ［译注］奥索尼乌斯（Decimus Magnus Ausonius，310—395），罗马帝国诗人，原籍高卢。

就已经看到作者的主要特点。《1494 至 1514 年的罗曼和日耳曼诸民族史》处理的是兰克最集中注意力研究的时代,即近代早期,这部史著着眼于一个欧洲主题,论述了最广义的政治。通过有意识地诉诸修昔底德(他的博士论文对象),兰克描述了势力关系的转变,思想史与社会史相应地退居其次,宪法史与经济史则得到应有的正确对待。他的文学视野涵括了法国、英国、西班牙、意大利、巴尔干地区、土耳其等国的历史。《宗教改革时代的德意志史》《华伦斯坦传》《16 和 17 世纪教宗史》等构成了他的重点。即使在 80 岁高龄,近乎失明的他依然口授了《世界史》。对他而言,"世界史包括相关联的所有民族和时代的事件"。① 他的最高目的始终是,"认识……普遍的关联,最终的结论是对一切的共情、共知"。②

不过,我今天的主题并不是作为史家的兰克,而是思想家的兰克。尼采在《不合时宜的沉思》中说,"没有人会有需求去追问兰克或者蒙森这样的人物的信仰认信",他们的学术已经使他们变得伟大。兰普雷希特在 1896 年指出过,史家与思想家有关联,而兰克也证明了这一点。自他在哲学世界观面前捍卫了历史世界观之后,兰克于 1830 年说道:

> 我缺乏哲学和宗教兴趣,这听起来似乎很可笑,可恰恰如此,确切说唯独这一点促使我去研究了史学。③

---

① Leopold von Ranke, *Weltgeschichte*, Band 1, Duncker & Humblodt, 1921, S. 4.(与原文稍有出入)
② Leopold von Ranke, *Sämmtliche Werke*, Bände 53–54: *Zur eigenen Lebensgeschichte*, hrsg. von A. Dove, Duncker & Humblot, 1890, S. 569.
③ Leopold von Ranke, "An Heinrich Ritter(06. Aug. 1830)", in *Sämmtliche Werke*, Bände 53–54, 前揭, S. 239。

海涅以自己的方式证明了这个说法：

> 兰克喋喋不休个没完，是布洛克豪斯书局的听差，当他老去，就成了滞销货。①

这一点并没有全部应验。无论如何，德国书商迄今还在出售他的十二部著作。哪一位活着的德国史家能够期待在自己两百岁诞辰时还有如此市场？

在我看来，兰克的世界观中有三方面意义深远：他的学术观，他对历史的理解，他与政治的关系。兰克对这三个领域都曾说过一句名言。他对学术的理解是这么说的，他"只想表明，事情究竟是怎样的"。他的历史哲学基于如下信念：每个时代"与上帝有直接的关系"。他的政治观点反映在下面这句话：国家是"上帝的念头"，维护国家是外交的优先权。兰克的客观主义要归功于启蒙运动，他对进步论的批判让人想到浪漫派，而他的保守主义则植根于基督教信仰，而这一信仰归根结底也位于前述两种立场之后。

> 上帝在所有历史中栖居、活着，其中都可以辨识出上帝，任何行动都由他而生，任何瞬间都在祈祷上帝之名。（1820）②

宗教也影响着兰克的日常，早餐时他让孩子们选读圣经，礼

---

① Heinrich Heine, *Säkularausgabe. Werke, Briefwechsel, Lebenszeugnisse*, Band. 12: *Späte Prosa 1847—1856*, Akademie-Verlag, 1988, S. 196.

② Leopold von Ranke, "An Heinrich Ranke, Ende März 1820", in *Sämmtliche Werke*, Bände 53 - 54: *Zur eigenen Lebensgeschichte*, 前揭, S. 89。

拜日还要唱一首赞美诗。

兰克生前既获得赞誉,也遭到拒绝,时而是来自相互斗争的各方,时而是出于使我们喜欢这位遭批评的人的种种立场。兰克的左翼敌人代表的是启蒙运动的方案,该方案未经巴黎断头台上无度的理性的净化。他们要求的是民主制,信仰进步,憧憬一个有着或多或少无阶级的世界国家,创立这样一个社会,革命也在所不惜。1854年,在这种思想方式的终点,兰克担心的是世界大同主义。而右翼的攻击者则来自浪漫派,他们并不是出于反启蒙。他们信靠德意志品性,谴责兰克的畏首畏尾的寂静主义是懦弱的胆小怕事,他们以爱国主义口号,有时则以军国主义口号去追求德国的强势地位。

兰克寻求亚里士多德的中道,他想要避免任何一种类型的片面。倘若我们自己以所谓的兰克方式去观察他就会看到,在时代中,中道如何被移动,不过不只是朝着某个方面。历史走两步,退一步,有时是以长短不一的步幅,以至于一种昨天过时的立场在今天可能又合乎了时宜,一种今天进步的立场到了明天可能变得反动。进步的会过时,而落后的又得以赶超。落后性由此而可能的事后领先,在兰克这里得到多次表征。

一 学术

兰克对学术的理解,表现在1824年处女作导言中那句常被引用的关键性语句:

> 人们曾赋予史学的职责是,裁判往昔,教诲当世之人,以利来世。而这里的尝试则未敢僭取如此高邈的职责,它只

想表明历史究竟是怎样的。①

兰克在这里拥护的是努力做到中立的客观性，不掺入个人的、政治的、道德的评价。他懂得，史学要求的是回—视（Rück-Sicht）。尽管如此，在要有人道准则的地方，他并没有严格遵守这种中立的客观性。比如，他对教宗亚历山大六世的宫廷生活表示了反感，在马基雅维利的学说中发现了某种"令人发指的东西"，当西班牙人和法国人蹂躏意大利时，"当上帝的造物在沉沦"，他感到惋惜。面对圣巴托罗缪之夜或者迫害胡格诺教徒时，兰克难掩其道德义愤。相反，他称赞伯里克勒斯建设举措中的"社会政治意图"，对罗耀拉（Ignatius von Loyola）的品质表示赞赏，对华伦斯坦的和平方案表示欢迎。

不过，兰克始终都致力于"不在意日常的喜好与厌恶"地去描述，sine ira et studio ［既不义愤也不妒忌］，公正对待所有参与者。对于他所源出的古代史著，这一点是理所当然的，人们尊重伟大的对手，请联想大流士和皮洛斯、汉尼拔和阿米尼乌斯。② 路吉阿诺斯曾说，真正的史家就像高悬在特洛伊城前斗争的敌人之上的宙斯。他的使命只是去讲述事件如何进行，只对真相负责，而不是任何其他法则、国王、祖国，亦即 autonomos ［自律］，abasileutos ［无国王］，apolis ［无城邦］。

在兰克的时代，这种态度是例外。歌德说"爱国主义会败坏史学"不无理由。《日耳曼历史文献》（*Monumenta Germaniae*）

---

① Leopold von Ranke, *Sämmtliche Werke*, Bände 33-34: *Geschichten der romanischen und germanischen Völker von 1494 bis 1514*, Duncker & Humblot, 1874, S. Ⅶ.

② ［译注］阿米尼乌斯（Arminius，公元前18—公元19），德意志部落首领，因率领部落在条顿森林剪灭罗马军团而闻名。

橡叶花环中的格言 Sanctus amor patriae dat animum［神圣的祖国之爱赐予勇气］则背道而驰，即便它说的是 dat animum［赐予勇气］，而不是 dat ingenium［赐予才智］或者 dat veritatem［赐予真理］。兰克的史学旨趣无疑不是基于他对选侯国萨克森，对普鲁士或者对德意志的爱。他放弃立场也只是表面上符合了黑格尔的立场，后者的历史哲学想要成为一种神义论，因此给批判世事打上了世界精神的吹毛求疵的烙印。兰克的谦逊更让人想到的是山上宝训："你们不要论断人，免得你们被论断。"

不理会自己的新教—德意志出身，兰克致力于对皇帝和教宗、基督徒和土耳其人、德国人和法国人、新教徒和天主教徒的一种持平的理解。"最高的法则"是"严格呈现事实，即便它有局限而且不美好"。对于保留个人性的评价，兰克找到了所能设想的最强烈的表述，他说他试图把自己的"自身同时予以消灭"。当然，他这样说并不指的是他的认知能力，而是他的偏见。取代史家的，应该是让"事件说话"。没有人比兰克更清楚他的理想难以企及，"努力着，追寻着，最后却未能达到"。然而，人们并不应该因此而没有耐心，必须在视野中守住主要问题：

> 人类是怎样的，无论可以解释还是不可以解释，个人的、各个世代的、各个民族的命运，有时还有位于他们之上的上帝之手。①

兰克对学术的理解使得经验高于理论，真理高于影响。兰克赞成一种方法上的多元论，即便这种多元论本身也有局限。格尔

---

① Leopold von Ranke, *Sämmtliche Werke*, Bände 33-34: *Geschichten der romanischen und germanischen Völker von 1494 bis 1514*, 前揭, S. Ⅷ。

维努斯将史家视作"命运的党徒"和"进步与自由的天然先锋",① 他因此属于与兰克势不两立的批评者。但是,兰克以如下发现开始了他的格尔维努斯纪念讲话(1872):

> 对于史学来说,理想的[情况]当然是,不是所有人都在同一条道路上企及它。因为历史的内涵极其多样,只有以迥然相异的方式塑造出来的迥然不同的天资献身于它,才是公正地对待历史。②

黑格尔主义者在这方面的想法则不同,而黑格尔本人曾对兰克有过轻蔑的看法:"这只是个平庸的史家。"与黑格尔对兰克的论断不同,兰克并没有论断黑格尔,甚至没有论断爱论断人的史家格尔维努斯。兰克奉守路德在《小教理问答》第八戒"这是什么意思?"的解释:对于我们的邻人,我们应该"原谅他,赞扬他,使一切都以最佳方式结束"。

兰克也承认,"总的来说,不应该舍弃渗透着政治观点的历史撰述",③ 但是他也警告要避免片面性。他以辉格党人麦考莱(Macaulay)对待托利党人的方式来证明这一点。反过来,麦考

---

① [译注] 格尔维努斯(Georg Gottfried Gervinus, 1805—1871),史学家、国家自由派政治家,代表作有:*Geschichte der poetischen National-Literatur der Deutschen*, 5 Bde., 1835—1842; *Geschichte des neunzehnten Jahrhunderts seit den Wiener Verträgen*, 8 Bde., 1855—1866; *Händel und Shakespeare: Zur Ästhetik der Tonkunst*, Leipzig, 1868。

② Leopold von Ranke, *Sämmtliche Werke*, Bände 51-52: *Abhandlungen und Versuche. Neue Sammlung*, hrsg. von A. Dove und Th. Wiedemann, Duncker & Humblot, 1888, S. 567.

③ Leopold von Ranke, *Sämmtliche Werke*, Bände 51-52: *Abhandlungen und Versuche. Neue Sammlung*, 前揭, S. 571。

莱在1840年兰克的教宗史融合了细致、反思、宽容，并且给他在英国经典作家中间留了一席翻译的位置。兰克担心，史学会被政治败坏，而不是政治被史学改善，因为受政治推动的历史写作"会对事实施暴"。[1] 由此，他在韦伯于1919年提出的名言之前预先提出，"学者若以自己的价值判断先行，那么，对事实的全面理解就停止了"。类似于韦伯，兰克也严格区分了学术与政治，政治不应该规定学术，而学术却可以规定政治。学术应该无条件地介入生活，但是，它"首先必须是学术，也就是要自由且客观"（1872）。[2]

我们的历史知识不是空手得来的。一个事实的残酷性在对事实批判的尖锐性中得到证明。兰克并不缺乏这种尖锐。他被视作巴托尔德·尼布尔（1776—1831）之后历史来源考据的创立者。考据反对的是流传，而不是流传的东西，反对的是意见，而不是行动。兰克对学术的理解旨在弄清事实，并对事实表现出敬意。新派学术理论对兰克的客观性理想的怀疑，针对的是他对弄清事实的可能性的些许天真的信念，这种信念与持续且贪得无厌的考据互不相容，但是又和学术的意义难解难分地联系在一起。任何知识水平在原则上会被超越，不然说明放弃根本上的认知可能性就是正确的。即便在朦胧中也有可能找到方向。对晴天（Aufklärung）的期望要求人们对光亮（Licht）有信念，即便天还没有完全放晴。而在学术上，对进步的憧憬则不可或缺，兰克在这一点上认同进步。

---

[1] Leopold von Ranke, *Sämmtliche Werke*, Bände 51-52：*Abhandlungen und Versuche. Neue Sammlung*，前揭，S. 571。

[2] Leopold von Ranke, *Sämmtliche Werke*, Bände 51-52, *Abhandlungen und Versuche. Neue Sammlung*，前揭，S. 574。

人们对兰克的责备会因它所立身的传统而失效。这一传统以个体的或者集体的主观性为根据，西贝尔是该传统第一个出场的先驱，他颂扬 1856 年是"最为巨大的进步"，以至于这时不再有"任何客观的、中立的无血性且软弱无力的史家"，因为民族利益中的客观性是没有创造性的。兰克或许会回答说，那对于民族主义而言就更糟了，不过，从左翼和右翼来看各有不同。德罗伊森继而在其《史学》(*Historik*［译按］中译本作《历史知识理论》)利用了没有创造性的中立性这幅图像：

> 我感激这类去势了的客观性。我想要看起来不多不少地拥有我的立场的相对性真理，一如我的祖国、我的政治信念、宗教信念、我严肃的研究等允许我所触及的立场。①

德罗伊森将承认这种局限视作一种勇气的标志，不过，他相信通过使自己站在民族和国家的立场，就可以使自己超逾他的自我。德罗伊森从何处认识到这一立场呢？尼采在这方面要远为谨慎。在尼采这里，史学应该服务的不是民族，而是生活：

> 或者，应当需要阉人一族来充当庞大的历史世界后宫的守卫者？当然，他们清楚地看到纯粹的客观性。(1872)②

---

① J. G. Droysen, *Historik*. Historisch-kritische Ausgabe. Band 01, hrsg. von P. Leyh; H. W. Blanke. frommann-holzboog, 1977, S. 236.

② Friedrich Nietzsche, *Vom Nutzen und Nachteil der Historie für das Leben*, in *Sämtliche Werke*. Kritische Studienausgabe in 15 Einzelbänden, Band 1, hrsg. von Giorgio Colli und Mazzino Montinari, DTV/De Gruyter, 1988, S. 281. 中译本见尼采，《不合时宜的沉思》，李秋零译，上海：华东师范大学出版社，2007，页 178。

这里指的是兰克。"谁不会把像兰克和勒南这样的'客观'先生们推翻?"①

与历史客观性决定性的告别得归功于希特勒。1927年,他认识到"我们的客观性"是个民族缺陷,"我们所有德国人都不得不以最为沉重的方式深受其害"。他的结论是:

> 要从小就教育德国人民只承认本民族的权利,在保存自我的事情上,不要用我们的客观性的诅咒败坏儿童的心灵。

在我看来,那些支持以时髦—现代主义的方式构建在语言学—话语分析的阐释学之上的最高级别的主观性的人,并没有意识到他们学术史的前辈。由此,兰克对主观性的实证主义追求就获得了一种后现代的正当性,或者说可信性。这就是落后性后发的领先。

二 历史

兰克的历史观因其"每个时代都与上帝有直接的联系"这句话而切中肯綮,但是显得有些简略。十九世纪早期的历史思想处于启蒙运动与浪漫派的张力中,也就是说,处于一种乐观主义和一种毋宁是断念的态度之间,前者的信念是朝向一个理性世界社会的进步,后者则缅怀着霍亨斯陶芬家族的辉煌。两种立场也都可以从神学上得到辩护,一方面,进步信念基于 paidagogia theou

---

① Friedrich Nietzsche, *Nachgelassene Fragmente 1884—1885*, in *Sämtliche Werke*. Kritische Studienausgabe in 15 Einzelbänden, Band 11, hrsg. von Giorgio Colli und Mazzino Montinari, DTV/De Gruyter, 1988, S. 270

［上帝的教化］朝向一个普遍性的友爱，另一方面，通过指出中世纪基督教欧洲的大一统，对神圣往昔的渴望证明了自身的正当性，中世纪欧洲还不像近现代由于教派分裂和唯理主义批判而动荡不安。

兰克在这种二选方案中并不像人们认为的那样毫不含糊。他并没有索性拒绝由莱辛和赫尔德根据启蒙精神理解的上帝在历史过程中教育人类的学说，而是承认它"自身有某种真理"（1854）。① 在文明和技术方面，兰克小心地谈及类似于河流那样的一种进步，不过将道德和艺术领域排除在外。当他说人类精神正处在不可估量的向前发展中时，这对他来说并不意味接近理性、自由、人道的理想状态，而是生存可能性的发展，每种可能性都包含着自身固有的理性、自由、人道尺度。进步仅限于人类精神体现在常新的形式上，也就是说不断地实现着自身，完善着自身。这毋宁是一种数量上而非质量上的进步。类似于自然，历史在每个瞬间也都是完满的。"所有生命在自身中都蕴含着它的理想"，生命的目标不是变老，而是健康。在每个阶段上，人们都可以达到一个最佳值。这是德国唯心主义的思维形象，德国唯心主义将历史现象解释为个体性理念的表象。弗里德里希·迈内克（1863—1954）让我们注意费希特对于兰克的重要性。这一点无疑适用于这句话："上帝理念是一切表象性的生命的根基。"②

这引导着兰克对大事件持一种审美的理解。1867 年，格雷戈罗维乌斯注意到：

---

① Leopold von Ranke, *Ueber die Epochen der neueren Geschichte*, in *Weltgeschichte*, Band 8, Duncker & Humblot, 1921, S. 177.

② Leopold von Ranke, *Aus Werk und Nachlass*. Band 1, *Tagebücher*. hrsg. von W. P. Fuchs, Oldenbourg, 1964, S. 493-494.

兰克在历史中穿行，如同穿行在画廊，对此，他记下了妙趣横生的笔记。①

历史得到了静观性的接受和反思，在兰克看来，历史是没有悬崖的景观，是风景明媚的中高度山区，它的每一处都各有其魅力。这一点表现在他对古代末期的评价，这个时期则被人文主义者和启蒙者抱怨为人类历史最深刻的倒退。而兰克在这里看到的更多是过渡而非没落——于是，"传播世界历史观念"的使命从古希腊人和罗马人那里来到了罗曼人和日耳曼人那里。兰克一再捍卫的 translatio artium［技艺的转移］观念将历史结合为意义的整体，结合为普遍性的一统，这种一统赋予了兰克的历史观承载性的框架。在这一方面，兰克与莱辛、赫尔德以及黑格尔一致。

然而，在对各个时代的评价方面，兰克则与启蒙者，乃至浪漫派都不一致。救赎既不在往昔，也不在未来，而在于每一个当下。康德在1784年已经得出了进步信念令人意外的结论，即倘若早期的世代不得不为后来人过上好日子而大伤脑筋，那么上帝和自然就十分不公正。歌德根据自然阐明了同样的思想：

> 倘若人们要根据一点点果子计算春天及其花朵的灿烂，而这些果子最终是要从树上被摘掉，那么，人们会对那个可爱的季节有一种十分不完美的想象。②

---

① Ferdinand Gregorovius, *Römische Tagebücher*, hrsg. von F. Althaus, Cotta, 1892, S. 358.

② Johann Wolfgang Goethe, *Sämtliche Werke*, Band 16: *Dichtung und Wahrheit*, hrsg. Peter Sprengel, Carl Hanser Verlag, 1985, S. 861.

开花与结果在认识者的眼前是平等的。

兰克对可完善性的异议基于他对持久完善性的信念,基于对从上帝视角来看历史的过去完成性的信念,史家可以将这个上帝视角据为己有。在此背后是圣经的教义,即并不是人类的道路穿越时代导向上帝,而是上帝在乐意的时候,才会走向人们——世界始终为审判准备就绪。"在上帝面前,每一代人都是平等的,史家也必须如此去看待这个情形。"① 兰克从高处书写历史,并且认识到:

> 每个时代与上帝的关联都是直接的,它的价值完全不在它所产生的东西上,而在于它的生存本身。②

史学成了上帝在时间中的启示,历史是其"神圣的象形文字",对它的破译将史家提升为祭司,将这门学术提升为礼拜仪式。赫尔德早已将路德有关普遍祭司阶层的观念扩展到对真理的效劳。

兰克对进步的怀疑基于两种神学的考量:如果上帝既已规定了进步,那么,一方面,他就为了后来人的好处而对早先的时代不公正,另一方面,他就在人面前放弃了自己的自由行动。"决定世界历史进程的诸因素"③ 不遵循"任何乏味的必然性",④ 而

---

① Leopold von Ranke, *Ueber die Epochen der neueren Geschichte*, in *Weltgeschichte*, Band 8, Duncker & Humblot, 1921, S. 177.

② Leopold von Ranke, *Ueber die Epochen der neueren Geschichte*, 前揭, S. 177。

③ Leopold von Ranke, *Sämmtliche Werke*, Band 4: *Deutsche Geschichte im Zeitalter der Reformation*, Band 4, 1868, S. 46.

④ Leopold von Ranke, *Sämmtliche Werke*, Bände 51-52: *Abhandlungen und Versuche. Neue Sammlung*, 前揭, S. 572。

是体现着"上帝的奥秘"。① 进步思想与上帝的公正、善良、全能相悖,如兰克所说的,这种全能就会被如进步这样的法则"同时剥夺统治权"。② 上帝并不会将自身束缚在我们希望带入历史进程的那些规则。兰克坚信,无论在任何时代上帝都能够根据自己的判断以意想不到的方式介入事物的进程。

> 在决定性的瞬间,总是会出现我们称之为偶然或者命运以及上帝之手指的东西。③

兰克认为,这种事件中无法克服的偶然性只能以叙述的方式传授。而结构主义则以为,通过分类和统计就不仅能够补充,还能够取代历史性的叙述。后结构主义则借助于为叙事恢复名誉,再次满足了兰克一次落后性的领先。

兰克反对历史进程中任何内在的必然性。没有哪位史家像他那样给受到唾弃的"要是……会发生什么?"这个想法留有如此多空间。他一再提出事物历史过程的替代性可能,这一过程使得自由的决断成为现实。朝着某个既定目标的进步法则不仅排除了上帝的自由,而且也同样排除了人的自由。与黑格尔相反,兰克否认自由会自发产生。对他来说,自由并不被局限在某些时代、空间、民族,而是充满并令整个"道德世界"富有生气,但凡有人活动的地方,自由就始终无处不在。如果我们在异国民族、远

---

① Leopold von Ranke, *Sämmtliche Werke*, Band 4: *Deutsche Geschichte im Zeitalter der Reformation*,前揭, S. 46。

② Leopold von Ranke, *Sämmtliche Werke*, Bände 51-52: *Abhandlungen und Versuche. Neue Sammlung*,前揭, S. 572。

③ Leopold von Ranke, "Erwiderung auf Heinrich Leo's Angriff", in *Sämmtliche Werke*, Bände 53-54, *Zur eigenen Lebensgeschichte*, hrsg. von A. Dove, Duncker & Humblot, 1890, S. 665。

古时代发现不了自由,如果我们理解不了他们为何以他们的方式运用自己的自由,那么,这只不过证明,我们是蹩脚的史家,无法设身处地地置身于往昔的思想和生活,因为我们附着在我们自身、我们受时代局限的经验和概念。

不过,兰克所持的绝非一种一贯的人格主义历史观,这种历史观只给出"一种巨大的事实集合",只是由无法胜计的个别决断组成。毋宁说,他明白,特定时代人的思维和行动是以特定的方式朝着特定目标捆绑在一起的,从而形成了赋予历史基本特征的普遍趋势。然而,事件过程中由"客观观念""更高的力量""道德能量"产生的连续性会被突转所中断:"万事万物常常并不以时间的长度重新塑造自身,一切都源自巨大危机的时刻。"①

兰克对危机时代的偏爱会妨碍他有关诸时代平等的学说,假如我们不区分与上帝(始终相同的)距离和对史家来说(各不相同)兴趣。危机赋予观察者以洞见,赋予行动者以活动空间。"最伟大的个体生命也只不过是共同生活关联中的一个因素",②即便是查理大帝的。一如往常,兰克也在个体主义和集体主义的选择之间追求一种均衡的立场,

> 伟大人物并不创造他们的时代,而他们也不为他们的时代所创造。独立介入观念和世界力量斗争,将未来所立足的

---

① Leopold von Ranke, *Savonarola und die florentinische Republik gegen Ende des fünfzehnten Jahrhunderts*, in *Sämmtliche Werke*, Bände 40 – 41: *Historisch-biographische Studien*, hrsg. von A. Dove und Th. Wiedemann, Duncker & Humblot, 1877, S. 217

② Leopold von Ranke, *Weltgeschichte*, Band 5, Duncker & Humblot, 1921, S. 262.

最为强烈的观念和斗争统合起来，推动它们并被它们推动的，是那些独创性的人物。①

因此，对于兰克而言，从"个体力量与客观世界关系"的共同作用中就产生出种种事件。

兰克对进步的怀疑在当今比在他那个时代会得到更多的理解。这一点再次给他创造了落后性后发的领先。尽管如此，从基督教视角出发来看，历史作为上帝的民族大观园的图景也是有争论的，因为在这幅图景背后毋宁是对预想的天堂的想象，而非苦海的想象。此世的王侯，无论他多么不满，在约翰这里都是个敌人。魔鬼性的、恶魔性的东西并没有出现在兰克这里。他的启蒙—积极的人类形象不仅对神学的原罪说置之不理，而且也不理会玄深的 gnothi seauton［认识你自己］的要求。对极端之恶的不相信透露出一种对自我认识的欠缺。然而，任何时代不仅与上帝有直接联系，也与魔鬼有着直接关联。它与油墨的关系才是间接性的，因为，在此之前它必须穿过史家的头脑。

三　政治

在了解兰克的学术观和历史观之后转向他的政治观点，我们就会看到，不作评价的客观理想和对普遍进步的怀疑如何汇聚成一种具有形而上学根基的保守主义态度，这种态度将黑格尔意义上的国家称作"上帝的思想"，将诸大国称作"现实精神事物"。

---

① Leopold von Ranke, *Weltgeschichte*, 前揭, S. 195。

兰克把自己对历史事实的尊敬扩展到政治状态。通过意图认可这些状态,他看起来好像并不喜欢未来的历史。

在此意义上,兰克理应受到尼采的责备:

> 德意志人最终足够精彩地产生出对聪明地爱惜强者的经典类型……在他们的兰克身上,这位对一切 causa fortior[较强的原因]的天生的古典 advocatus[辩护者],这位所有聪明的"实事求是者"中最为聪明的一个。①

当尼采看到"对成就的赞叹"突转为"对事实性的偶像敬拜",在这里"事实愈发愚蠢,而且在任何时代更像个蠢货而非上帝"(1874),② 这时他一定也想到了兰克。当然,尼采"完全不想贬低与他更为亲近的同胞,聪明的兰克",③ 并以第一人称复数证明他是那种"令人舒适的败坏,这令我们图林根人出众,而且一个德国人会因此变得讨喜"(1889)。④

兰克看到他的时代正在形成两种截然相反的潮流。一方面是从日耳曼遗产推导出的,与个人和扈从相协调的君主制—民族性趋势,另一方面,兰克看到来源于罗马国家思想的共和制

---

① Friedrich Nietzsche, *Zur Genealogie der Moral*, in *Sämtliche Werke*. Kritische Studienausgabe in 15 Einzelbänden, Band 11, hrsg. von Giorgio Colli und Mazzino Montinari, DTV/De Gruyter, 1988, S. 387. 中译本参尼采,《道德的谱系》,梁锡江译,上海:华东师范大学出版社,2015,页209。
② 尼采,《不合时宜的沉思》,前揭,页213。
③ Friedrich Nietzsche, *Ecce Homo*, in *Sämtliche Werke*. Kritische Studienausgabe in 15 Einzelbänden, Band 6, hrsg. von Giorgio Colli und Mazzino Montinari, DTV/De Gruyter, 1988, S. 295.
④ Friedrich Nietzsche, *Ecce Homo*, 前揭, S. 295。

的共同体优先于个体权利，倾向于绝对主义（1854）。兰克对右翼立场表示同情，但是，反对两种党派的操之过急。这与他有关外交优先的学说丝毫不相悖。因为，他只是用内部安定的必要性来为外交辩护，因为内部安定会受到各国势力游戏的威胁，它们来来回回推移着边界，决定着诸民族的内部和外部生活。兰克保守地思考，而保守意味着防御。于是，无论左翼还是右翼的激进分子都责备他没有操守，他在他的学生中间也遭到拒绝，这些最终令他与同时代的思想和同时代的人疏远。

面对左翼民主制的倾向，他强调传统的政治价值。他要求尽管在制度上受到控制，但是王朝统治上正当，不支配党派，架空性的君主权力，君主将合适的人摆放在合适的位置，在根据柏拉图理想城邦模式最终非政治地构想的政治体中为和睦和繁荣而操劳。兰克不仅反对格尔维努斯周围革命民主派内在的改革理念，而且也反对他们外交上的野心，即为以民主制方式统一起来的德国取得法国在欧洲的领导角色。因为，正如民族意志必将统一德国，这种意志反过来也会解散如哈布斯堡王朝、罗曼诺夫王朝、奥斯曼王朝的多民族国家。格尔维努斯由于这种革命性的方案遭到巴登宫廷法院判刑，而兰克之所以在其身后为其辩护，是因为他看重其品性和学术。

兰克的保守立场也遭到左翼的强烈攻击，没有谁比海涅在1832年对兰克的辛辣攻击还要早：

> 比如可怜的兰克……颇有几分天才，能雕刻出小巧的历史人物画像，把他们贴在一起构成一幅精美的画卷。他有一副好心肠，像羊肉炒小萝卜那样，让人舒心。他是个纯洁的人，要是我结了婚，我会选择他做我们家的朋友。

他肯定也具有自由思想。①

海涅通过追述席勒（1759—1805）在兰克出生那年写的诗歌《盖世大智》(Die Weltweisen) 来攻击"历史学派的盖世大智"，席勒那首诗歌讥讽形而上学家在证明实在之物的可能性。不过，责备兰克为既存事物的不容改变做论证，也许更恰切。海涅攻击的是"针对祖国的一切政治事务所持的冷漠态度"。② 他所指的是谁，可以从他的文字游戏看出来：

  谁不能通过自由的精神力量拔地而起，谁尽可以在地上爬行（ranken）。③

未来会让柏林人看到"用藤蔓（Ranken）和诡计（Ränken）走不了多远"。④

兰克对于右翼、致力于民族统一的努力的态度受他长期以来坚持小国家（比如普鲁士、巴伐利亚等）做法的影响。国家"从本质来看远比民族联系得更为紧密"。⑤ 正如古代的先例，兰克剥

---

① Heinrich Heine, *Säkularausgabe. Werke, Briefwechsel, Lebenszeugnisse*, Band 7.1, *Über Frankreich 1831—1837. Berichte über Kunst und Politik*, Akademie-Verlag, 1970, S. 74.

② Heinrich Heine, *Säkularausgabe. Werke, Briefwechsel, Lebenszeugnisse*, Band 8.1, *Über Deutschland 1833—1836. Aufsätze über Kunst und Philosophie*, Akademie-Verlag, 1972, S. 233.

③ Heinrich Heine, *Säkularausgabe. Werke, Briefwechsel, Lebenszeugnisse*, Band 8.1, 前揭, S. 233。

④ 同上。

⑤ Leopold von Ranke, *Politisches Gespräch*, in *Sämmtliche Werke*, Bände 49-50 *Zur Geschichte Deutschlands und Frankreichs im 19. Jahrhundert*, hrsg. von A. Dove, Duncker & Humblot, 1887, S. 326.

离了民族性（Volkstum）和国家性（Staatlickeit）。他偏爱古希腊的例子（一个民族，但由多个城邦组成）而非罗马的（一个国家，但由许多民族组成）。因此，兰克并不赞同德罗伊森对于德意志统一的热情，而这一点招致德罗伊森对他的憎恨：

> 兰克和他那懦弱的才智一道正好都属于时下的柏林做派。他身上没有一点儿道德义愤、思想高尚的影子。(1855)①

兰克在政治上保持着不正确，但之于民族主义者他的不正确是短期的，之于民主主义者他是中期的。较近的未来属于自由主义民主制的民族国家。他在《政治对话》中反对将西欧的范例用在德意志政治生活时说："德意志活在我们中间……我们无法解放自己"，② 后来他又反驳自己的这种孤立主义理由：

> 处于相互纠葛并且与理想共同体发生关系的不同民族的独特生活，决定了人类历史中的进程。③

尽管有民族国家的运动，兰克在他的时代看到了世界主义（kosmopolitisch）的趋势，他看到"世界正在形成一个越来越紧密的共同体"。④ 在这里他又表现得像个迟到的启蒙者。他尽管拒绝了世界国家，但是他写道：

---

① Johann Gustav Droysen, "An Wilhelm Arendt (17. Nov. 1855)", in *Briefwechsel*, Band 2, 1851—1884, hg. v. Rudolf Hübner, Deutsche Verlagsanstalt, 1929, S. 373.

② Leopold von Ranke, *Politisches Gespräch*, 前揭, S. 326。

③ Leopold von Ranke, *Weltgeschichte*, 前揭, S. 5。

④ Leopold von Ranke, "Frankreich und Deutschland", in *Sämmtliche Werke*, Bände 49 - 50: *Zur Geschichte Deutschlands und Frankreichs im 19. Jahrhundert*, hrsg. von A. Dove, Leipzig 1887, S. 75.

通过团结性观念神秘的作用，世界上会逐渐形成巨大的共同体。①

诸民族应该纯粹地塑造它们的独特性，并在"一个更高的一致中交汇"。兰克想到的是没有霸权，没有混合的独立国家的联合。当今时今日地方主义（Regionalismus）成为世界市场的普世主义（Universalismus）的逆流，我们经历的正是历史的摆振。这种摆振激活了貌似过时的观念，并且对于谁将会长期的获胜存而不论，从而也许再次让兰克做到了落后性的后发领先。无论如何，他都配得上这样的领先，因为，尽管德法之间有着三次将临的大战，他依然珍视日耳曼—罗曼人的一统。

正如在他的学术观和历史观里，作为政治思想家的兰克也不片面。任何时代、任何民族都有一种"双重使命"，一方面是自己完善作为主体的自身，另一方面是以客体身份丰富世界历史和诸民族共同体，从而令个体性和普遍性得以统一。史家也有着这样一种"双重使命"，他们必须以自己各种各样的兴趣最终写下普遍历史，这是历史写作的至高目标。Historia natura sua universalis est［历史的本质是其普遍性］（1836）。② 对于我们而言，兰克的文化世界主义和他的德意志民族主义同胞一样，丝毫没有过时。

最为优先的中期目标是"我们的欧洲共同体"，它一再受到要么外部要么内部的威胁，差点儿丧失自己自由的多样性。对此，兰克提出了从历史得出的 1833 年的预言性格言：

---

① Leopold von Ranke, *Politisches Gespräch*, 前揭, S. 328.
② Leopold von Ranke, *De historiae et politices cognatione atque discrimine*, in *Sämmtliche Werke*, Band 24: *Abhandlungen und Versuche. Erste Sammlung*, hrsg. von A. Dove, Duncker & Humblot, 1872, S. 277.

> 在巨大的危险中，人们也许可以放心地信任这样的天才人物，他仍将保护欧洲免受任何片面和残酷倾向的统治，总是会以一方面的反抗应对另一方面的压力，面对一个世纪接一个世纪以来愈发紧密的整体联合，他会幸运地使普遍的自由和分离得到拯救。①

兰克并没有将历史的智慧装进酒瓶，他从历史智慧中没有获得行动的规则，但是却得到了憧憬的理由。往昔对他来说既不是跳向未来的跳板，也不是逃离当下的庇护所，相反，它是永恒精神的时代镜鉴。

> 这样的乐趣对于兰克无疑很浓，
> 沉潜于各个时代的精神之中；
> 沉潜于它们的精神，而非生活，
> 盖世大智不会求索生活。
> 熟知历史的人会在这里说，谢谢，不了！
> 然后安心地饮酒，读着兰克。

---

① Leopold von Ranke, *Die großen Mächte*, in *Sämmtliche Werke*, Band 24，前揭，S. 11–12。

图书在版编目（CIP）数据

大国更迭与普遍历史：兰克的政治史学 / 刘小枫编；郭笑遥译. -- 北京：华夏出版社有限公司，2025.（西方传统：经典与解释）. -- ISBN 978-7-5222-0944-9

Ⅰ. D095

中国国家版本馆CIP数据核字第2025WN1277号

禁止将本书内容用于人工智能训练，违者必究。

大国更迭与普遍历史：兰克的政治史学

编　　者	刘小枫	
译　　者	郭笑遥	
责任编辑	郑芊蕙	
责任印制	刘　洋	
出版发行	华夏出版社有限公司	
经　　销	新华书店	
印　　刷	三河市万龙印装有限公司	
装　　订	三河市万龙印装有限公司	
版　　次	2025年8月北京第1版 2025年8月北京第1次印刷	
开　　本	880×1230　1/32	
印　　张	9.625	
字　　数	224千字	
定　　价	85.00元	

华夏出版社有限公司　地址：北京市东直门外香河园北里4号　邮编：100028
　　　　　　　　　　　网址：www.hxph.com.cn　电话：(010)64663331(转)
若发现本版图书有印装质量问题，请与我社营销中心联系调换。

西方传统：经典与解释
Classici et Commentarii
HERMES
刘小枫◎主编

古今丛编

罗马兴志　[古希腊]珀律比俄斯 著
迷宫的线团　[英]弗朗西斯·培根 著
伊菲革涅亚　吴雅凌 编译
哲学、历史与僭政　[美]伯恩斯、弗罗斯特 编
克尔凯郭尔　[美]江思图 著
货币哲学　[德]西美尔 著
追忆施特劳斯　张培均 编
施特劳斯学述　[德]考夫曼 著
欧洲中世纪诗学选译　宋旭红 编译
论源初遗忘　[美]维克利 著
阅读施特劳斯　[美]斯密什 著
施特劳斯与流亡政治学　[美]谢帕德 著
驯服欲望　[法]科耶夫 等著
孟德斯鸠的自由主义哲学　[美]潘戈 著
莫尔及其乌托邦　[德]考茨基 著
试论古今革命　[法]夏多布里昂 著
但丁：皈依的诗学　[美]弗里切罗 著
在西方的目光下　[英]康拉德 著
大学与博雅教育　董成龙 编
探究哲学与信仰　[美]郝岚 著
民主的本性　[法]马南 著
梅尔维尔的政治哲学　李小均 编/译
席勒美学的哲学背景　[美]维塞尔 著
果戈里与鬼　[俄]梅列日科夫斯基 著
自传性反思　[美]沃格林 著
黑格尔与普世秩序　[美]希克斯 等著
新的方式与制度　[美]曼斯菲尔德 著
科耶夫的新拉丁帝国　[法]科耶夫 等著
《利维坦》附录　[英]霍布斯 著

或此或彼（上、下）　[丹麦]基尔克果 著
海德格尔式的现代神学　刘小枫 选编
双重束缚　[法]基拉尔 著
古今之争中的核心问题　[德]迈尔 著
论永恒的智慧　[德]苏索 著
宗教经验种种　[美]詹姆斯 著
尼采反卢梭　[美]凯斯·安塞尔-皮尔逊 著
舍勒思想评述　[美]弗林斯 著
诗与哲学之争　[美]罗森 著
神圣与世俗　[罗]伊利亚德 著
但丁的圣约书　[美]霍金斯 著

古典学丛编

法律与理性　汪雄 娄林 选编
伊壁鸠鲁主义的政治哲学
　[意]詹姆斯·尼古拉斯 著
迷狂与真实之间　[英]哈利威尔 著
品达《皮托凯歌》通释　[英]伯顿 著
俄耳甫斯祷歌　吴雅凌 译注
荷马笔下的诸神与人类德行　[美]阿伦斯多夫 著
赫西俄德的宇宙　[美]珍妮·施特劳斯·克莱 著
论王政　[古罗马]金嘴狄翁 著
论希罗多德　[苏]卢里叶 著
探究希腊人的灵魂　[美]戴维斯 著
尤利安文选　马勇 编/译
论月面　[古罗马]普鲁塔克 著
雅典谐剧与逻各斯　[美]奥里根 著
菜园哲人伊壁鸠鲁　罗晓颖 选编
劳作与时日（笺注本）　[古希腊]赫西俄德 著
神谱（笺注本）　[古希腊]赫西俄德 著
赫西俄德：神话之艺　[法]居代·德拉孔波 编
希腊古风时期的真理大师　[法]德蒂安 著
古罗马的教育　[英]葛怀恩 著
古典学与现代性　刘小枫 编
表演文化与雅典民主政制
　[英]戈尔德希尔、奥斯本 编
西方古典文献学发凡　刘小枫 编

古典语文学常谈　[德]克拉夫特 著
古希腊文学常谈　[英]多佛 等著
撒路斯特与政治史学　刘小枫 编
希罗多德的王霸之辨　吴小锋 编/译
第二代智术师　[英]安德森 著
英雄诗系笺释　[古希腊]荷马 著
统治的热望　[美]福特 著
论埃及神学与哲学　[古希腊]普鲁塔克 著
凯撒的剑与笔　李世祥 编/译
修昔底德笔下的人性　[美]欧文 著
修昔底德笔下的演说　[美]斯塔特 著
古希腊政治理论　[美]格雷纳 著
赫拉克勒斯之盾笺释　罗逍然 译笺
《埃涅阿斯纪》章义　王承教 选编
维吉尔的帝国　[美]阿德勒 著
塔西佗的政治史学　曾维术 编
幽暗的诱惑　[美]汉密尔顿 著

古希腊诗歌丛编

古希腊早期诉歌诗人　[英]鲍勒 著
诗歌与城邦　[美]费拉格、纳吉 主编
阿尔戈英雄纪（上、下）
[古希腊]阿波罗尼俄斯 著
俄耳甫斯教辑语　吴雅凌 编译

古希腊肃剧注疏

欧里庇得斯及其对雅典人的教诲
[美]格里高利 著
欧里庇得斯与智术师　[加]科纳彻 著
欧里庇得斯的现代性　[法]德·罗米伊 著
自由与僭越　罗峰 编译
希腊肃剧与政治哲学　[美]阿伦斯多夫 著

古希腊礼法研究

宙斯的正义　[英]劳埃德-琼斯 著
希腊人的正义观　[英]哈夫洛克 著

廊下派集

剑桥廊下派指南　[加]英伍德 编
廊下派的苏格拉底　程志敏 徐健 选编
廊下派的神和宇宙　[墨]里卡多·萨勒斯 编
廊下派的城邦观　[英]斯科菲尔德 著

希伯莱圣经历代注疏

希腊化世界中的犹太人　[英]威廉逊 著
第一亚当和第二亚当　[德]朋霍费尔 著

新约历代经解

属灵的寓意　[古罗马]俄里根 著

基督教与古典传统

保罗与马克安　[德]文森 著
加尔文与现代政治的基础　[美]汉考克 著
无执之道　[德]文森 著
恐惧与战栗　[丹麦]基尔克果 著
托尔斯泰与陀思妥耶夫斯基
[俄]梅列日科夫斯基 著
论宗教大法官的传说　[俄]罗赞诺夫 著
海德格尔与有限性思想（重订版）
刘小枫 选编
上帝国的信息　[德]拉加茨 著
基督教理论与现代　[德]特洛尔奇 著
亚历山大的克雷芒　[意]塞尔瓦托·利拉 著
中世纪的心灵之旅　[意]圣·波纳文图拉 著

德意志古典传统丛编

传奇与诗　[德]特蕾西娅·比肯豪尔 著
论德意志文学及他　[德]弗里德里希二世 著
卢琴德　[德]弗里德里希·施勒格尔 著
黑格尔论自我意识　[美]皮平 著
克劳塞维茨论现代战争　[澳]休·史密斯 著
《浮士德》发微　谷裕 选编
尼伯龙人　[德]黑贝尔 著
论荷尔德林　[德]沃尔夫冈·宾德尔 著
彭忒西勒亚　[德]克莱斯特 著
穆佐书简　[奥]里尔克 著

纪念苏格拉底——哈曼文选　刘新利 选编
夜颂中的革命和宗教　[德]诺瓦利斯 著
大革命与诗化小说　[德]诺瓦利斯 著
黑格尔的观念论　[美]皮平 著
浪漫派风格——施勒格尔批评文集　[德]施勒格尔 著

巴洛克戏剧丛编
克里奥帕特拉　[德]罗恩施坦 著
君士坦丁大帝　[德]阿旺西尼 著
被弑的国王　[德]格吕菲乌斯 著

美国宪政与古典传统
美国1787年宪法讲疏　[美]阿纳斯塔普罗 著

启蒙研究丛编
动物哲学　[法]拉马克 著
赫尔德的社会政治思想　[加]巴纳德 著
论古今学问　[英]坦普尔 著
历史主义与民族精神　冯庆 编
浪漫的律令　[美]拜泽尔 著
现实与理性　[法]科维纲 著
论古人的智慧　[英]培根 著
托兰德与激进启蒙　刘小枫 编
图书馆里的古今之战　[英]斯威夫特 著

政治史学丛编
大国更迭与普遍历史　刘小枫 编
普遍历史中的政治单元及其权力
[德]奥托·韦斯特法尔 著
启蒙叙事　[英]欧布里恩 著
历史分期与主权　[美]凯瑟琳·戴维斯 著
驳马基雅维利　[普鲁士]弗里德里希二世 著
现代欧洲的基础　[英]赖希 著
克服历史主义　[德]特洛尔奇 等著
胡克与英国保守主义　姚啸宇 编
古希腊传记的嬗变　[意]莫米利亚诺 著
伊丽莎白时代的世界图景　[英]蒂利亚德 著
西方古代的天下观　刘小枫 编

从普遍历史到历史主义　刘小枫 编
自然科学史与玫瑰　[法]雷比瑟 著

地缘政治学丛编
地缘政治学的黄昏　[美]汉斯·魏格特 著
大地法的地理学　[英]斯蒂芬·莱格 编
地缘政治学的起源与拉采尔　[希腊]斯托杨诺斯 著
施米特的国际政治思想　[英]欧迪瑟乌斯/佩蒂托 编
克劳塞维茨之谜　[英]赫伯格-罗特 著
太平洋地缘政治学　[德]卡尔·豪斯霍弗 著

世界历史地理丛编
黑格尔世界史哲学疏证　[美]彼得·霍奇森 著
施米特与国际战略　[德]埃里希·瓦德 著
布克哈特书信选　[瑞士]雅各布·布克哈特 著

荷马注疏集
不为人知的奥德修斯　[美]诺特维克 著
模仿荷马　[美]丹尼斯·麦克唐纳 著

阿里斯托芬集
《阿卡奈人》笺释　[古希腊]阿里斯托芬 著

色诺芬注疏集
居鲁士的教育　[古希腊]色诺芬 著
色诺芬的《会饮》　[古希腊]色诺芬 著

柏拉图注疏集
《苏格拉底的申辩》集注　程志敏 辑译
挑战戈尔戈　李致远 选编
论柏拉图《高尔吉亚》的统一性　[美]斯托弗 著
立法与德性——柏拉图《法义》发微　林志猛 编
柏拉图的灵魂学　[加]罗宾逊 著
柏拉图书简　彭磊 译注
克力同章句　程志敏 郑兴凤 撰
哲学的奥德赛——《王制》引论　[美]郝兰 著
爱欲与启蒙的迷醉　[美]贝尔格 著
为哲学的写作技艺一辩　[美]伯格 著
柏拉图式的迷宫——《斐多》义疏　[美]伯格 著
苏格拉底与希琵阿斯　王江涛 编译

理想国 [古希腊]柏拉图 著
谁来教育老师 刘小枫 编
立法者的神学 林志猛 编
柏拉图对话中的神 [法]薇依 著
厄庇诺米斯 [古希腊]柏拉图 著
智慧与幸福 程志敏 选编
论柏拉图对话 [德]施莱尔马赫 著
柏拉图《美诺》疏证 [美]克莱因 著
政治哲学的悖论 [美]郝岚 著
神话诗人柏拉图 张文涛 选编
阿尔喀比亚德 [古希腊]柏拉图 著
叙拉古的雅典异乡人 彭磊 选编
阿威罗伊论《王制》 [阿拉伯]阿威罗伊 著
《王制》要义 刘小枫 选编
柏拉图的《会饮》 [古希腊]柏拉图 等著
苏格拉底的申辩（修订版） [古希腊]柏拉图 著
苏格拉底与政治共同体 [美]尼柯尔斯 著
政制与美德——柏拉图《法义》疏解 [美]潘戈 著
《法义》导读 [法]卡斯代尔·布舒奇 著
论真理的本质 [德]海德格尔 著
哲人的无知 [德]费勃 著
米诺斯 [古希腊]柏拉图 著
情敌 [古希腊]柏拉图 著

亚里士多德注疏集

亚里士多德论政体 崔嵬、程志敏 编
《诗术》译笺与通绎 陈明珠 撰
亚里士多德《政治学》中的教诲 [美]潘戈 著
品格的技艺 [美]加佛 著
亚里士多德哲学的基本概念 [德]海德格尔 著
《政治学》疏证 [意]托马斯·阿奎那 著
尼各马可伦理学义疏 [美]罗娜·伯格 著
哲学之诗 [美]戴维斯 著
对亚里士多德的现象学解释 [德]海德格尔 著
城邦与自然——亚里士多德与现代性 刘小枫 编
论诗术中篇义疏 [阿拉伯]阿威罗伊 著

哲学的政治 [美]戴维斯 著

普鲁塔克集

普鲁塔克的《对比列传》 [英]达夫 著
普鲁塔克的实践伦理学 [比利时]胡芙 著

阿尔法拉比集

政治制度与政治箴言 阿尔法拉比 著

马基雅维利集

解读马基雅维利 [美]麦考米克 著
君主及其战争技艺 娄林 选编

莎士比亚绎读

哲人与王者 [加]克雷格 著
莎士比亚的罗马 [美]坎托 著
莎士比亚的政治智慧 [美]伯恩斯 著
脱节的时代 [匈]阿格尼斯·赫勒 著
莎士比亚的历史剧 [英]蒂利亚德 著
莎士比亚戏剧与政治哲学 彭磊 选编
莎士比亚的政治盛典 [美]阿鲁里斯/苏利文 编
丹麦王子与马基雅维利 罗峰 选编

洛克集

洛克现代性政治学之根 [加]金·I.帕克 著
上帝、洛克与平等 [美]沃尔德伦 著

卢梭集

致博蒙书 [法]卢梭 著
政治制度论 [法]卢梭 著
哲学的自传 [美]戴维斯 著
文学与道德杂篇 [法]卢梭 著
设计论证 [美]吉尔丁 著
卢梭的自然状态 [美]普拉特纳 等著
卢梭的榜样人生 [美]凯利 著

莱辛注疏集

汉堡剧评 [德]莱辛 著
关于悲剧的通信 [德]莱辛 著
智者纳坦（研究版） [德]莱辛 等著
启蒙运动的内在问题 [美]维塞尔 著

莱辛剧作七种　[德]莱辛 著

历史与启示——莱辛神学文选　[德]莱辛 著

论人类的教育　[德]莱辛 著

尼采注疏集

尼采引论　[德]施特格迈尔 著

尼采与基督教　刘小枫 编

尼采眼中的苏格拉底　[美]丹豪瑟 著

动物与超人之间的绳索　[德]A.彼珀 著

施特劳斯全集

思索马基雅维利

论法拉比与迈蒙尼德

苏格拉底与阿里斯托芬

论僭政（重订本）　[美]施特劳斯 [法]科耶夫 著

苏格拉底问题与现代性（第三版）

犹太哲人与启蒙（增订本）

霍布斯的宗教批判

斯宾诺莎的宗教批判

门德尔松与莱辛

哲学与律法——论迈蒙尼德及其先驱

迫害与写作艺术

柏拉图式政治哲学研究

论柏拉图的《会饮》

柏拉图《法义》的论辩与情节

什么是政治哲学

古典政治理性主义的重生（重订本）

回归古典政治哲学——施特劳斯通信集

施特劳斯讲学录

《王制》讲疏

洛克的政治哲学

马克思的政治哲学

苏格拉底面对美诺

维柯讲疏

苏格拉底与居鲁士

追求高贵的修辞术

——柏拉图《高尔吉亚》讲疏（1957）

斯宾诺莎的政治哲学

施米特集

宪法专政　[美]罗斯托 著

施米特对自由主义的批判　[美]约翰·麦考米克 著

伯纳德特集

古典诗学之路（第二版）　[美]伯格 编

弓与琴（第三版）　[美]伯纳德特 著

神圣的罪业　[美]伯纳德特 著

布鲁姆集

伊索克拉底的政治哲学

巨人与侏儒（1960-1990）

人应该如何生活——柏拉图《王制》释义

爱的设计——卢梭与浪漫派

爱的戏剧——莎士比亚与自然

爱的阶梯——柏拉图的《会饮》

沃格林集

自传体反思录

朗佩特集

施特劳斯与尼采

哲学与哲学之诗

尼采与现时代

尼采的使命

哲学如何成为苏格拉底式的

施特劳斯的持久重要性

迈尔集

施米特的教训

何为尼采的扎拉图斯特拉

政治哲学与启示宗教的挑战

隐匿的对话

论哲学生活的幸福

柏拉图全集
  柏拉图全集：中短篇作品
  柏拉图全集：理想国
  柏拉图全集：法义

阅读柏拉图
  默涅克塞诺斯
  克里同
  帕默尼德
  希琵阿斯
  苏格拉底的申辩
  普罗塔戈拉
  吕西斯

大学素质教育读本
  古典诗文绎读 西学卷·古代编（上、下）
  古典诗文绎读 西学卷·现代编（上、下）